인생 처음
시리즈

002

인생 처음
세계사 수업

인생 처음 시리즈 | 002

인생 처음 세계사 수업

메소포타미아 문명부터 브렉시트까지, 하룻밤에 읽는 교양 세계사

톰 헤드 지음 | 이선주 옮김

현대
지성

세계사의 뼈대를 잡아주는 안내서

21세기, 각종 정보 기술의 발달로 세계는 하나의 이웃처럼 가까워지고 있다. 이웃 국가, 이웃 대륙에 대해 아는 것은 이제 선택이 아닌 필수다. 아시아부터 유럽, 아프리카에 이르기까지 세계 곳곳에는 우리가 한 번도 들어보지 못했던 수많은 역사가 있다.

하지만 '세계사'만 검색해도 쏟아지는 방대한 정보 속에서 우리는 무엇부터 공부해야 할지 막막해하다가 포기해버리기 일쑤다. 그러니 세계사를 핵심 키워드와 이야기로 보기 쉽게 간추리고 뼈대를 잡아준다면 공부를 시작하고자 하는 이에게는 더할 나위 없이 좋을 것이다. 역사란 숲을 먼저 보고 그 안의 나무를 살피는 일이니까.

이 책은 처음 들어보는 흥미진진한 세계사 속으로 당신을 친절히 안내할 것이다. 책 속 키워드를 길잡이 삼아 자신 있게 이웃 마실을 떠나보자.

최태성 | 별별한국사 연구소장, EBSi 한국사 대표강사, 『최소한의 한국사』 저자

귀한 보석이 가득 담긴 선물 상자 같은 책

저자 톰 헤드가 선정한 각 키워드에는 놀라운 영웅뿐만 아니라 생소한 문명과 흥미진진한 사건, 오늘날 우리가 힘을 모아야 할 국제 이슈까지 알차게 담겨 있다. 술술 읽히는 문체와 풍부한 도판, 지도 등 시각 자료로 초보자의 역사 공부를 돕는다. 친절하게 흐름을 이끌며, 동시에 독자가 스스로 사유하도록 유도한다.

무엇보다 재미있다. 지인들과의 식사 자리를 풍성한 수다로 채워줄 흥미로운 상식이 구석구석 담겨 읽는 내내 지루할 틈이 없다. 먼 옛날로 날아가 그 인물과 생생히 마주한듯, 활자들이 춤추며 상상의 나래를 펴게 한다. 그래서 이 책은 귀한 보석이 가득 담긴 선물 상자 같다. 읽는 이의 머릿속에 지식을 쌓아줄 다채로운 이야기로 가득하다.

세계사의 흐름을 관통하는 이 책을 읽고 나면 세상이 예전과 달리 보일 것이다. 인류가 어떤 역사를 거쳐 오늘날에 도착했는지 명확히 알게 되고, 어느새 세계사의 매력에 푹 빠질 것이다. 특히 서양 중심이 아닌 다양한 대륙의 역사를 균형 있게 탐험하고 싶은 이들에게 이 책은 좋은 선택이 될 것이다.

세계사라는 거대한 바다에 뛰어들기가 두려운 이들을 위해 이 책은 등대처럼 길을 밝혀준다. 당신은 문명의 등장부터 현대에 이르는 6,000년을 따라 차근차근 발걸음을 내디디기만 하면 된다. 63가지 핵심 키워드가 상냥한 길잡이 역할을 해줄 것이다.

임소미 | 유튜브 인문교양 채널 《쏨작가의 지식사전》 운영자

핵심 키워드와 흥미진진한 이야기로
얼개가 잡히는 참 쉬운 세계사

> "역사를 이야기 형태로 배운다면
> 결코 잊어버리지 않을 것이다."
>
> ─러디어드 키플링(1865~1936, 『정글북』 저자)

'역사' 하면 가장 먼저 무엇이 떠오르나요? 두껍고 무거운 고서? 오래되어 빛바랜 자료들? 역사 속 사건과 전쟁?

역사는 단지 우리가 배워야 할 지나간 사건들의 나열이 아닙니다. 이미 생명력을 다해 나와 관계없는 사건과 연도를 외워야 한다고 생각하면 머리가 아프지요. 이렇게 생각해보면 어떨까요? 역사란 선대 사람들이 자기 자신을 표현한 이야기의 모음이라고요. 여러분의 탄생과 죽음 그리고 그 사이에 일어난 일이 나 자신을 잘 설명하는 것처럼 말이지요. 사건과 그 순서를 외워야 한다는 강박에서 벗어나 사람과 이야기에 집중하다 보면 역사의 재미를 알게 될 것입니다.

하지만 대부분의 역사가들은 사람과 이야기보다 정치적 사건이나 전쟁에 초점을 맞추어 역사를 기록하고 해석하지요. 그것이 더 중요하기 때문이 아니라, 보통 그러한 사건들에 대한 증거가 많이 남아 있기 때문입니다. 독일의 극작가 베르톨트 브레히트 Bertolt Brecht는 이렇게 말했습니다. "키스는 흔적을 남기지 않지만, 상처는 흉터를 남긴다." 이 말처럼 역사는 대부분 상처에 관한 이야기입니다. 즐겁고 행복한 기억보다는 핍박받고 고통받았던 사건에 대한 기록이 더 많이 남아 있으니까요.

이 책은 인류의 등장부터 현재까지 6,000년에 걸친 세계사를 다룹니다. 긴 역사를 고대, 중세, 근대, 현대의 4부로 나누고, 각 장에서는 특정 시기와 장소에서 가장 중요한 사건과 인물을 소개합니다. 물론 세계사의 무궁무진한 이야기를 모두 담기에 이 한 권의 책으로는 부족하지요. 하지만 세계사의 큰 흐름을 이해하는 데는 이 정도로도 충분합니다. 길가메시, 마야 문명, 성공회와 개신교의 탄생, 냉전 등 반드시 알아야 할 중요 키워드를 뽑아 정리했기에 세계사를 처음 접하는 분이라도 이 책을 읽고 나면 어디 가서 고개를 끄덕이고 아는 척을 할 수 있을 것입니다. 세계사 키워드들이 머릿속에서 맵핑되어 세계사의 얼개가 잡힐 테니까요.

요즘은 스토리텔링과 서사가 각광받는 시대입니다. 서두에 인용한 러디어드 키플링Rudyard Kipling의 말처럼, 역사를 이야기 형태로 배우면 더 오래 기억에 남습니다. 고대 그리스 문명이 어떻게 발전했는지, 중세 기사도 정신은 누구로부터 기원했는지, 두 차례의 세계대전은 왜 일어났는지……. 역사가 우리에게 들려주는 '이야기'는 그 어떤 소설과 영화보다 흥미진진합니다.

이 책을 다 읽을 즈음엔 우리가 누구이며, 인류가 어떻게 오늘날에 이르렀는지 깨닫게 될 것입니다. 우리 선조들이 얼마나 길고 험난한 여정을 거쳤는지도 알 수 있겠지요.

본격적으로 세계사 공부를 시작하기에 앞서 서양의 연도 표기 방식에 대해 먼저 익히고 넘어갑시다. 최근 대부분의 학자들은 역사를 표기할 때 예수 그리스도의 탄생을 기준으로 한 서력기원(서기)이 아니라 '공동 연대'를 사용합니다. 기원전과 기원후를 표기할 때 기존에 사용하던 BC^Before Christ와 AD^Anno Domini(주님의 해)가 아닌 BCE^Before Common Era와 CE^Common Era(공동 연대)로 표기하는 것이지요.

표기법에 변화가 생긴 이유는 정확성 때문입니다. 아마 BC와 AD란 표기를 처음 생각해낸 사람은 예수가 AD 1년이 아닌 BC 6년에서 BC 3년 사이에 태어났다는 사실을 몰랐던 것 같습니다. 예수의 탄생을 기준으로 시대를 구분했지만 정확하지 못했던 것이지요.

뒤늦게라도 바로잡으려고 해보았지만 이미 지구 곳곳에서 두루 사용되고 있던 서력기원을 바꾸는 것은 불가능에 가까운 일이었습니다. 그래서 역사 연대 표기 기준은 그대로 사용하되 특정 종교의 색채를 제거하는 방법이 제시된 것입니다.

공동 연대 표기법은 학자들이 지난 몇십 년 사이 채택한 새로운 용어처럼 느껴지지만, 사실 제법 오랜 역사를 지니고 있습니다. 17세기 독일의 천문학자 요하네스 케플러^Johannes Kepler가 자신의 저서 『포도주통의 신계량법』(1615)에서 처음으로 AD 대신 공동 연대라는 의미의 라틴어 '불가리스 아이라이^Vulgaris Aerae'를 사용했지요.

AD니 BCE니, 시작하기 전부터 벌써 머리가 아프다고요? 걱정 마세요. 이 책에서는 연도를 표기할 때 우리에게 익숙한 '기원전'

과 '기원후'를 사용할 테니까요.

자, 이제 선조들이 우리에게 남긴 이야기를 들어볼 차례입니다. 그들이 우리에게 전하고 싶었던 것은 무엇일까요? 사건과 사고가 아닌 '사람'과 그들의 발자취에 집중하며 이 책을 읽어보세요. 활자에 불과했던 역사가 생생히 살아 숨쉬는 이야기가 되어 당신을 찾아갈 것입니다.

차례

❶ 문명과 제국의 탄생과 멸망, 고대

❷ 다채로운 문화와 종교가 얽히고설키다, 중세

❸ 제국주의의 확산과 혁명의 시대, 근대

❹ 끊임없이 갈등하고 다시 화합하다, 현대

일러두기

- 각 장의 서두에 중심 내용과 관련한 아이콘을 넣었습니다. 아이콘은 각각 문명
  (▲), 국가와 제국(🏰), 종교(✝), 인물(🐍), 전쟁과 비극(🏚), 진보와 발전
  (🗞)을 의미합니다.
- 본문에 나오는 성경 구절은 새번역본을 주로 따랐고, 독자의 이해를 돕기 위해 일
  부 개역개정본을 사용했습니다.

①

문명과 제국의 탄생과 멸망

| 고대 |

World History

최초의 현생 인류

에티오피아의 유골이 말해주는 선사 시대

"조물주여, 내가 언제 흙으로 나를 빚어 인간으로 만들어달라고 요청했으며,
어둠으로부터 나를 이끌어 여기 이 동산에 데려다달라고 간청했습니까."

— 존 밀턴(1608~1674, 영국의 시인), 『실낙원』 제10권 中

먼 옛날, 세상에는 여러 인류가 존재했습니다. 우리는 그중 유일하게 살아남은 인류의 후손입니다. 한때 지구에는 네안데르탈인Neanderthals, 데니소바인Denisovans, 심지어 호빗을 닮은 수십 종류의 인류가 함께 살았습니다. 그러다 지난 5만 년 중 어느 시기에 기근과 질병, 전쟁 등으로 대부분의 인류가 멸종하고 현생 인류만이 살아남았지요. 우리의 혈관에는 조상뿐만 아니라 그들이 세상을 떠돌며 마주치고, 교류하고, 먹을거리를 두고 서로 경쟁했던 다른 인류의 피도 섞여 있습니다.

지금 우리와 신체 구조가 유사한 현생 인류는 농사를 지어 식량 마련하는 법을 배웠고, 정착해 살면서 도시와 나라를 세웠습니다. 이렇게 사회 구조를 만든 인류는 점차 기록을 남기기 시작했지요. 그 기록들을 기반으로 인간의 이야기가 두루 만들어졌고, 우리는 그 이야기를 '역사'라고 부르는 것입니다.

인간이 기록을 남기기 이전인 선사 시대에 무슨 일이 있었는지 알아내기는 어렵습니다. 많은 과학자들이 현생 인류는 약 20만 년 전 에티오피아에서 처음 등장했고, 한참 후에야 전 세계로 퍼졌다고 생각하지요. 유전학자들은 전 세계 모든 인간이 같은 유전자를 갖고 있어 근본적으로 한 뿌리에서 나왔다고 설명합니다. 기후 때문에 일부 지역에 돌연변이가 생겨나긴 했지만, 현생 인류는 하나의 조상에서 기원했고 크게 달라지지 않았다는 것입니다. 우리 조상들은 오랜 기간 같은 지역에 머물렀고, 모두 같은 인종이라고 볼 수 있습니다.

20만 년 전 에티오피아에는 무슨 일이 있었을까?

19만 5,000년 전으로 거슬러 올라가는 오모 화석Omo fossils과 16만 년 전으로 거슬러 올라가는 헤르토 화석Herto fossils은 지금까지 발견된 가장 오래된 현생 인류 화석입니다. 두 화석 모두 에티오피아에서 발견되었기에 최초의 인류가 그곳에서 출현했다는 이론을 뒷받침합니다. 그렇게 오랜 옛날, 우리 조상들은 무엇을 하며 살았을까요? 무엇을 믿었을까요? 어떻게 소통했고, 어떻게 기억되고 싶었을까요?

학자들은 종종 오모 화석과 헤르토 화석을 비슷한 시대의 화석처럼 묶어 이야기하지만 둘 사이에는 3만 5,000년이라는 긴 시차가 있습니다. 달리 말하면 인류의 역사 중 그 기간에 대해서는 전혀 알 방법이 없다는 뜻이지요. 3만 5,000년은 문자를 사용해 기

오모·헤르토 화석 발굴지(왼쪽)와 헤르토 화석 두골(오른쪽) ◆ 가장 오래된 현생 인류 화석은 아프리카에서 발굴되었다. 둥근 두상과 평평한 얼굴로 현대인과 유사한 모습이다.

록을 남기기 시작한 역사 시대부터 오늘날까지보다 여덟 배나 긴 세월입니다. 그 기간에도 인류 공동체는 흥망성쇠를 거듭했을 것입니다. 하지만 그들이 먼 미래의 후손인 우리에 대해 전혀 모르듯, 우리도 먼 과거의 조상인 그들에 대해 거의 알지 못하지요. 두꺼운 시간의 장막이 우리 사이를 영원히 갈라놓았습니다. 그래도 가까운 조상들에 대해서는 조금 더 알 수 있는데, 바로 역사가 그 장막을 조금이나마 들추어주기 때문이지요.

시켈로스가 옳았다

오모 화석은 1967년에 발견되었습니다. 그전에는 현생 인류가 에티오피아에서 처음 등장했다는 실제 증거가 전혀 없었지요. 이 점을 고려하면 그리스 역사가 디오도로스 시켈로스Diodorus

Siculus(기원전 90~기원전 30)가 저서 『역사총서*Bibliotheca Historica*』에서 에티오피아에 대해 다음과 같이 묘사했다는 사실이 놀랍게 느껴집니다.

역사가들은 세상에 처음으로 등장한 사람이 에티오피아인이며 명백한 증거도 있다고 말한다. 그들이 다른 곳에서 온 이주민이 아니라 처음부터 그 땅에서 살아온 원주민이라는 점을 증거로 내세운다. 모두가 이들을 '오토크톤Autochthones(땅의 사람들)'이라 부를 만하다고 했다. 게다가 에티오피아인은 태양과 가장 가까운 곳에서 살아왔으니 아마 땅에서 가장 먼저 생겨난 인간일 것이다. 우주가 생겨날 때 태양의 열기가 아직 젖어 있던 땅을 말리며 생명을 불어넣었으므로, 태양과 가장 가까운 지역에서 생명체가 등장했다는 주장은 합리적이다.

디오도로스 시켈로스 ◆ 고대 그리스의 역사가였던 그는 아프리카 에티오피아에서 최초의 인류가 등장했다고 기록했다.

아마 디오도로스는 에티오피아에 가본 적조차 없을 것입니다. 게다가 방사성 탄소를 이용한 연대 측정법은 20세기에나 처음 등장했습니다. 그의 논리는 별로 설득력이 없어 보이지만(우리는 에티오피아가 다른 지역보다 태양에 가깝지 않다는 사실을 잘 알고 있지요), 그의 결론은 당시 사람들의 믿음을 반영하고 있었고 꽤 정확했습니다.

그들이 어떻게 최초의 인류를 에티오피아에서 찾았는지는 알수 없습니다. 우연의 일치였을 수도 있고, 구전으로 전해지는 이야기가 놀랍도록 잘 보존되었을 수도 있겠지요. 아니면 아주 오래전에 존재했던 옛 주거지 유적을 보고 추정한 것일지도 모릅니다. 우리는 고대 역사가들의 생각과 연구법을 절대 알 수 없습니다. 역사에는 이렇게 흥미진진한 수수께끼가 정말 많습니다.

역사 연구에 도시가 중요한 이유

새들은 둥지를, 비버는 댐을, 인간은 움막을 짓습니다. 지금까지 발견된 인류의 주거지 중 가장 오래된 곳은 수만 년 전으로 거슬러 올라갑니다.

누구나 자신의 취향과 기호에 맞게 집과 방을 꾸미곤 하지요. 그러니 최초의 인류 또한 생존에 유리한 장소를 찾아내 필요에 맞는 주거지를 형성했으리라 추측할 수 있습니다. 그렇게 인류가 모여 살며 서서히 도시가 생겨났습니다.

도시는 역사와 밀접한 관련이 있습니다. 사료史料가 될 기록을 남기기 위해서는 오래 유지되는 정치 체제가 필요하기 때문입니다. 물론 도시에서만 이런 체제를 갖출 수 있는 건 아닙니다. 대부분의 유목 공동체도 비슷한 구조를 만들어내 유지했지요. 그러나 기록을 남기고 보존하기 위해서는 사람들의 이야기가 모이고 쌓여가는 도시라는 환경이 유리합니다. 이런 사실을 고려하면 역사학자들이 처음부터 도시의 정의에 대해 함께 연구하면서 합의하지 않았다는 사실이 놀라울 따름입니다.

그럼, 여기서 도시의 정의에 대해 짚고 넘어가겠습니다. 도시는 인간의 정치적·경제적·사회적 활동의 중심이 되는 장소로, 인구가 집단 거주하고 밀집되어 있는 곳을 뜻하지요. 하지만 단지 인간이 모여 살았다는 이유만으로 고대 주거지를 도시라고 부를 수는 없습니다. 도시가 되기 위해서는 세 가지 조건을 충족해야 합니다. 첫째, 아주 오랜 시간에 걸쳐 존재해야 하고 둘째, 충분히 안정적인 생활 공간이며 셋째, 독자적인 문화를 발전시켰다는 증거가 있어야 하지요.

2만 년 이상의 역사를 지닌 이스라엘의 오할로 II^Ohalo II 유적지는 도시의 기준에 대부분 들어맞습니다. 사람들은 그곳에 오두막을 짓고 오랫동안 살았습니다. 백 종류 넘는 씨앗이 발견되어 계속 그곳에 머물며 농사를 지었다는 증거도 남아 있지요. 그러나 그들이 지은 건물은 견고하지 않았고, 인구수도 많지 않았습니다. 그래서 오할로 II 유적은 일반적으로 도시보다는 마을로 여겨집니다.

위의 세 조건에 따르면 도시는 불과 1만 5,000년 전에 처음 등장했다고 보는 학자들이 많습니다. 인류의 역사 대부분을 차지하며 번성했던 옛 도시들은 모두 비슷한 지역에서 발견되고 있지요. 바로 아프리카, 아시아, 유럽을 잇는 중심 지역인 중동입니다.

그럼, 인류 문명의 발상지로 이동해볼까요?

창조 이야기

전 세계 거의 모든 종교와 문화에는 인간이 어떻게 생겨났는지 설명하는 신성한 이야기가 전해져 옵니다. 우리나라에는 단군 신화가, 기독교에는 아담과 이브 이야기가, 힌두교에는 창조신 브라흐마가 등장합니다. 이러한 이야기들은 과학적으로 정확한지 여부와는 별개로 그 자체로 역사적 의미가 깊습니다.

이러한 신성한 이야기들은 각 나라나 지역의 역사와 문화를 이해하는 데 큰 도움을 줍니다. 예를 들어, 우리나라의 단군 신화는 고조선 시대의 생활상과 가치관을 반영하고 있으며, 기독교의 아담과 이브 이야기는 성경을 통해 인류의 역사와 종교적 신념을 가르치는 중요한 역할을 합니다.

또한, 이러한 이야기들은 인간의 삶과 죽음, 도덕적 가치 등에 대한 철학적 고민을 담고 있어 현대인들에게도 많은 영감을 줍니다. 신성한 이야기들은 단순히 과거의 유산으로 끝나는 것이 아니라, 오늘날에도 여전히 우리의 삶에 영향을 미치고 있습니다.

메소포타미아 문명

중동에서 탄생한 최초의 문명

> "내가 한밤중에 당신에게 읊조린 것을,
> 노래하는 이가 한낮에 다시 들려주기를!"
>
> —엔헤두안나(기원전 2285~기원전 2250, 수메르 문명 도시국가 우르의 여성 제사장)

인류의 역사는 국가가 아닌 도시에서 시작됩니다. 농사를 짓기 시작하며 사람들은 옮겨 다닐 필요가 없어져 정착하게 되었고, 이때부터 이야기를 말로 전달하는 방식에서 벗어나 글로 기록해 더 오래 보존할 수 있게 되었지요.

5,000년 전, 역사가들이 '비옥한 초승달'이라 부르는 메소포타미아 지역은 농사를 짓기에 유리한 곳이었습니다. 메소포타미아는 그리스어로 '두 강의 사이'라는 뜻으로 티그리스강과 유프라테스강 사이에 자리했던, 지금의 이라크와 이란, 튀르키예에 걸친 넓은 지역입니다. 메소포타미아인들은 스스로를 '사그기가Sag-giga(검은 머리 사람)'라고 불렀고 수십 개의 도시를 세웠습니다. 그들은 도시에서 수많은 문학, 예술, 건축, 음악 작품을 만들고 세계 최초의 문명을 일구었습니다. 비슷한 시기에 그들과 경쟁할 만한 곳은 이집트뿐이었지요.

메소포타미아 문명 ◆ 전반기에는 수메르 지역 도시국가들이 공존하며 연맹을 맺었고, 후반기에는 아카드가 연맹을 공격해 세력을 확장하고 제국을 세웠다.

메소포타미아의 역사는 기원전 2300년을 기준으로 나뉩니다. 도시국가들이 하나의 언어를 통용하고 느슨한 연맹을 맺어 자연재해나 군사, 경제 문제에 공동 대응하던 초기 수메르 시대와, 하나의 도시국가가 세력을 확장하고 제국을 세워 다스리던 통일 제국 시대로 말이지요.

노아의 대홍수가 길가메시 서사시에 먼저 나온다고?

현대 사회에서는 직접 농사를 짓지 않아도 마트나 시장에 가면 간단히 먹거리를 살 수 있습니다. 그러나 우리가 초기 수메르인이었다면 농사와 날씨가 삶에서 가장 중요한 문제였을 것입니다.

수메르 도시국가들을 감싸고 있던 티그리스강과 유프라테스강은 종종 범람했습니다. 농경 사회를 일궜던 수메르인에게는 강을 잘 다스려 농사를 짓고 농산물을 충분히 수확해 식량을 비축하는 일이 정말 중요했습니다. 그래서 서로 연맹을 맺고 협력했던 것이지요.

또한, 이 강가 도시들은 홍수에 함께 대처하기 위해서라도 연맹을 맺어야 했습니다. 수메르의 문화 중심지였던 도시 슈루팍Shuruppak은 기원전 3100년경 홍수로 물에 잠겼습니다. 이때 살아남은 사람들과 근처 주민들이 홍수에 대해 이야기하기 시작했고, 그 이야기는 1,000년 넘게 입에서 입으로 계속 전해집니다.

성경에도 대홍수가 나 세상이 모두 물에 잠겼을 때 큰 배로 몸을 피해 살아남은 '노아의 방주' 이야기가 나오지요? 노아가 사실은 슈루팍의 대홍수에서 살아남은 왕 우트나피쉬팀Utnapishtim이라고 주장하는 사람도 있을 정도입니다.

수메르인들이 기근과 자연재해에만 위협을 느낀 것은 아니었습니다. 전쟁을 피하는 데에도 힘을 모아야 했지요. 고고학자들은 메소포타미아 지역에서 하무카르Hamoukar라는 도시를 발굴했습니다. 하무카

구데아 조각상 ✦ 구데아Gudea는 20년 동안 라가시Lagash를 다스렸던 통치자로, 여러 건축물을 짓고 여성도 재산을 상속할 수 있게 하는 등 개혁을 추진했다. 수메르 시대의 많은 조각상이 그를 묘사하고 있다.

르는 기원전 3500년 전후에 당대 가장 강력한 무기를 갖춘 나라에게 포위 공격을 당했습니다. 적군은 투석기를 이용해 진흙으로 만든 대포알을 쏘았고 이로 인해 성벽과 내부 구조물에 구멍이 생겼으며 인명 피해도 심각했습니다. 누가, 왜 하무카르를 침략했는지 아직까지도 밝혀진 바는 없지만 이는 도시국가들이 힘을 모아 전쟁에 대비하지 않으면 어떤 위험에 처할지 알게 해준 중요한 사건이었습니다.

맥주를 팔아 왕이 된 통치자

수메르에는 도시국가마다 루갈Lugal이라 불리는 왕들이 있었습니다. 이들은 보통 각자 외교권을 가지고 작은 도시국가를 다스리는 통치자였습니다. 여러 도시로 이루어진 한 국가가 있고, 그 국가의 수장이 지도자로서 권한을 행사하는 오늘날의 정치 형태와는 달랐지요. 도시마다 왕이 있는 것이 당연했고, 정통성 있는 과정을 거치지 않고 특이한 사유로 왕이 되는 경우도 많았습니다.

점토판에 설형 문자로 수메르 왕들의 이름을 새긴 '수메르 왕명표Sumerian King List'에 기록된 유일한 여성, 키시Kish의 쿠바바Kubaba는 수메르에서 가장 좋은 맥주를 팔아 왕위에 올랐습니다. 오늘날 특정 분야에서 성공한 사람이 명성을 바탕으로 정계에 진출하는 경우가 종종 보이지요. 수메르가 최초로 그런 사례를 보여준 것입니다.

이렇게 작은 도시국가들이 서로 실리를 챙기기 위해 맺은 연맹

아카드 시대 승전비 조각 ♦ 아카드 제국에 패한 주변국 포로들이 끌려가는 모습을 묘사하고 있다.

은 오랫동안 안정적으로 유지되었습니다. 기원전 5400년경에 수메르 초기 도시 에리두Eridu가 세워지며 시작되었다고 추정하면 3,000년 정도 지속된 것입니다. 역사상 어떤 제국보다 긴 기간이지요. 대단한 일입니다. 분명한 이점이 있어 연맹이 지속될 수 있었을 것입니다. 서로 우호 관계를 맺은 도시국가들은 군대를 키우고 유지할 필요가 없었지요.

그러나 기원전 2334년, 아카드Akkad의 사르곤 1세Sargon I가 연맹이 취약해진 틈을 타 주변 도시들을 정복합니다. 그는 최초로 메소포타미아의 도시국가들을 통일해 '아카드 제국'을 세웠지요. 통일 제국이 들어서자 수메르 연맹은 점차 사라졌습니다. 사르곤 1세 이후, 메소포타미아의 지도자들은 연맹이 아닌 힘으로 제국을 통치하며 평화를 유지해 나갔습니다.

길가메시 서사시

우루크^{Uruk}의 전설적인 왕 길가메시^{Gilgamesh}는 수메르의 민족 영웅입니다. '길가메시 서사시'는 영원한 생명을 찾아나서는 길가메시의 여정을 담은 세계 최초의 서사시지요. 그가 영웅적이면서도 야만적인 친구이자 조력자 엔키두^{Enkidu}와 함께하는 모험담은 여러 세기에 걸쳐 재창조되었습니다.

길가메시 서사시는 그리스와 로마 문학에 큰 영향을 미쳤으며, 특히 헤라클레스와 오디세우스 같은 영웅 이야기에 큰 영향을 주었습니다. 또한, 중세 유럽에서도 인기를 끌었으며 단테 알리기에리의 『신곡』에도 영향을 끼쳤습니다.

현대에 길가메시 서사시는 인류 초기의 문명과 문화를 연구하는 데 중요한 자료로 활용되고 있습니다. 또한, 이 서사시에 담긴 다양한 주제와 이야기는 예술, 만화, 영화 등 다양한 분야에서 재해석되고 있습니다.

이집트 문명

피라미드와 미라를 남긴 사람들

> "오, 호루스 신이시여! 당신은 '땅을 흔드는 자'로 태어났습니다.
> 그 안에 있는 신의 씨앗은 사라지지 않을 것입니다.
> 당신도 결코 스러지지 않을 것입니다."
>
> —피라미드 묘실에 새겨진 글 中

이집트 문명은 현존하는 가장 오래된 문명입니다. 초기 이집트 역사를 살펴보면 단연 피라미드가 눈에 띄지요. 어마어마하게 크고 견고한 피라미드들을 보면 경외심이 듭니다.

그러나 고대 이집트도 오늘날의 사회와 크게 다르지는 않았습니다. 그들의 이야기는 문화, 예술 그리고 종교를 통해 우리에게 전해져왔습니다. 갖가지 사연과 음모, 전쟁, 아름다움과 공포가 뒤섞여 떠들썩하고 눈부신, 다채롭고 생기 넘치는 사회였지요. 이집트인들은 신을 믿고 지도자를 따르며 많은 유산을 남겼습니다.

문명은 처음부터 완벽한 모습으로 나타나지 않습니다. 메소포타미아와 마찬가지로 이집트에서도 사람들이 강가에 모여 살며 문명이 싹트기 시작했습니다. 수메르 문명이 티그리스강과 유프라테스강 유역에서 발전했다면, 이집트 문명은 나일강 유역에서 시작되었습니다.

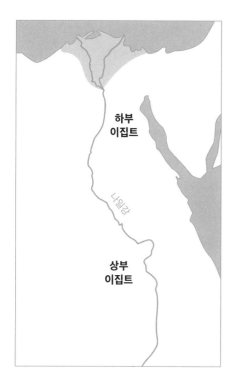

상하부 이집트 ◆ 초기 이집트는 상부와 하부로 나뉘어 있었다. 최초의 파라오 메네스가 두 왕국을 통일하며 비로소 하나의 국가가 되었다.

신과 인간을 연결하는 지도자, 파라오

수메르와 마찬가지로 이집트 문명도 여러 도시들과 함께 탄생했습니다. 시간이 흐르며 도시들이 서로 통일되고 다시 두 왕국으로 나뉘었지요. 나일강 상류에는 상부 이집트가, 나일강 삼각지에는 하부 이집트가 들어섰습니다. 상부 이집트의 국가 상징은 백색 왕관과 독수리의 모습을 한 네크베트 여신, 하부 이집트의 국가 상징은 붉은 왕관과 코브라의 모습을 한 와제트 여신이었습니다. 그러다 기원전 3000년경, 메네스Menes가 두 왕국을 통일하고 최초의 파라오가 되어 이집트 전체를 다스리기 시작합니다.

고대 이집트 벽화에서 신은 종종 인간의 몸에 동물의 머리를 한 형상으로 묘사됩니다. 오늘날의 시선에서 보면 아주 이상하고 혼란스럽지요. 옛 이집트인들은 강력한 힘을 지닌 신과 자연을 뚜렷하게 구분짓지 않았습니다. 예를 들어 사자 머리를 한 테프누트 여신은 비의 여신인 동시에 비의 화신化身이었습니다. 비라는 자연현상이 그녀에게서 비롯된다고 생각해 인간보다 자연에 가까운 모습으로 묘사한 것이지요. 그리고 신의 세계와 인간 세계를 연결하는 존재가 바로 파라오였습니다.

'파라오' 하면 무엇이 떠오르나요? 거대한 피라미드와 화려한 보물들이 먼저 그려지지요. 파라오가 묻힌 호사스러운 묘실과 이를 둘러싼 단순한 형태의 구조물을 비교해보면 피라미드는 사치와 타락, 퇴폐의 상징이라는 생각이 들기도 합니다. 그러나 이집트 왕가에서 태어난 파라오들은 자신이 우주의 원초적인 힘을 지닌 신과 땅에서 살아가는 인간을 연결하는 존재라 믿으며 성장했습니다. 이집트 사람들을 보호해야 할 임무가 있고, 이 역할을 아무렇게나 벗어던지면 신의 노여움을 사게 된다고 믿었지요. 그러니 죽은 후의 명예도 분명 중요했을 것입니다.

파라오의 안식처, 피라미드

고대 이집트는 미라를 만든 최초의 문명입니다. 그러나 이집트인들이 처음부터 파라오를 신성하게 여겨 미라로 만든 건 아니었습니다. 우연한 발견에 더 가까웠지요. 이집트 사제들은 죽은 이의 육신을 축축한 땅보다 건조한 사막에 묻었을 때 덜 부패한다는 사실을 발견하고 습기 없이 보존하는 기술을 연구했습니다. 그들은 시신에 혼이 깃들어 있기에 이를 보존하는 것이 내세를 위해 중요하다고 여겼습니다(뒤에서 살펴보겠지만, 최근 러시아나 베트남 등 사회주의 국가에서 영혼이 계속 살아 있다는 의미로 국가 지도자의 시신을 보존한 사례가 있지요).

초기에는 파라오의 시체를 매장하며 살아 있는 하인들을 함께 묻기도 했습니다. 사후 세계에서도 시중을 들어야 한다는 이유였지요. 그러나 사람을 생매장하는 방식은 너무나 비인간적이었고, 결국 나중에는 사람 대신 나무나 상아 등을 깎아 만든 작은 조각상 '우샤브티Ushabti'를 만들어 묻었습니다. 한국의 껴묻거리(장사지낼 때 부장품을 함께 묻는 것)와도 비슷하지요.

기자의 대피라미드

이집트 지역을 수놓은 138개의 피라미드보다 파라오의 권위와 영원불멸함을 더 잘 보여주는 기념물은 없을 것입니다. 그중 가장 거대한 기자Giza의 대피라미드는 파라오 쿠푸Khufu(?~기원전 2566)의 무덤으로, 4600년 전에 세워졌으며 오늘날까지 굳건히 자리를 지키고 있습니다. 지금까지 남아 있는 고대 건축물 중 최대 규모이고 현대의 기술력 수준에서 보아도 불가사의한 구조물이지요. 심지어 국제 우주 정거장에서도 이 피라미드를 볼 수 있다고 합니다.

우샤브티 ✦ 이집트인들은 사후 세계도 중요하게 생각해 파라오의 시중을 들 하인 모양의 작은 조각상을 만들어 함께 묻었다.

이집트 기자의 피라미드군 ✦ 긴 세월 무너지지 않고 오늘날까지 이어져온 거대한 피라미드는 그 자체로 영원불멸의 상징이기도 하다.

고대 이집트인이 어떤 사람들이었고 어떻게 살았는지 폭넓게 이해하기 위해 학자들은 피라미드에서 나온 미라의 엑스레이를 촬영하고, 유전자를 검사하고, 실험을 하기도 합니다. 한때는 백성들이 파라오를 얼마나 경외했는지 보여주는 상징과 같았던 피라미드가 이제는 고대 이집트의 예술과 기술, 문화를 이해하게 해주는 풍성한 유물 창고가 된 것이지요. 이런 점에서 파라오들은 그야말로 백성이 원했던 존재가 되었다고 볼 수 있습니다. 그들이 살던 과거와 우리가 살아가는 현재를 잇는 불멸의 존재가 되었으니까요.

한 걸음 더

세상을 위한 질서, 마아트

고대 이집트의 종교관에서 가장 중요한 도덕적 가치는 질서와 조화를 뜻하는 '마아트Ma'at'입니다. 정직하고 솔직하게, 현실에 잘 적응하고 타인과 조화롭게 살면 이번 삶과 다가올 세상을 더 나아지게 할 수 있다는 개념이지요. 또한 마아트는 이런 개념을 형상화한 여신을 뜻하기도 합니다.

마아트와 파라오는 고대 이집트 종교에서 매우 중요한 역할을 했습니다. 마아트는 법, 정의, 지혜를 관장하는 여신으로 파라오가 국가를 통치하는 데 있어서 중요한 가치였습니다. 파라오는 자신이 마아트의 대리인이라고 생각했으며, 그렇기 때문에 백성으로부터 존경과 신뢰를 받았습니다.

인더스 문명

돌에 새겨진 인도의 역사

> "모든 피조물이 기원한 곳에서, 그분이 빚으셨든 그렇지 않든,
> 그분은 가장 높은 곳에서 모두를 살피시네.
> 그분은 알고 있다네, 혹은 모르실지도."
> ─고대 브라만교의 성전 『리그베다』 10장 129절 中

메소포타미아 지역에 수많은 수메르 도시국가가 생겨날 무렵, 동쪽으로 약 3,000킬로미터 떨어진 인도 반도에서는 늘어나는 인구를 수용하기 위한 거대한 암석 기반의 도시가 건설되기 시작합니다. 시간이 지나 폐허로 남았지만, 고고학자와 역사학자들은 이 도시를 통해 세계에서 가장 강력하고 다채로웠던 인더스 문명의 초기 역사를 엿볼 수 있었지요.

인도의 역사는 다양한 출전에서 나오는 이야기와 전설, 그리고 고고학적 증거를 통해 밝혀져 왔습니다. 그중 힌두교에서 전하는 인도의 기원에 대한 전설이

인더스 문명 ◆ 고대 인도인들은 인더스강 유역에 도시를 세우고 문명을 형성했다.

있습니다. 황제 바라타^{Bharata}가 강력한 문명을 뒤로하고 떠났다는 내용이지요. 고대 도시 유적인 메르가르^{Mehrgarh}와 모헨조다로 $^{Mohenjo-daro}$는 과연 이런 역사적 기록의 증거가 될 수 있을까요? 함께 살펴봅시다.

타오르는 불길의 나라

대부분의 고대 문명처럼 인더스 문명도 강과 밀접하게 연관이 있습니다. 오늘날 우리가 일반적으로 부르는 나라 이름 '인도'는 사실 산스크리트어 '신두^{Sindhu}'에서 나왔습니다. 신두는 넓게는 많은 양의 물이 모인 곳을, 구체적으로는 거대한 갠지스강을 뜻합니다. '힌두^{Hindu}'라는 단어도 같은 어원에서 나왔지요. 그러니 '인도'라는 이름은 바로 갠지스강에서 따온 셈입니다(강 이름에서 따온 미국의 미시시피주나 미주리주와 비슷하지요).

인도인 대부분은 자신의 나라를 '바라트^{Bharat}'라고 부릅니다. 백성과 통치자의 보호 아래 끊임없이 타오르는 불을 뜻하지요. 아메리카가 이탈리아 탐험가이자 지도 제작자 아메리고 베스푸치에서 따왔듯, 바라트는 고대의 전설적인 황제 바라타에서 따온 이름입니다. 전설에 따르면 그는 통일 인도 제국을 물려받아 오랜 시간 잘 통치했다고 합니다. 고대 인도의 방대한 대서사시 '마하바라타^{Mahabharata}'에 그의 삶이 대략적으로 설명되어 있지요.

바라타의 전설에 영감을 준 실제 인물이 있다면 아마 고대 인더스 문명 사람이었을 것입니다. 대략 기원전 6000년부터 기원전 1500년까지 지속된 인더스 문명은 세계에서 가장 오래되고, 가장 복잡하게 발달한 문명 중 하나입니다. 인더스 유적지를 살펴보면 복잡하게 설계된 도시를 볼 수 있고, 실내 화장실과 공공 수영장 같은 첨단 시설도 있었습니다. 오늘날의 도시 설계자들에게도 고대 인더스 문명 유적들은 흥미로운 연구 대상입니다. 그러나 무엇보다 연구자들을 사로잡는 것은 바로 이 문명에 대해 아직 밝혀지지 않은 것들이지요.

베일에 싸인 암석 도시

역사가들은 증거가 될 만한 기록들을 얼기설기 잘 모아 엮습니다. 그러나 활용할 수 있는, 믿을 만한 증거가 되는 기록이 없다면 전적으로 고고학자들의 연구를 바탕으로 연대표를 만듭니다. 고고학자들이 바로 역사 연구의 과학수사대[CSI]인 셈이지요. 그들은 물리적인 증거를 찾아내 수집하고 보존하며 과거에 있었을 법한 이야기들을 재구성합니다.

인더스 문명의 경우 당시에 사용된 언어를 해독할 수 없기 때문에 이야기를 재구성하기가 특히 어렵습니다. 고대 인더스 문자는 겉보기에는 주변 지역의 글자들과 비슷합니다. 그러나 짤막한 문장의 의미를 꿰맞추기조차 쉽지 않아 인더스 문자가 사실은 진짜 문자가 아닐 수도 있고, 서명이나 브랜드 로고와 같이 개별적인 상징일 것이라고 주장하는 학자도 있습니다.

문자를 해독할 수 없으니 실마리를 찾을 곳은 바로 도시입니다. 모헨조다로와 메르가르 같은 도시들은 수천 년 전 인도와 파키스탄에서 고대 문명이 탄생하고 번영했다는 사실을 보여줍니다. 인더스 문명은 멀리 서쪽에 위치했던 수메르 문명에 비견할 정도로 규모가 컸고 서로 교역을 하기도 했습니다.

모헨조다로에서는 정말 핵폭발이 일어났을까?

아직 제대로 밝혀지지 않아서인지, 인더스 문명 유적지와 유산에 관해 갑론을박이 펼쳐지고 있습니다. 특히 인더스 문명의 대표 유적지인 모헨조다로의 핵폭발설을 잠시 살펴봅시다.

파키스탄 모헨조다로 유적 ◆ 다큐멘터리 시리즈 《X파일: 외계인의 흔적》 방영 후 모헨조다로가 핵폭발로 파괴되었을지 모른다는 논쟁이 일었다. 하지만 진흙 건물과 벽이 온전히 남아 있어 핵폭발이 일어났다고 보기는 어렵다.

몇 년 전, 한 다큐멘터리 방영을 계기로 모헨조다로가 핵폭발로 파괴되었을지도 모른다는 논쟁이 벌어졌습니다. 그곳에서 유리질의 도자기가 발견되었는데, 핵폭발의 강한 열기로 인해 만들어진 것이라는 주장이 나왔지요. 그러나 도자기를 굽는 과정에서 유리질이 되는 경우도 있고, 유적의 상태가 비교적 잘 보존되어 있기에 핵폭발과 같은 재앙이 일어났던 것 같지는 않습니다.

이렇듯 잘못 알려지고 오해받는 부분도 있지만 인도에서는 오래전부터 다채로운 역사와 문화가 꽃피었습니다. 이는 오늘날 인도라는 나라의 기반이 되었지요. 인도의 역사에 대해서는 아직 더 연구하고 밝혀낼 부분이 많습니다.

한 걸음 더

나치의 만행

1차 세계대전 직후, 히틀러 치하 나치 독일은 고대 인도의 상징들을 가져와 의미를 완전히 바꿔 놓았습니다.

나치의 상징인 만자무늬卍는 원래 힌두교에서 많이 쓰던 상징으로 행운, 축복 또는 신성한 장소를 의미했습니다. 그러나 이제는 유대인을 잔인하게 탄압했던 나치의 상징이 되어 금기시되고 있지요. 유럽 여행을 간 불교도들이 무심코 이 문양의 장신구를 착용하고 있다가 나치주의자로 오해를 받는 웃지 못할 일도 종종 일어납니다.

또한, 나치는 '특별하다' 혹은 '중요하다'는 뜻의 산스크리트 어원 '아리아'를 가져다 자신들의 입맛에 맞게 사용했습니다. 그들은 독일인이 가장 우월한 '아리아인'이라며 우세한 혈통을 유지하기 위해 타 인종을 내쫓아야 한다는 논리를 폈습니다. 유대인부터 시작해 집시들과 유색 인종까지 탄압했지요. 독일은 과거를 반성하고 사죄했지만, 다시 나치를 추종하는 네오나치즘(신나치주의)과 인종 차별을 늘 경계해야 합니다.

히타이트 제국

최초의 강력한 무장 국가

"지금까지 가족 중 나의 뜻에 따르는 이는 한 사람도 없었다."

—하투실리 1세(기원전 16세기, 히타이트 제국의 왕)

인류는 아주 오랜 기간 부족, 촌락, 도시와 같이 비교적 작은 집단을 이루고 살았습니다. 최근 몇 세기 동안 이 작은 집단들은 합쳐지거나 더 큰 제국에 강제로 흡수되었지요.

기원전 1300년경, 메소포타미아 문명 발상지인 중동에서는 이미 비슷한 패턴이 보였습니다. 북쪽에는 히타이트 제국이, 남쪽에는 이집트 신왕국이 들어섰으며 남동쪽에는 아시리아 제국이 자리잡았지요.

초기 세 제국 중 가장 강력했던 히타이트는 이집트를 지배하고 바빌론을 침략했습니다. 인류 최초로 철기를 사용했던 그들의 무장 전차는 탱크처럼 빠르게 적을 정찰하고 습격하면서 전투에서 강력한 힘을 발휘했습니다. 동시에 히타이트는 고대 제국 중 가장 너그러운 법률과 민법 체계를 갖추고 있었기에, 정복지에서 강력한 법과 질서를 보여주기도 했습니다.

기원전 1300년경 지중해와 중동 주변 정세 ♦ 지중해 남쪽에는 이집트 신왕국이, 북쪽에는 히타이트 제국이, 메소포타미아 지역에는 아시리아 제국이 자리잡고 있었다.

그러나 역사책에서 히타이트 제국에 관한 내용을 찾기는 쉽지 않습니다. 그들이 세력을 유지한 기간이 너무 짧았기 때문입니다. 고작 한 세기 정도 지난 기원전 1200년경, 히타이트의 농업 체계는 붕괴되어 이집트로부터 곡물을 실어와 먹고살 수밖에 없었습니다. 몇십 년 후에는 아시리아가 히타이트의 수도 하투샤Hattusa를 차지하기도 했습니다. 하지만 그 이후로도 꽤 오랜 기간 히타이트에 맞설 나라는 없었습니다.

히타이트와 이집트, 두 제국의 결합

히타이트 제국이 전성기에 얼마나 강력했는지를 단적으로 보여주는 이야기가 있습니다. 바로 히타이트의 왕자가 이집트의 파라오가 될 뻔한 사건이지요. 이야기는 '파라오의 저주'로 유명한 투탕카멘Tutankhamun의 죽음으로부터 시작됩니다.

역사학자들은 오랫동안 투탕카멘이 살해되었다고 추측했습니다. 사실인지 아닌지 알 수 없지만, 그의 죽음을 둘러싼 의혹이 굉장히 많았기 때문이지요.

히타이트의 옛 기록을 살펴보면 투탕카멘의 왕비로 추정되는 안케세나멘Ankhesenamun이 기원전 1325년에 히타이트 왕 수필룰리우마 1세Suppiluliuma I에게 편지를 보냈다고 합니다. 내용은 다음과 같았습니다. "남편은 죽었고, 저에게는 아들이 없습니다. 당신에게는 아들이 여럿 있다고 들었습니다. 그중 하나를 남편으로 삼도록 보내주세요. 신하 중에 남편감을 고르고 싶지는 않습니다. 저는 두려워요." 혼란스러운 정국에 남편을 잃은 그녀의 절박함이 묻어나지요.

편지를 받은 수필룰리우마 1세는 아들 잔난자Zannanza를 이집트로 보냅니다. 가서 상황을 확인해보니, 과연 안케세나멘이 두려워할 만했지요. 히타이트의 기록에 따르면 이집트 관료들은 잔난자왕자까지 살해했고 이후 두 나라의 관계는 걷잡을 수 없이 나빠졌습니다. 어쨌든, 안케세나멘이 수필룰리우마 1세에게 편지를 보냈다는 점은 당대에 히타이트가 이집트와 어깨를 나란히 할 만큼 강력한 국가였다는 사실을 말해주지요.

이집트와 히타이트의 평화 협정 ◆ 이집트 룩소르 카르나크 신전 외벽에는 람세스 2세 재위기에 이집트와 히타이트가 맺은 평화 협정에 대한 기록이 남아 있다.

　이집트와 히타이트 왕가의 결합은 결국 1세기 후, 이집트의 람세스 2세Ramses II가 히타이트 공주 마아토르네페루레Maathorneferure와 결혼하면서 비로소 이루어집니다.

> **한 걸음 더**
>
> ## 세계에서 가장 오래된 음악
>
> 〈만세 찬가 6번Hurrian Hymn No.6〉으로도 알려져 있는 〈니칼에게 바치는 만세 찬가Hurrian Hymn to Nikkal〉는 히타이트 제국의 음악으로 현존하는 악보 중 가장 오래됐습니다. 학자들이 악보를 정확히 해독했는지는 알 수 없지만, 세계 최초의 멜로디라고 볼 수 있지요.

이집트 신왕국

고대 이집트의 황금기

"나는 폐허를 복원하고 미완성작을 완성시켰다."

—핫셉수트(기원전 15세기, 고대 이집트의 파라오)

보통 남아 있는 유적과 유물을 보고 그 문명을 역사적으로 판단하게 됩니다. 이런 기준에서 보면 지금까지 고대 이집트만큼 강렬한 유산을 남긴 문명은 없었습니다. 고대 이집트는 대피라미드(세워진 지 4,500년 이상 지났지만 여전히 건재하고 앞으로도 우리보다 더 오래 버티겠지요), 그보다 규모는 작지만 인상적인 수많은 신전과 조각상 그리고 독특한 상형문자로 종교와 사상을 기록한 문헌을 잔뜩 남겼습니다.

이집트는 북쪽의 히타이트, 동쪽의 아시리아와 세력 다툼을 하던 기원전 1300년경에 이미 오랜 역사와 수수께끼 같은 전통, 기념비적인 건축물로 가득한 신비한 국가였습니다. 그러나 기원전 1550년부터 기원전 1077년까지 이집트를 다스린 제18, 19, 20왕조의 파라오들은 이집트가 아직 젊은 신생 국가이며 무궁무진한 미래가 있다고 생각했습니다(이제 와서 돌아보니 그들이 옳았지요).

역사학자들은 이 시기를 '신왕국New Kingdom'이라 부르며 이집트의 긴 역사 속 몇몇 황금기 중 하나라고 평가합니다.

아케나텐왕의 아톤 숭배가 단일교의 시작?

고대 이집트는 조화로운 다신교를 믿었습니다. 성직자와 사람들은 신전에서 각각 운명, 역사 등 정해진 영역을 관장하는 다양한 신을 섬겼습니다. 하지만 기원전 1353년경부터 기원전 1336년까지 재임했던 파라오 아케나텐Akhenaten은 여러 신 중 태양신 아톤을 특별히 숭배했습니다. 그는 아톤이 우주의 근본적인 힘을 관장한다고 믿었지요.

여러 신을 믿으면서도 그중 하나를 최고신으로 받드는 형태를 보통 '단일신교'라고 합니다. 아톤의 힘을 능가하는 신은 없다는 아케나텐의 주장은 유대교, 기독교, 이슬람교 등 수많은 종교에도 어느 정도 영향을 미쳤습니다.

아케나텐의 도시, 아마르나

파격적인 아케나텐의 믿음은 격렬한 논쟁을 불러일으켰습니다. 그가 도시를 건설하고 수도를 옮기며 논란은 더 심해졌지요. 아케나텐은 아톤을 기리기 위해 수도 테베Thebae에서 북쪽으로 400여 킬로미터 떨어진 곳에 새로운 도시 아마르나Amarna를 건설하라 명합니다. 그렇게 수도를 옮긴 후, 아마르나는 약 10년간 도시 계획, 예술, 건축 분야에서 혁신적인 역할을 했습니다. 하지만

아마르나 왕실 무덤의 아케나텐 벽화 ◆ 몇몇 학자들은 아케나텐이 아톤만을 믿은 일신교도였다고 보지만 사실 그는 다른 신들도 숭배했다. 그중 아톤이 최고의 신이자 본질적인 존재라고 믿었다.

오래지 않아 아케나텐이 사망했고, 수도는 다시 테베로 옮겨갑니다. 이후 아마르나는 버려진 고대 도시로 당시 문명을 고스란히 간직하고 있다가 3,000여 년 후 고고학자들에게 발견되지요.

베일에 싸인 네페르티티의 무덤

아마르나와 달리 과학자들이 열심히 찾고 있지만 아직 발견하지 못한 유적이 있습니다. 바로 아케나텐의 왕비 네페르티티 Nefertiti의 무덤입니다. 아마르나에서 발굴된 그녀의 흉상은 고대 미인의 기준처럼 여겨지지요.

고고학자들은 그녀의 무덤이 아들 투탕카멘의 무덤('파라오의 저주'가 시작된 그곳이지요)과 비밀 통로로 연결되어 있으리라 추측하지만, 실제로 발굴하기 전까지는 확실히 알 수 없습니다. 만약 그녀의 무덤을 찾아낸다면, 이집트 신왕국의 역사를 보여주는 새로운 보물 창고가 되겠지요.

파라오의 진정한 유산

1818년, 영국 시인 퍼시 비시 셸리Percy Bysshe Shelley와 호러스 스미스 Horace Smith는 당시 발견된 거대한 고대 오지만디아스Ozymandias 조각상에 대해 함께 시를 쓰기로 의기투합합니다. 오지만디아스는 기원전 1279년부터 기원전 1213년까지 이집트를 통치했던 파라오 람세스 2세에게 그리스인들이 붙인 이름입니다. 이렇게 고대 인물과 조각상은 후대 사람들에게 영감을 주고 창작의 원천이 되기도 합니다.

비시 셸리가 쓴 시의 일부를 함께 읽어봅시다.

몸통이 없는 두 개의 거대한 돌 다리가 사막에 서 있네.

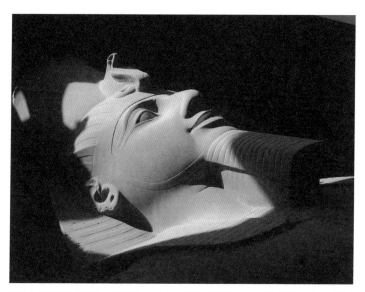

멤피스 박물관의 람세스 2세 거상 ◆ 람세스 2세는 히타이트와 평화 협정을 맺고 거대한 신전을 세우는 등 놀라운 업적들을 남겼다.

그 옆의 모래밭에는 산산조각난 얼굴이 반쯤 묻힌 채로,

찌푸리고는 주름진 입술로 조소를 지으며 차갑게 명령하네.

조각가에게 열정이 잘 드러난다고 알리거라.

여전히 살아남아 생명력 없는 것들에 새겨져 있다고.

열정을 조롱하는 손과 열정을 키우는 마음.

그리고 받침대에는 다음과 같은 글귀가 있네.

'내 이름은 오지만디아스, 왕 중의 왕.

내 작품을 보라, 위대한 자들이여. 그리고 절망하라!'

그 옆에는 아무것도 남아 있지 않네.

이것이 바로 우리가 람세스 2세로부터 얻을 수 있는 메시지 아닐까요? 권력은 오만하고 덧없는 것이지요. 고대 이집트 문헌을 훑어보면 3,000년 전 이집트인들 역시 인간의 성취와 업적은 본질적으로 덧없다는 사실을 이미 예리하게 꿰뚫어본 듯합니다.

이집트의 기념비적인 건축물과 무덤, 미라는 시간의 흐름에서 벗어나 영생을 살게 한다는 의미뿐만 아니라 미래 세대에게 역사적 교훈과 지침이 되어줄 과거를 보여준다는 의미도 있습니다. 고고학자들이 이집트의 수천 년 역사를 연구하는 과정에서 파라오들은 그들이 계획한 것보다 훨씬 폭넓고 감동적인 방식으로 후대를 인도하며 영원한 상징들을 보여주고 있습니다.

한 걸음 더

여성 파라오, 핫셉수트

기원전 1478년부터 기원전 1458년까지 약 20년간 이집트를 통치한 파라오 핫셉수트Hatshepsut는 여성이었습니다.

그녀는 당시로서는 매우 혁신적인 인물이었습니다. 여성으로서 파라오가 된 것뿐만 아니라, 기존의 관습을 깨고 자신의 모습을 조각상이나 그림에 직접 등장시키는 등 적극적으로 스스로의 존재를 드러냈습니다.

이러한 업적들은 그녀가 살아 있을 때에는 인정받았으나, 사후에는 그녀의 이름과 업적이 지워지는 등 잊힐 뻔했습니다. 그러나 1922년 영국의 고고학자들에 의해 핫셉수트의 무덤이 발견되면서 다시 세상에 알려지게 되었습니다.

아시리아와 바빌로니아

메소포타미아에 들어선 제국들

"나는 센나케리브, 아시리아의 왕이다.
여기에 적힌 내 이름을 지우거나 바꾸는 이는,
네 운명의 봉인에서 이름이 지워지고
땅에서 네 씨앗을 지우게 되리라."

—센나케리브(기원전 745~기원전 681, 아시리아의 왕, 성경의 '산헤립')

기원전 1300년경에는 히타이트가 지금의 튀르키예 지역을 지배했고 이집트 신왕국이 아프리카 서북부를, 아시리아가 메소포타미아 북부를 통치했습니다(44쪽 지도 참고). 아시리아는 수메르 북부 도시들에서 기원해 여전히 아카드 제국의 언어를 사용했지만 이전의 메소포타미아 문명과 아주 달라졌습니다. 더 획일적이고, 효율적이고, 잔혹해졌지요. 하지만 그들은 동시에 교육과 문화의 중심지 역할을 하기도 했습니다.

메소포타미아 남부에서는 바빌론Babylon을 중심으로 아시리아의 적수가 될 만한 제국이 기원전 1830년부터 기원전 539년까지 흥망성쇠를 거듭합니다. 이들은 정치·군사적으로 서로를 지배하고자 세력 다툼을 했으며 여러 차례 전쟁으로 맞붙었습니다. 하지만 메소포타미아를 차지하기 위한 전쟁에서 마지막까지 어느 한쪽이 완전히 승리를 거두거나 패배한 적은 없었습니다.

아시리아 제국, 야만과 문명의 두 얼굴

메소포타미아 북부의 고대 도시국가 아수르Assur에서 탄생한 아시리아 제국은 기원전 2000년경부터 수도 니네베Nineveh가 함락당한 기원전 612년 사이에 여러 번 주변 지역을 지배했습니다. 어떤 면에서 보면, 아시리아만큼 오늘날의 초강대국을 닮은 고대 제국도 없었습니다. 그들은 위협을 가하고 무력을 사용해 허수아비 왕국들을 무자비하게 정복했습니다.

아시리아 제국은 무시무시했습니다. 그보다 잔혹한 고대 제국은 없었다고 할 정도였지요. 아시리아의 왕들은 도시국가를 정복

라마수 석상 ✦ 아시리아인들은 사람의 얼굴에 사자의 몸통, 새의 날개를 한 수호신 '라마수Lamassu'를 믿었다. 아시리아 유적지에서는 다양한 라마수 조각이 발견되었다.

해 속국으로 만들고는 누구든 반란을 일으키면 끔찍한 형벌에 처한다는 계약에 서명하라고 요구하기도 했습니다. 아시리아의 왕 아슈르나시르팔 2세Ashurnasirpal II는 기원전 678년에 수루Suru를 정복한 후 다음과 같은 기록을 남겼습니다. "내게 저항하는 귀족은 모두 가죽을 벗겨 죽였다. 어떤 이들은 화형대에 세웠다. 나는 내 땅에서 많은 이들의 가죽을 벗겨 벽에 걸었다."

하지만 아시리아는 니네베에 당대 최대 규모의 도서관을 세우고, 정교한 배수 시설까지 갖춘 현대식 국가의 면모도 보였습니다. 또한 비슷한 시기 주요 제국들 중 처음으로 길 사이에 역참을 두어 신속하게 소식을 전달했지요. 아시리아는 적극적으로 예술을 후원했고 세련된 국가 종교도 있었던, 수천 년간 이어져온 문화와 전통이 강하게 뒷받침하던 국가였습니다.

정리하자면 아시리아는 아주 야만적인 동시에 문명화된 사회였습니다. 세계사를 통틀어도 이런 상반된 특성을 한꺼번에 보여주는 나라는 드뭅니다. 그리고 아시리아만큼 이런 모순을 노골적으로, 그리고 뻔뻔히 드러내는 나라도 없었습니다.

> **한 걸음 더**
>
> ## 고대 메소포타미아의 쐐기 문자
>
> 수메르, 아카드, 아시리아, 바빌로니아에서 글을 읽고 쓸 줄 아는 필경사들은 주로 점토판에 설형 문자(쐐기 문자)로 기록을 남겼습니다. 그들은 공적 기록을 보관하고 계약의 진위 여부를 확인해 주는 변호사와 같은 역할을 했지요. 편지, 법률, 찬가, 지식, 문학과 심지어 소설까지 이 쐐기 문자로 기록했습니다.

바빌로니아 제국은 억울하다?

고대 중동의 바빌론은 현대 북미 지역의 뉴욕, 라스베이거스, 뉴올리언스를 섞어놓은 듯한 곳이었습니다. 뉴욕처럼 어마어마하게 크고 강력한 경제 중심지이자, 라스베이거스처럼 퇴폐에 물든 휘황찬란한 관광지였으며, 뉴올리언스처럼 독특한 문화와 수많은 비밀을 간직한 오래된 도시였지요. 우리가 고대 메소포타미아 하면 떠올리는 것들 대부분은 바빌론에서 탄생한 바빌로니아 제국으로부터 비롯된 것입니다.

바빌로니아 제국은 크게 세 시기로 구분합니다. 고바빌로니아와 카사이트 왕조 그리고 신바빌로니아입니다. 여기서는 고바빌로니아와 신바빌로니아의 주요 인물 두 사람을 살펴봅시다.

법전으로 잘 알려진 함무라비 Hammurabi(기원전 1810~기원전 1750)는 고바빌로니아 제1왕조의 6번째 통치자였습니다. 받은 대로 되갚아준다는 의미의 "눈에는 눈, 이에는 이"라는 말도 그가 만든 함무라비 법전에서 나왔지요.

신바빌로니아 제국에는 네부카드네자르 2세Nebuchadnezzar II(기원전 642~기원전 562, 성경의 '느부갓네살')라는 무시무시한 왕이 있었습니다. 성경의 「다니엘서」 2장에는

함무라비 법전 ◆ 법이 새겨진 긴 비석의 윗부분에 함무라비 왕(왼쪽)이 샤마쉬 신(오른쪽)으로부터 법을 하사받는 장면이 조각되어 있다.

그의 꿈이 중요한 소재로 등장합니다. 또한 그는 고대 7대 불가사의 중 하나로 잘 알려진 공중 정원을 지으라 명하기도 했습니다(아쉽게도 오늘날 그 흔적은 남아 있지 않지요).

유대교와 기독교에서 바빌론은 세속적인 권력을 상징합니다. 수호신 마르두크와 바다와 혼돈의 신 티아마트를 중시했던 바빌론의 고유한 신앙에서, 마르두크가 이기는 이야기는 창세 신화의 중요한 부분을 차지합니다. 바빌론은 성경의 「창세기」에서 바벨탑을 건설한 장소로 알려져 있으며, 「요한계시록」에서는 음행으로 인해 심판받는 도시로 묘사됩니다.

이렇게 큰 영향을 끼친 중요한 제국인데도 역사책을 읽다 보면 바빌로니아 제국을 대강 훑고 넘어가기 쉽습니다. 바빌로니아 제국은 수메르 문명처럼 오래되지도 않았고, 아시리아 제국처럼 잔혹하지도 않았거니와 인상적인 건축물을 남긴 것도 아니기 때문입니다. 이집트 문명처럼 오랜 시간 잘 보존된 것도 아니고, 히타이트 제국처럼 세상에 제대로 알려지지도 못한 채 특정 면만 부각되어 오해받는 문명도 아니어서 더 그렇습니다. 하지만 1,000년 이상 황금기를 누리다 어느 순간 갑자기 몰락한 바빌론은 메소포타미아 문명의 요람이었던 남부 도시들의 역동적인 역사를 잘 보여주는 귀중한 유산입니다.

모세 5경

바빌로니아 제국이 기원전 587년에 유대 왕국을 정복하고 예루살렘 성전을 파괴한 사건은 유대인 역사에서 매우 중요한 전환점이 됩니다. 이 사건으로 인해 많은 유대인들이 포로로 잡혀 바빌론으로 끌려갔죠. 이 기간을 '바빌론 포로기'라고 하며, 유대인들은 자신들의 정체성과 문화, 종교와 전통을 유지하기 위한 새로운 방법을 찾아야 했습니다.

당시 유대인들은 구전 전통에 의존해 종교와 법을 전달했습니다. 하지만 포로의 생활과 성전의 파괴로 인해 이러한 구전 전통이 위협받게 되었지요. 이에 따라 유대인 지도자들과 율법학자들은 구전 내용을 기록으로 남겨야 한다고 결정했습니다. 이것이 바로 히브리어 성경, 특히 모세 5경이 기록되기 시작한 배경입니다.

모세 5경은 '토라'로도 알려져 있으며, 유대교의 가장 중요한 텍스트 중 하나로, 「창세기」, 「출애굽기」, 「레위기」, 「민수기」, 「신명기」의 다섯 권으로 구성되어 있습니다. 이 텍스트들은 유대인의 신앙, 역사, 법률, 도덕을 담고 있으며, 유대인 공동체의 정체성을 형성하는 데 중요한 역할을 했지요.

바빌론 포로기는 유대인들에게 자신들의 전통을 재정립하고, 동시에 다른 문화와 종교들과의 접촉을 통해 자신들의 신앙을 더욱 단단히 다지는 계기가 되었습니다. 이 시기를 거치며 유대교는 더 이상 성전과 제사장에만 의존하지 않고, 텍스트와 법률 학습 그리고 각 개인의 신앙생활에 무게를 두는 종교로 변모합니다. 그 결과, 유대인들은 성전이 없는 상황에서도 자신의 정체성과 신앙을 유지할 수 있게 되었지요.

올메카 문명

중앙아메리카의 수수께끼

> "올메카 문명의 사회 구조는 어땠을까요? 그들은 어떤 신을 믿었을까요?
> 올메카 문명에 관한 연구는 아직 초기 단계에 머무르고 있습니다.
> 다른 비슷한 분야들과 같은 속도로 발전하지 못했지요."
>
> ─베아트리스 데 라 푸엔테(1929~2005, 멕시코의 미술사학자)

중동에서 강력한 제국들이 탄생하고 세력 다툼이 한창이던 기원전 1500년경, 중앙아메리카 정글 어딘가에서 새로운 문명이 등장합니다. 바로 올메카 문명이지요. 올메카 문명은 1,000년 가까이 주변 지역을 지배하다 사라졌고, 다른 제국들이 연이어 뒤를 이었습니다.

올메카 문자가 전혀 번역되지 않았기에 그들에 대해 알려진 내용도 거의 없습니다. 추측하건대, 그들이 스스로 올메카인이라 부르지는 않았을 것입니다. '올메카'란 수천 년 후 등장한 아스테카인들이 그들을 가리키던 말입니다. 간단히 번역하면 '고무 사람들'이라는 뜻이지요. 또한 하나의 문명이 1,000년이라는 오랜 기간 지속되었을 가능성은 희박합니다. 그들이 누구였고 무엇을 했는지 밝혀진 바는 거의 없지만, 올메카인들은 거대한 도시와 신비로운 조각 그리고 여전히 풀리지 않은 미스테리를 남겼습니다.

올메카 문명 ◆ 올메카 문명은 오늘날 멕시코 베라크루스주와 타바스코주 일대에 위치했던 고대 중앙아메리카 문명이다.

공놀이를 즐겼던 사람들

3,000년 전 올메카 사람들이 '울라마Ulama' 같은 공놀이를 했다는 고고학적 증거가 남아 있습니다. 울라마는 축구와 비슷한, 마야와 아스테카 사람들이 즐겼던 중앙아메리카의 공놀이로, 일종의 유희이자 종교 의식과 같았습니다.

　병약한 사람은 울라마 경기에 참여하기 어려웠을 것입니다. 요즘 대부분의 구기 종목에서 사용하는 공기를 채운 탄력성 있는 고무공과 달리, 올메카에서 사용했던 공은 아주 단단했고 무게도 4킬로그램이 넘었습니다. 이런 무거운 공이 움직였을 속도를 계산해보면, 울라마를 하다가 부상을 입는 일도 많았을 테지요.

거대한 현무암 두상

세계사를 좀 아는 사람들은 올메카 문명이라 하면 크고 무거운 현무암 두상을 먼저 떠올릴 것입니다. 멕시코 곳곳에서는 17개의 거대한 사람 머리 조각상이 발견되었습니다. 상당히 정교하고 구체적으로 조각한 두상이라 특정 인물들을 묘사하려 한 것 같지만 너무 오래되었고 기록도 부족해 아직 누구인지, 심지어 올메카인들이 만든 것은 맞는지 정확히 밝혀진 바가 없지요.

아스테카 문헌에는 멸종된 거인족 '퀴나메친Quinametzin'이 중앙아메리카의 가장 인상적이고 경이로운 도시들과 건축물을 세웠다고 기록하고 있습니다. 옛 설화 같기도 한 이 거인 이야기는 올메카 문명에서 기원한 것일까요? 아니면 거대한 조각들로 인해

멕시코 산 로렌소의 올메카 두상 ◆ 올메카 지역에서 발견된 두상들은 특징적인 형태로 보아 특정 인물을 묘사하려 한 것 같지만 아직 정확히 밝혀진 바는 없다.

생긴 이야기일까요? 어쩌면 올메카와는 전혀 상관없이, 아스테카 사람들이 만들어낸 이야기일지도 모릅니다.

카스카할석과 신비한 기호들

그렇다고 올메카인의 삶을 알아낼 방법이 전혀 없는 것은 아닙니다. 1999년, 한 가닥 실마리가 잡혔지요. 과거 올메카 문명이 있던 멕시코 베라크루스주 인근 마을에서 오래된 돌무더기를 파헤치던 인부들이 낯선 기호가 새겨진 돌판을 발견했습니다.

카스카할석Cascajal 石이라 이름 붙여진 이 가로 21센티미터, 세로 35센티미터짜리 돌판은 어쩌면 고대 올메카 문명 유물일지도 모릅니다. 돌판이 발견된 마을은 기원전 900년으로 거슬러 올라가는 고대 올메카 유적에 자리잡고 있었고, 돌판에 새겨진 기호는 그때까지 발견된 중앙아메리카 문자들과 달랐기 때문이지요.

언어학자들은 지금도 이 돌판에 새겨진 상징을 해독하기 위해 꾸준히 연구하고 있습니다. 설령 올메카 문명만큼 오래되지 않았다고 밝혀지더라도, 카스카할석

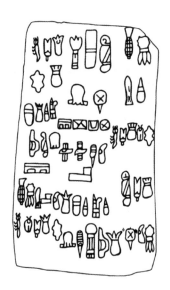

카스카할석에 새겨진 기호 ◆ 아직 정확한 의미는 알려져 있지 않지만, 고대 올메카인들이 남긴 것으로 추정된다.

의 발견 그 자체로 주변 지역은 탐사하고 연구할 거리가 많은 곳으로 주목받고 있습니다.

어쩌면 올메카 문명은 아무런 방해도 받지 않는 깊은 땅속에서 오랜 시간을 보내며 우리가 잘 알지 못하는 옛 세계에 대한 침묵의 기록으로 고이 묻혀 있는지도 모릅니다.

한 걸음 더

전 세계에서 두루 발견되는 거인 이야기

앞서 살펴본 창조 이야기처럼 고대 신화들끼리는 공통점이 많습니다. 아스테카 신화의 퀴나메친 이야기처럼 다른 지역에서도 거인 이야기들이 전해지고 있지요.

성경의 「창세기」 6장 4절에는 '네피림'이라는, 대홍수 이전에 지구에 살았다는 거인족에 대한 이야기가 나옵니다. '하늘에서 내려온 자들'이라는 의미를 가진 네피림은 인간 여자와 천사들 사이에서 태어난 존재로 묘사되며, 이들의 거대함과 강력함이 강조됩니다.

고대 그리스 시인들은 올림푸스의 신들이 등장하기 전에 지배력을 행사한 거인족 '티탄'에 대해 노래했지요. 티탄들은 가이아(대지)와 우라노스(하늘)의 자녀들이었으며, 제우스를 비롯한 올림푸스 신들과의 싸움인 티탄 전쟁에서 패배하고 지하의 타르타로스로 추방당했습니다.

페르시아 제국

키루스 대왕과 조로아스터교

> "내가 너의 오른손을 굳게 잡아, 열방을 네 앞에 굴복시키고,
> 왕들의 허리띠를 풀어 놓겠다.
> 네가 가는 곳마다 한 번 열린 성문은 닫히지 않게 하겠다."
>
> —「이사야서」 45장 1절 中

기원전 587년, 잔혹한 아시리아의 지배를 받으며 바빌론에서 포로 생활을 하던 고대 유대 제사장들은 어려운 결정을 앞두고 있었습니다. 유대교 신앙의 가르침을 기록으로 남겨 영원히 보존할 것인지 아니면 가르침이 사라지는 것을 무기력하게 지켜볼지 선택해야 했지요. 그들은 기록을 남기기로 했고, 그 결과물이 바로 기독교의 구약 성경으로 더 잘 알려진 히브리어 성경입니다. 「시편」 137편 1절의 "우리가 바빌론의 강변 곳곳에 앉아서, 시온을 생각하면서 울었다"라는 구절처럼, 구약에는 부당한 대우로 고통받는 유대인 이야기가 많이 나옵니다.

그러나 구약 성경에는 강력한 왕이 나타나 유대인을 구할 것이라는 희망적인 메시지도 담겨 있었습니다. 페르시아 제국(오늘날의 이란 지역)의 키루스 대왕Cyrus the Great(기원전 600~기원전 530, 성경의 '고레스')은 유대인도 아닌 데다 고대 페르시아의 조로아스터

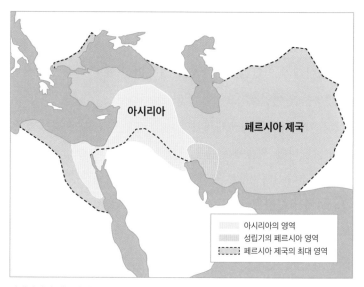

아시리아와 페르시아 제국 ✦ 페르시아의 키루스 대왕은 바빌론을 정복하고 아시리아로부터 유대인을 해방시켰다.

교를 믿었지만, 유대인들은 그를 명백한 구세주이자 하나님의 구원 도구라고 생각했습니다. 기원전 539년에 바빌론을 정복한 키루스 대왕은 그들의 기대에 완전히 부응했지요. 유대 제사장들은 더 굳건한 믿음과 성경으로 무장한 채 고향으로 돌아왔습니다.

민주주의보다 수천 년 앞선 페르시아 종교의 가르침

키루스 대왕은 왜 유대인을 해방시켰을까요? 이를 이해하기 위해서는 먼저 그의 종교적 신념을 알아야 합니다. 그가 믿은 조로아스터교는 세상이 자비로운 창조자이자 선한 신인 '아후라 마즈다'와 그의 사악한 아들이자 거짓의 아버지인 '아리만' 사이의 끊임없는 싸움 가운데 있다고 가르칩니다. 키루스가 보기에 당시 아시리아에게 억압받고 고통받던 유대인을 해방시키는 것이 선을 행하는 일이었겠지요.

조로아스터교에서는 개개인이 어떤 신을 믿는지가 별로 중요하지 않습니다. 싸움에서 옳은 편에 서는 것이 더 중요합니다. 그래서 조로아스터교도들은 개종자를 환영하기는 하지만 개종을 강요하지는 않았습니다. 키루스 대왕도 마찬가지였지요. 그는 정복지 주민들이 계속해서 자신의 종교를 유지하고 믿음을 실천하는 것을 허용했습니다.

자라투스트라는 이렇게 말했다

조로아스터교는 선지자 자라투스트라Zarathustra가 창시했습니다. 조로아스터로도 불리는 그는 '드루이Druj(거짓)'가 우주에서 가장 치명적인 기운이자 아리만에게 힘을 불어넣는 근원이라고 설교했지요. 그의 가르침에 따르면, 중요한 순간에 진실을 이야기하는 것이 세상을 구원할 수 있습니다.

기원전 6세기에 이런 교리는 굉장히 급진적인 것이었습니다. 역사적으로 종교는 백성들에게 하나의 신념을 불어넣어 사회를 통합하는 데에 활용되어 왔지요. 파라오의 신성을 부정하는 것은 곧 이집트 왕국의 정당성을 부정하는 일이었고, 고대 수메르의 여사제들을 부인하는 것은 각 도시국가 통치자의 신성한 권위를 인정하지 않는다는 뜻이었습니다.

그러나 조로아스터교가 기반이 된 페르시아 제국은 서양의 민

자라투스트라의 삶을 묘사한 그림 ✦ 자라투스트라는 선과 악 사이 갈등에서 옳은 편에 서는 것이 중요하다고 가르쳤다. 그림 윗부분 중앙에 좌우 대칭의 긴 날개를 뻗은 형태는 아후라 마즈다를 뜻하는 '파라바하르' 문양으로 조로아스터교의 상징과 같다.

주주의보다 수천 년 앞서 다른 의견을 비교적 쉽게 표현하고 받아들이는 다채롭고 안정적인 사회였습니다. 그 과정에서 종교를 활용해 국가를 통합할 기회는 포기했지만요.

페르시아 황제들은 오늘날의 이란에 위치했던 페르시아 본토에서부터 영토를 확장해나가며 통치 방식을 바꾸었습니다. 페르시아 제국의 지배를 받는 지역은 페르시아의 문화와 종교를 따르는 것이 여전히 규범이었지만, 강요는 하지 않았지요. 페르시아가 이렇게 좋은 본보기를 보여주었지만, 이후 서양이나 중동 문명 어느 곳에서도 타 문화를 존중하는 방식을 진지하게 따르려하지 않았습니다.

키루스 대왕 영묘 ◆ 조로아스터교를 믿고 유대인을 해방시켰으며 '왕 중의 왕'이라 불린 키루스 대왕이 잠든 곳이다. 이란 파사르가다에에 위치하며 2004년 유네스코 세계문화유산으로 지정되었다.

우리는 2500년간 페르시아를 오해했다

고대 페르시아는 절대적인 신권 군주국이었다고 이야기하는 것이 가장 적절합니다. 하지만 주변 경쟁국들보다 눈에 띄게 민주주의적인 측면도 있었지요. 페르시아 제국은 노예 제도를 금했고, 여성도 재산을 소유할 수 있었으며, 정복한 나라에 상당히 관대하게 자치권을 주었습니다. 교육과 무역을 가장 중요시했으며 조로아스터교 교리를 바탕으로 전례 없는 수준의 종교적 자유도 허용했지요. 흔히 고대 그리스를 민주주의의 발상지이자 가장 인간적인 사회로 알고 있지만 고대 페르시아의 기본적인 인권 의식은 그리스보다 더 모범이 될 만했습니다.

종교 갈등의 프레임

하지만 고대 페르시아가 긍정적인 모습으로 주목받는 경우는 거의 없습니다. 중세의 십자군 전쟁 때문입니다. 오랜 시간 서양의 여러 매체들은 기독교를 바탕으로 성장한 유럽과 이슬람교를 믿어온 중동이 계속해서 서로 반목했다는 내용을 강조하며 대중에게 교묘히 혐오 사상을 주입했습니다. 이슬람 세력은 절대적인 악으로, 기독교 세력은 너그러운 선으로 묘사한 것이지요. 그 과정에서 페르시아 제국은 이슬람 세력처럼, 고대 그리스는 기독교 세력처럼 그려졌습니다.

하지만 이는 역사적으로 잘못된 묘사입니다. 사실 고대 그리스인들은 기독교를 믿지 않았고, 고대 페르시아인들은 이슬람교가 아니라 조로아스터교를 믿었지요. 하지만 역사가들은 기원전 5세기경에 있었던 그리스와 페르시아의 전쟁이 기독교와 이슬람교가 맞서 싸운 십자군 전쟁과 궤를 같이한다는 프레임을 교묘하게 끼워 넣었습니다.

영화 《300》(2006)이 대표적인 사례입니다. 이 작품에서는 페르시아 군대를 잔인하고 탐욕스러운 괴물로, 그리스 군대를 용감하고 고결한 패배자로 묘사했지요. 그러나 실제 역사에서는 그리스가 선의의 피해자도, 페르시아가 무자비한 악당도 아니었습니다. 두 문명은 모두 세계사에서 아주 중요한 부분을 차지하며 독자적인 방식으로 오늘날까지 영향을 미치고 있을 뿐입니다. 고대 그리스에 대해서는 뒤의 '그리스 도시국가'에서 더 자세히 살펴보겠습니다.

아케메네스 왕조

아케메네스 왕조는 고대 페르시아 제국의 첫 번째 왕조로, 키루스 대왕에 의해 기원전 559년경에 창건되었습니다. 이 왕조는 키루스 대왕의 조상으로 전해지는 신화 속 인물 아케메네스로부터 그 이름을 따왔습니다. 키루스는 이 왕조의 가장 유명한 왕 중 하나로, 그의 정복 활동은 페르시아 제국이 중동 전역으로 확장하는 기반을 마련했습니다.

키루스 이후 아케메네스 왕조는 다리우스 대왕과 크세르크세스 같은 다른 유명한 왕들이 이어받았습니다. 다리우스 대왕은 제국의 행정 체계를 개혁하고, 도로망을 건설하며 통화 시스템을 도입하는 등 페르시아 제국의 기초를 더욱 견고히 했습니다.

아케메네스 왕조의 영향력은 현재까지도 이어지고 있습니다. 페르시아 제국은 행정, 건축, 예술, 문화 등 다양한 분야에서 중요한 유산을 남겼으며, 이는 후대의 이란 문화와 중동 지역뿐만 아니라 전 세계적으로 중요한 영향을 미쳤습니다. 페르세폴리스와 파사르가다에에 남아 있는 유적들은 아케메네스 왕조의 위대함을 증명하고 있지요.

쿠시 문명

아프리카의 비밀스러운 문명

"제우스는 에티오피아인들과 잔치를 하러 바다처럼 큰 강으로 떠났다.

충성스러운 귀족과 신들이 모두 그와 함께 갔다."

—호메로스(기원전 8세기, 고대 그리스의 시인) 『일리아스』 제1권 中

앞서 20만 년 전 에티오피아에 살았던 첫 현생 인류의 화석을 살펴보았습니다. 그렇다면 역사학자들은 에티오피아의 고대사에 대해 얼마나 알고 있을까요? 유적지와 문헌을 바탕으로 그들의 문화와 종교를 자세히 연구하고 있을까요?

많은 학자들이 애쓰고 있지만 두 가지 이유로 쉽지 않습니다. 첫째, 고대 에티오피아와 관련한 문헌이 거의 남아 있지 않습니다. 둘째, 어렵게 찾아냈더라도 문헌 대부분을 아직 해독하지 못했기 때문입니다.

쿠시 문명 ✦ 아프리카의 고대 문명 하면 흔히 이집트를 떠올리지만 쿠시도 그와 비슷한 시기부터 있었던 오래된 문명이었다.

먼 옛날 오늘날의 에티오피아에 살던 쿠시 사람들은 메로에 문자를 사용했습니다. 이곳에 있었던 '메로에Meroe'라는 도시에서 따온 이름입니다. 학자들은 100년 이상 이 문자를 연구했지만 여전히 해독하지 못했습니다. 이 베일에 싸인 언어에서 그리스어를 거쳐 영어로 옮겨진 한 단어가 있습니다. 바로 영어의 '캔디스Candace'라는 이름이지요. 이는 쿠시 사람들이 여왕을 부르던 칭호 '칸다케Kandake'에서 유래했습니다(한글 성경에는 「사도행전」 8장 27절에 "에티오피아 여왕 간다게"라고 언급되어 있습니다).

주변국과의 교류

쿠시는 정말 복잡한 곳이었습니다. 이집트 바로 남쪽에 위치해 오늘날의 수단과 에티오피아를 모두 포함하고 있었지요(고대 그리스와 로마 역사가들은 이 지역까지 모두 아울러 에티오피아라고 불렀습니다). 쿠시는 지리적 특성상 지중해 북쪽과 사하라 사막 이남을 연결하는 정치와 무역의 중심지였습니다.

사하라 사막 이남

쿠시에 대해서는 밝혀진 것이 별로 없고, 쿠시와 교류했던 대부분의 남쪽 국가들에 대해서는 알려진 것이 더 적습니다. 그나마 쿠시의 전통적인 신전을 보면 이집트의 영향을 받았다는 것을 알 수 있습니다. 하지만 기원전 4세기부터 새로운 신전을 짓고 메로에 문자의 변화에 영향을 미친 다른 어딘가와 활발하게 교류

메로에 문자가 새겨진 비석 ◆
아직 메로에 문자를 해석할 수는 없지만, 학자들은 다른 언어를 메로에 문자로 번역한 글이나 반대 경우를 찾고 있다.

하기 시작했다는 증거가 남아 있지요. 아마 사하라 사막 이남의 국가들과 접촉하며 이런 변화가 생겼을 것입니다. 메로에 문자를 연구해 해독에 성공한다면 쿠시 문명을 더 잘 알 수 있을 테지요.

이집트

이집트와의 교류에 대해서는 비교적 많은 것이 알려져 있는데, 이집트 측의 기록이 잘 보존되어 있기 때문이에요. 고대 쿠시 왕국과 이집트는 전쟁을 치르기도 했지만 대부분은 서로 이익이 되도록 평화롭게 교류했습니다.

그리스

그리스 문헌 곳곳에도 쿠시가 언급됩니다. 대부분은 쿠시 왕국을 '지상낙원'으로 표현했습니다. 그리스의 역사가 디오도로스 시켈로스는 허황되고 믿기 힘든 주장을 하기도 했습니다. 이를테면 쿠시인들이 전설적인 영웅 헤라클레스와 싸워 이겼다거나, 이집트의 신 오시리스가 사실 이집트 왕국을 세운 에티오피아 출신 이주민이었다는 등의 내용이지요. 이런 이야기가 쿠시 왕국에서 시작되어 입으로 전해 내려온 것인지 아니면 디오도로스의 상상력에서 비롯된 것인지는 확실하지 않습니다.

성경에 자주 등장하는 쿠시

구약 성경에도 쿠시(한글 성경에서는 '구스')가 등장합니다. 성경에 나오는 쿠시는 쿠시 왕국을 의미할 수도 있고, 더 넓게는 에티오피아와 주변 지역을 뜻할 수도 있습니다. 쿠시가 등장하는 부분을 살펴볼까요?

- 「창세기」 10장 6절에서 쿠시는 노아의 아들 함의 자손이 세운 우화적인 나라 중 하나로 등장합니다. 근대에 미국과 남아프리카 공화국에서 인종 분리 정책을 폈던 많은 백인 목사들이 흑인의 인종적 열등성을 정당화할 구실로 쿠시가 노아의 저주받은 아들 함의 자손이라는 구절을 근거로 사용했지요.
- 「창세기」 10장 8~10절에는 초기에 메소포타미아를 세운 쿠시의 자손 니므롯에 관한 이야기가 나옵니다. "주님께서 보시기에도 힘이 센 니므롯과 같은 사냥꾼"이라는 속담까지 등장합니다. 여기서 말하는 쿠시가 지리적으로 아라비아 반도 맞은편의 쿠시 지역을 가리키는 것 같지는 않지만, 가능성이 아

예 없는 것은 아닙니다.

- 「민수기」 12장에는 모세가 십보라 "구스 여자"와 결혼했고, 하느님이 그 결혼에 반대한 모세의 형과 누나를 벌주는 내용이 나옵니다.
- 「예레미야」 13장 23절은 "구스인이 그의 피부를, 표범이 그의 반점을 변하게 할 수 있느냐"라고 말합니다. 이 부분은 쿠시인의 피부색이 유대인과 확연히 달랐다는 사실을 암시하지요.

대부분의 성서학자는 쿠시가 구체적으로 어떤 지역을 가리키며, 보편적으로는 홍해를 따라 정착한 아프리카 동북부 문명을 뜻한다는 데 의견을 같이합니다. 연구가 진행되며 앞으로 쿠시에 대해 더 많은 것들이 밝혀지길 기대해봅니다.

그리스 도시국가

아테네 vs 스파르타, 펠로폰네소스 전쟁

> "훗날, 시대가 달라져도 누군가는 분명 우리를 기억할 것이다."
>
> —사포(기원전 630~기원전 570, 고대 그리스의 시인)

고대 그리스가 전 세계, 특히 서양사에서 중요한 역할을 했다는 것은 유명한 사실입니다. 몇몇 18, 19세기 철학자들의 사상을 공부하다 보면 2,000년 전 고대 그리스에서 영감을 받았다는 것을 알 수 있습니다. 고대 그리스가 과학, 건축, 문학, 예술 그리고 철학 분야에 남긴 학문적·문화적 업적을 보면 왜 그렇게 많은 사람이 영향을 받았는지 충분히 이해가 되지요.

고대 그리스를 쉽게 이해하려면 앞서 살펴봤던 수메르 문명을 떠올리면 됩니다. 수메르는 사실상 도시국가들의 연맹이었다는 점에서 결집된 제국과 같았습니다. 고대 그리스도 그 전성기에는 수메르와 마찬가지로 도시국가들의 느슨한 연합이었고 각 국가가 잠깐씩 돌아가며 패권을 차지하는 형태였습니다. 그럼, 그리스의 대표적인 두 패권국이었던 아테네와 스파르타의 역사를 차례로 살펴봅시다.

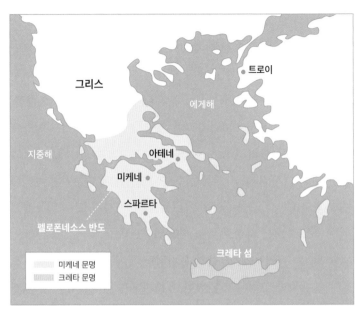

고대 그리스 문명 ✦ 고대 그리스는 수메르와 마찬가지로 작은 도시국가들의 느슨한 연합체로, 각 도시가 돌아가며 잠깐씩 패권을 차지했다.

고대 그리스의 수호자, 아테네

'고대 그리스' 하면 보통 아테네가 가장 먼저 떠오릅니다. 파르테논 신전, 소크라테스와 플라톤, 유명한 그리스 시와 연극 대부분이 아테네의 유산입니다. 도시국가 아테네는 오랫동안 그 자체로 하나의 다채롭고 인간적인 세계였지요.

그러다 18세기에 유럽의 학자들이 고대 그리스의 정치 철학을 재발견하면서 아테네를 평화로운 유토피아로 이상화하기 시작합니다. 하지만 아테네는 그들이 생각하듯 그렇게 평화롭지 않았고 유토피아와도 거리가 멀었습니다.

사실 그리스가 주변 강국 페르시아 제국에 지배당하지 않을 수 있었던 결정적 요인은 아테네의 군사적 기량에 있었습니다. 이웃 나라인 스파르타 역시 페르시아에 대항하는 과정에서 중요한 역할을 했지만, 기원전 490년 마라톤 전투Battle of Marathon에서 처음으로 페르시아를 물리친 것은 아테네였지요. 그리스와 페르시아의 전쟁 내내 군사적 중심 역할을 한 곳도 아테네였습니다. 아테네는 스파르타만큼 군국주의는 아니었지만 두 나라 모두 기본적으로는 군사 문화를 바탕으로 한 사회였습니다.

아테네는 여러 세기에 걸쳐 유지되던 통치 방식들을 지속적으로 혁신했지만 그렇다고 완전한 유토피아는 아니었습니다. 세계

그리스 파르테논 신전 ◆ 아테네의 수호신인 아테나를 기리는 신전이다. 아테네는 고대 그리스 초기에 패권을 쥐고 중심 역할을 했다.

최초의 민주주의 사회라고 불리지만 엄밀히 따지면 오직 18세 이상의 부유한 남자 시민(전체 인구의 15퍼센트 정도)에게만 선거권이 있었습니다. 그리고 대부분의 그리스 도시국가처럼 아테네도 대규모 노예제를 시행했지요. 페르시아가 일찍이 노예제를 폐지한 것과는 대조됩니다.

어쨌든, 18세기 정치 철학자들이 아테네의 전통을 재발견하고 당대 유럽보다 더 계몽된 사회였다고 생각한 것은 후대인 우리에게도 큰 영향을 미쳤습니다. 그들은 새 가치 체계를 만들기보다 옛 가치 체계를 되살렸다 생각했기에 민주주의와 인권이 과연 이룰 수 있는 목표인지 의문을 품지 않고 쉽게 받아들였습니다. 앞으로 어떤 정치 체제가 새로 등장할지 모르겠지만 아테네의 민주주의는 해답이 되어 주었고, 덕분에 우리도 민주주의 사회에 살고 있는 것이지요.

펠로폰네소스 반도를 통합한 스파르타

학창 시절에 세계사를 공부한 사람이라면 아테네와 스파르타 사이에 벌어진 펠로폰네소스 전쟁Peloponnesian War에 대해 들어봤을 것입니다. 사람들은 왜 이 전쟁을 '고대 그리스 내전'이나 '스파르타 전쟁' 같은 기억하기 쉬운 이름이 아닌 '펠로폰네소스 전쟁'이라고 부를까요? 여기에는 스파르타의 속뜻이 담겨 있습니다. 펠로폰네소스는 그리스 남서부 반도 이름입니다. 스파르타가 속한 곳이자 분쟁의 중심지였지요. 스파르타를 중심으로 이 반도의 도시국가들이 맺은 동맹이 바로 펠로폰네소스 동맹입니다.

스파르타는 펠로폰네소스 반도의 특징과 전통을 의도적으로 강조했습니다. 그럴 만한 이유가 있었지요. 기원전 5세기에 아테네는 모두가 인정하는 고대 그리스의 중심지이자 수도였습니다. 무역으로 부유해졌고, 정치적으로 위대한 혁신을 이룬 현장이었지요. 반면 스파르타는 군 복무가 의무였고, 군사를 혹독하게 훈련시킨다는 점 외에는 이렇다 내세울 특징이 없는 평범한 군주제 국가였습니다. 스파르타 입장에서는 아테네에 맞서기 위해 주변국과 동맹을 맺을 때 인도주의적·경제적 논리를 제시하기는 어려웠을 것입니다. 아테네와 전쟁을 벌여 승리하리라는 확신도 없

〈페리클레스의 추도사〉(1877) ◆ 펠로폰네소스 전쟁 첫해, 아테네의 지도자 페리클레스가 피해자들을 기리는 장면이다. 펠로폰네소스 전쟁으로 고대 그리스의 패권은 아테네에서 스파르타에게 넘어갔다.

었지요. 그러니 지역과 연합을 강조하는 전략을 취했던 것입니다.

펠로폰네소스 동맹이 맺어지기 전에 아테네는 이미 델로스 동맹을 맺고 있었습니다. 기원전 431년, 펠로폰네소스 전쟁이 시작됩니다. 전쟁은 크게 세 시기로 나뉘는데 첫 번째 전쟁에서는 양측 누구도 큰 승리를 거두지 못했고, 이후 전쟁을 거듭하며 스파르타에게 패권이 옮겨가게 됩니다.

스파르타는 지방 정부들을 전복시키고 적에 맞서 동맹국들을 보호하며 펠로폰네소스 반도를 지배하기 위해 정치적이고 군사적인 힘을 사용했습니다. 그러나 가장 위대한 비밀 무기는 무엇보다 역사였지요. 펠로폰네소스라는 이름은 전설적인 인물, 최고신 제우스의 손자 펠롭스에게서 따온 것입니다. 게다가 펠로폰네소스 반도는 그리스에서 가장 오래된 미케네 문명의 터전이었습니다. 사실 미케네는 스파르타보다 아테네와 더 가까웠지만 지역적으로 펠로폰네소스 반도에 속해 있었지요. 이런 역사를 근거로 스파르타는 펠로폰네소스 동맹과 다른 도시국가들 사이의 전쟁을 강조하며 이 전쟁이 조상들의 터전을 강탈자로부터 수호하는 것이라고 주장할 수 있었습니다.

펠로폰네소스를 그리스인의 중심 정체성으로 만들고자 했던 스파르타의 노력에 도움이 된 또 하나의 요소는 바로 올림픽이었습니다. 기원전 8세기로 거슬러 올라가는 올림픽은 제우스와 펠롭스를 기리기 위해 올림피아 골짜기에서 4년마다 개최되는 행사였지요. 올림픽에는 엄청난 수의 사람이 몰렸고 여러 경기는 도시국가들을 하나로 연결해 우호 관계를 유지하는 데에도 핵심 역할을 했습니다.

프락시스

고대 그리스 철학자 아리스토텔레스는 사람의 행동을 세 종류로 나눌 수 있다고 생각했습니다. 테오리아theoria(생각하기), 포이에시스poiesis(창작하기), 프락시스praxis(실행하기)였지요. 그중 프락시스는 오늘날의 영어로 이어져 완전히 의도적으로 하는 행동도, 무의식적인 습관도 아닌 어느 정도 의식적인 행동 방식이라는 뜻으로 쓰입니다. 영어의 '실행practice', '실용적인practical' 같은 단어의 어원이지요.

프락시스 개념은 역사적으로 철학자들에 의해 다양하게 발전되었습니다. 마르크스주의 철학에서는 프락시스가 중요한 역할을 합니다. 칼 마르크스는 프락시스를 인간이 자신과 세계를 변혁시키는 '활동'으로 보았고, 이를 통해 사회적이고 역사적인 변화가 일어난다고 주장했습니다. 마르크스 이후의 철학자들, 특히 프랑크푸르트 학파에서 활동한 비판 이론가들은 프락시스를 더 발전시켜 이론과 실천의 '통합'을 강조했습니다. 이들은 실천 없는 이론은 무의미하며, 이론적 통찰 없는 실천은 방향을 잃기 쉽다고 보았습니다.

이처럼 프락시스는 단순한 행위를 넘어서 인간의 의식적이고 목적적인 활동을 가리키며, 개인의 윤리적 행위뿐만 아니라 사회 변화를 이끄는 실천적인 활동에까지 영향을 미치는 중요한 철학 개념입니다.

알렉산더 대왕

세계주의의 기반을 다지다

"온 세상도 부족했던 그였건만,
이제 무덤 하나로도 충분하구나."
—알렉산더 대왕(기원전 356~기원전 323)의 묘비명 中

고대 그리스 도시국가들은 오랜 시간 연맹 상태를 유지했습니다. 그러나 마케도니아의 왕 필리포스 2세Philip II(기원전 382~기원전 336)는 그리스 도시국가들을 제국으로 통합해 통치했을 뿐만 아니라 연맹이 힘을 쓰지 못하게 합니다. 그것만으로도 역사에 지대한 영향을 끼친 중요한 업적이지만, 그가 남긴 최고의 유산은 단연 아들 알렉산더 대왕Alexander the Great이었습니다. 알렉산더 대왕은 세 대륙에 걸쳐 영토를 확장하며 아버지보다 더 빼어난 업적을 남겼지요.

전 세계를 지구 공동체로 의식하고 힘을 모아 문제를 해결해나가야 한다는 개념을 '세계주의globalism'라고 합니다. 바로 이 세계주의의 시초가 알렉산더 대왕이라고 할 수 있습니다. 아이러니하게도 그는 이전의 그 어떤 군주보다 많은 사람을 지배하고, 죽이고, 정복하며 세계주의의 기반을 다집니다. 그가 침략했던 국가들이 서로 연결되며 간접적으로 형성된 유대 관계는 여러 다른 형태로 오늘날까지 남아 있습니다.

필리포스 2세의 그리스 정복

기원전 404년 말, 스파르타는 펠로폰네소스 전쟁에서 승리하고 그리스에서 가장 강력한 도시국가가 되었습니다. 하지만 도시국가 연맹 체제에서는 한 세력이 계속해서 우위를 차지하기가 어려웠지요. 스파르타의 지도자들은 아테네의 지도자들이 그랬던 것처럼 권력을 차지하는 것보다 유지하는 것이 훨씬 어렵다는 사실을 깨닫습니다.

그로부터 10년도 지나지 않은 기원전 395년, 페르시아의 지원을 받은 테베, 아테네, 코린토스 그리고 아르고스가 반란을 일으킵니다. 후대에 코린토스 전쟁Corinthian War으로 알려진 이 세력 다툼은 수십 년간 계속되었습니다. 결국 기원전 371년, 스파르타는 레욱트라 전투Battle of Leuctra에서 테베에 패하고 군사적 패권을 잃었습니다. 이후에도 여러 세기 동안 계속 자치권을 유지했지만, 다시 그리스를 지배하지는 못했지요.

그렇다고 테베가 세력을 넓히고 강대국이 된 것은 아니었습니다. 이즈음 마케도니아가 역사의 중심에 등장합니다. 기원전 330년대 후반, 필리포스 2세는 이미 상당히 많은 그리스 도시국가들을 차지했습니다. 그가 이끄는 마케도니아 군대는 기원전 338년에 카이로네이아 전투Battle of Chaeroneia에서 테베 군대를 격파

했습니다. 그리고 그때부터 마케도니아가 그리스를 지배했지요. 엄밀히 따지면 그리스는 여전히 도시국가 연합이었지만, 마케도니아의 군사와 함께 움직이느라 하나의 제국처럼 돌아가기 시작했습니다.

그리스를 손에 넣은 필리포스 2세는 국력을 총동원해 페르시아를 침공하기로 결정합니다. 페르시아는 200년 전쯤 그리스와 전쟁을 벌이고 적국이 되어 있었지요. 그러나 기원전 336년, 페르시아 침공을 준비하며 민심과 자금, 물자를 끌어들이고 있을 때 뜻밖의 일이 벌어집니다. 제국을 호령했던 그가 허무하게도 수행원의 칼에 찔려 암살당한 것이지요.

운명을 받아들인 알렉산더 대왕

필리포스 2세의 영토 확장의 꿈은 왕위와 함께 아들 알렉산더 대왕(정식 명칭은 알렉산더 3세)에게 넘어갑니다. 영토 확장은 얼핏 보면 영광스럽고 명예로운 것처럼 보이지만 사실 잔인하고 피비린내 나는 전쟁의 연속입니다. 그러나 스무 살의 나이에 왕위에 오른 알렉산더는 어린 시절부터 자신이 페르시아 제국을 정복할 임무를 띠고 태어났다는 이야기를 수없이 들으며 자란 패기 넘치는 젊은이였지요.

알렉산더는 왕자 시절 스승 아리스토텔레스로부터 인생에서 가장 중요한 것은 운명이라는 가르침을 받았습니다. 그는 "일어나야 할 모든 일은 필연적으로 일어난다"라고 강조했지요. 아리

〈어린 알렉산더를 아리스토텔레스에게 소개하는 올림피아스〉(1733) ♦ 알렉산더의 어머니가 그를 아리스토텔레스에게 소개하는 장면이다. 알렉산더는 어린 시절 받은 교육을 바탕으로 자신의 운명을 인식했다.

스토텔레스 밑에서 배우며 알렉산더는 '천명天命'이나 '명백한 운명Manifest Destiny'과 비슷한 개념을 생각하게 되었습니다. 쉽게 풀어 말하면, 세상을 다스릴 능력이 있는 사람은 그렇게 해야 할 운명이라는 것을 받아들입니다.

어린 시절에는 뛰어난 군사 교육을 받고, 아버지가 돌아가신 후에는 어마어마한 군대, 백성들의 신임, 탁월한 전술과 능력, 인상적인 롤 모델 그리고 페르시아 정복이라는 미완의 계획까지 모두 물려받으며 알렉산더는 왕위에 올랐습니다. 그리고 자신의 과업을 하나하나 수행하기 시작합니다.

다리우스 3세

 알렉산더가 사냥감을 쫓는 포식자 같았다면 페르시아의 왕 다리우스 3세Darius III(기원전 380~기원전 330)는 쫓기는 사냥감과 같았습니다. 알렉산더의 공격을 받으며 다리우스 3세는 심적으로 불안하고 자신의 운명에 대해 고뇌했을 것입니다. 다리우스 3세는 40대 초반에 제국을 물려받았고, 알렉산더의 아버지 필리포스보다 고작 몇 살 적은 나이였습니다.

 알렉산더가 강력한 지배자였던 아버지 밑에서 조국 마케도니아가 나날이 강성해지는 모습을 직접 목격하며 자란 반면, 다리우스는 수십 년간 어지럽고 혼란스러운 상황 속에서 궁정 내 온갖 암투를 겪으며 성장했습니다. 한술 더 떠, 페르시아의 아케메네스 왕조는 알렉산더가 침략하기 전부터 이미 무너지고 있었습니다. 키루스 대왕과 다리우스 1세의 위대한 업적은 희미해졌고, 페르시아 각지의 지도자들은 그 업적조차 회의적으로 보고 있었지요. 다리우스 3세는 영토 문제는커녕 왕위 보전조차 어려운 상황이었습니다. 심지어 선왕은 독살을 당했고, 그 전임 왕 역시 독살되었을 가능성을 배제할 수 없었지요.

 이런 상황에서도 다리우스는 처음에는 알렉산더가 그렇게 위협적인 적수라고 생각하지 않았습니다. 게다가 재위 초기 알렉산더에게는 그리스를 상대로 해결해야 할 문제들이 있었습니다. 바로 도시국가들의 반란이었지요. 알렉산더의 아버지가 사망한 후, 테베는 주변국들과 손잡고 반란을 일으켰습니다. 알렉산더는 이 반란을 진압하고 테베를 파괴했고, 이후 누구도 그의 권위에 도전하지 못했습니다. 평범한 통치자였다면 그리스 전체를 제대로

알렉산더 대왕 모자이크화 ✦ 알렉산더 대왕은 영토를 확장하고 그리스 문화를 널리 퍼뜨려 후대에 큰 영향을 미쳤다.

통합하는 데만 일생이 걸렸겠지만, 알렉산더는 평범한 사람이 아니었지요. 그는 그리스를 제패하고 재빨리 페르시아로 쳐들어가 정복 전쟁을 시작했습니다.

페르시아와 이집트 정복

알렉산더 대왕이 큰 승리를 거둘 수 있었던 요인 중 하나는 바로 페르시아의 지방들이 이미 새로운 통치자를 맞이할 준비가 되어 있었다는 점입니다. 그가 이집트에 도달했을 때 그곳의 지도자들은 크게 대항하지 않았습니다. 그들은 바로 항복했고, 알렉산더를 죽은 자들의 신인 오시리스의 육체적 화신이자 새로운 파라오로 추대하며 환영했지요.

그렇게 알렉산더가 페르시아와 주변 지역을 정복해나가던 기원전 331년 말 무렵 다리우스와 아케메네스 왕조는 이름만 남은 허수아비와 같았습니다. 알렉산더는 기원전 330년 페르시아 관문 전투Battle of the Persian Gate에서 다리우스의 군대를 결정적으로 무찔렀고, 페르시아의 수도 페르세폴리스Persepolis로 행진해 들어가 아케메네스 왕조를 영원히 무너뜨렸습니다. 겨우 6년 만에 아버지의 오랜 숙원 사업을 완수한 것이지요.

더 이상 정복할 영토가 없다

알렉산더 대왕이 페르시아를 무자비하게 정복한 것은 사실이지만, 그가 페르시아인을 싫어했던 것은 아닙니다. 그저 아버지의 꿈을 물려받았고 그 과정에서 전쟁을 피할 수 없었던 것이지요. 알렉산더에게는 세 부인이 있었는데 모두 페르시아 사람이었습니다. 또한 그는 적수였던 다리우스 3세를 영웅으로 존중했습니다. 페르시아가 패배한 이후 쫓기던 다리우스가 친척에게 죽임을 당하자 알렉산더의 군대는 그 친척을 잡아 고문하고 죽였습니다. 기록에 따르면, 다리우스 3세가 사망하자 그의 어머니와 부인은 알렉산더 대왕을 따랐다고 합니다.

그러나 아케메네스 왕조를 정복한 후 알렉산더 대왕은 더 이상 예전 같지 않았습니다. 그는 마케도니아 국경을 페르시아 너머까지 넓혔지만 다음 목적지였던 인도는 호락호락한 상대가 아니었습니다. 인도 정복이 점점 어려워지자 당연히 병사들의 사기가 떨어졌지요. 기진맥진한 알렉산더의 군대가 갠지스강에 도착했을 때, 잘 정비된 인도의 대군이 그들에게 맞서기 위해 기다리고 있었습니다. 인도군과의 싸움에서 승산이 보이지 않자 부하들은 알렉산더에게 후퇴해야 한다고 했고, 알렉산더는 눈물을 보이며 그들의 말을 따르기로 결정했습니다.

전해지는 이야기에 따르면 알렉산더는 더 이상 정복할 영토가 없어 울었다고 하지요. 하지만 훗날 몽골이 유라시아 대륙에서 알렉산더 대왕보다 더 넓은 영토를 정복하며 이는 틀린 말이 되었습니다. 아마 알렉산더는 더 이상 세상을 정복하지 '못해서' 울었을 것입니다. 그의 군대가 지치고 기진맥진한 상태를 이겨내고 계속 전진했다 하더라도 결국 인도군에 패했을 가능성이 높습니다. 그랬다면 이런 역사는 '알렉산더 대왕'에 대한 전설이 아니라 '비운의 왕 알렉산더'에 대한 교훈이 되었겠지요.

이후, 알렉산더 대왕은 바빌론에서 새로운 군사 작전을 준비하다가 알 수 없는 사건으로 갑자기 사망합니다.

한 걸음 더

헬레니즘 시대

알렉산더의 목표는 단순히 더 넓은 영토를 확보해 거대한 제국을 다스리는 것이 아니었습니다. 그는 그리스의 언어와 종교, 문화를 더 널리 퍼뜨리고자 했습니다. 알렉산더 대왕은 정복지 곳곳에 그리스 문화를 퍼뜨려 헬레니즘 시대의 기반을 다졌지요. '헬레니즘Hellenism'은 고대 그리스인들이 스스로를 칭했던 '헬라스Hellas'에서 나온 말입니다.

중국의 전국 시대

진시황, 공자, 손자

> "나무가 뒤틀렸기에 곧게 해주는 판이 생겼고,
> 물건들이 일직선이 아니기에 다림줄이 생겼다.
> 인간의 본성이 악하기에 통치자를 세우고 의례와 정의를 중시하는 것이다."
>
> —순자(기원전 298~기원전 238, 고대 중국의 철학자)

중국은 오늘날 전 세계에서 인구가 가장 많고 영토는 네 번째로 넓은 나라입니다. 사용하는 언어만 300가지가 넘고, 공인된 민족만 56개에 이르며, 그만큼 문화도 다양하고 영향력이 커 때때로 하나의 국가보다는 대륙으로 보일 정도입니다. 이런 사실은 고대에도 오늘날과 크게 다르지 않았지요. 그래서 답하기 쉽지 않은 질문을 던질까 합니다. 중국은 어떻게 그렇게 거대한 통일 국가가 되었을까요?

진시황의 전국 통일

5,000년 역사 중 전반기에 중국은 하나의 '국가'라기보다 여러 민족이 모여 사는 '지역'에 가까웠습니다(중동에서도 비슷한 예를 찾

진시황 ◆ 진시황은 복잡한 소수민족으로 이루어져 있던 고대 중국을 하나의 국가로 통일한 최초의 황제였다.

을 수 있지요). 고대 국가들은 그 나라를 '중국Middle Kingdom'이라고 불렀습니다. 세계 지도의 중심에 있다고 믿었기 때문이지요. 그러나 진나라가 중국 전체를 지배하기 전까지 중국은 하나의 국가가 아니었습니다. 여러 민족이 전쟁을 벌이던 전국 시대 말에 등장한 진시황(기원전 259~기원전 210)이 최초로 중국을 통일하고 진나라를 세웠지요. 진나라는 중국을 잠시 중앙 집권적으로 통치하며 훗날 통일 국가가 따를 만한 선례가 되었습니다.

상당히 현대적이었던 공자의 사상

고대 중국 철학은 그리스 철학만큼 풍부하고 심오했지만 서양에서는 주목받지 못했습니다. 중국 철학자 중 서양 학자들이 그나마 진지하게 연구한 인물은 공자(기원전 551~기원전 479)였습니다. 그는 답을 찾거나 정해진 공통 규범에 따라 살아가려 애쓰기보다 양심을 갈고닦아 미덕을 쌓아야 세상에 잘 봉사하며 살아갈수 있다고 가르쳤지요.

모든 사람이 똑같이 소중한 존재로 태어나지만 특정 습관을 기르며 좋은 특성을 계발할 수도, 나쁜 특성을 계발할 수도 있다는 것이 공자 철학의 핵심 사상입니다. 오늘날에는 당연하게 여겨지지만, 엄격하게 신분을 구분했던 서양사 기준으로는 상당히 급진적인 생각이었지요. 또한 태어날 때부터 자신과 후손이 통치자가 될 운명이었다고 믿었던 중국 황제들도 공자의 사상에 문제의 소지가 있다고 생각했습니다.

공자 ✦ 공자는 유교 사상의 기반을 닦고 도덕 정치를 주장했다.

그래서 진시황은 공자의 사상인 유교를 금하고 책을 불태웠습니다. 유학자들을 죽이기도 했지요. 그러나 유교를 억압하려던 시도는 결국 실패했습니다. 진나라의 뒤를 이어 기원전 202년에 등장한 한나라는 유교에 관대했고 결국 3세기경 삼국 시대에 유교는 중국에서 가장 영향력 있는 철학 사상이 되었지요.

손자와 『손자병법』

중국의 전설적인 장군이었던 손자(기원전 545~기원전 470)의 탄생 시기에 대해서는 의견이 분분합니다. 조금 더 이른 시기였다는 설도 있지만, 오늘날 유명한 역사학자들은 그가 전국 시대 인물이었다고 주장합니다.

　그가 쓴 전술서『손자병법』은 수천 년간 전쟁터 안팎에서 전략 지침으로 활용되었고, 지금 보아도 참신하고 실용적입니다. 장수나 군인이 아니라도 살면서 마음에 두고 계속해서 곱씹을 만한 조언들이지요. 『손자병법』의 내용 일부를 함께 살펴봅시다.

손자 ◆ 그의 본명은 '손무'로 '손자'는 경칭이다. 중국 전국 시대의 전략가였던 그는 오늘날까지 널리 읽히는 뛰어난 병법서를 남겼다.

・모든 전쟁의 바탕은 속임수다. 공격할 수 있을 때는 공격하지 못하는 것처럼, 군사를 움직일 때는 움직이지 않는 것처럼 보여야 한다. 적과 가까이 있을 때는 멀리 있다고, 멀리 있을 때는 가까이 있다고 믿게 해야 한다. 적을 꾀어내기 위해 미끼를 내밀어라. 적을 혼란시키면 쉽게 무너뜨릴 수 있다.

・전쟁을 오래 끌어 이득을 본 사례는 없다.

・싸우지 않고 적을 굴복시키는 것이 최고의 전략이다.

・군대를 포위할 때는 도망갈 여지를 남겨두라. 궁지에 내몰린 적을 너무 심하게 몰아붙이지 마라.

・장군은 다섯 가지 약점으로 인해 위험해질 수 있다.

　　첫째, 무모함 때문에 파멸에 이를 수 있다.

　　둘째, 비겁함 때문에 포로가 될 수 있다.

　　셋째, 모욕을 당하면 조급한 성미가 치솟을 수 있다.

　　넷째, 예민하고 섬세하면 쉽게 수치심을 느낄 수 있다.

다섯째, 부하를 지나치게 배려하면 곤경에 빠질 수 있다.

어떤가요? 지금 보기에도, 심지어 전쟁터의 장수가 아니더라도 충분히 공감하며 고개를 끄덕일 만한 내용이지요? 『손자병법』은 오늘날에도 스테디셀러로 널리 읽히며 사람들에게 삶의 지혜를 전하고 있습니다.

아소카 황제

불교를 믿었던 정복자

> "칼링가 왕국을 정복한 아소카는 부처의 가르침에 강하게 이끌렸다.
> 그의 가르침을 사랑하게 되었고, 이를 퍼뜨리려는 열정을 갖게 되었다."
>
> —아소카(기원전 304~기원전 232, 마우리아 제국의 황제)의 칙령 中

아소카Ashoka는 세상에서 가장 유능하고도 잔인한 정복자였습니다. 동시에 평화를 추구하는 불교의 성인으로도 추앙받지요. 역사상 이런 인물은 상당히 독특하며 거의 유일합니다.

아소카는 마우리아 제국의 세 번째 황제였습니다. 기원전 268년, 그가 황제가 되었을 때 마우리아 제국은 이미 인도 대부분과 지금의 아프가니스탄 일부까지 지배했습니다. 그러나 인도반도 동쪽 해안에는 끈질기고 강인한 칼링가 왕국이 버티고 있었지요. 아소카의 최우선 과제는 칼링가 왕국 정복이었습니다. 그 과정에서 엄청나게 많은 사람이 죽었고, 그는 심한 양심의 가책을 느꼈습니다. 이것을 계기로 종교를 가지게 되었지요.

그는 불교(평화주의, 채식주의, 반물질주의를 따르는 종파)를 믿기 시작했고, 이전에는 누구도 생각하지 못했던 몇몇 질문을 던졌습니다. 불교 신자 황제는 제국을 어떻게 통치해야 할까요? 그리고 그렇게 광대한 제국을 통치하면서 어떻게 물질적인 부를 포기할 수 있을까요? 역사상 가장 대규모 군대를 지휘하면서도 폭력을 포기하는 방법이 있을까요? 아소카 황제는 세계를 영원히 바꾸어 놓는 방식으로 질문들에 답했습니다.

자신의 영토 확장에 대해 참회한 왕

불교는 아시아의 주요 강대국들을 재편하는 데 중요한 역할을 했습니다. 석가모니(기원전 560~기원전 480)의 고향인 인도가 가장 먼저 불교의 영향을 받았지요. 아소카 황제가 권력을 잡았을 때 불교는 아직 신생 종교였습니다. 선불교와 티베트 불교의 전통은 아직 시작되지 않았고, 후에 인도에서 인기를 끄는 대승 불교와 소승 불교가 자리잡지도 않은 때였지요. 이때 불교는 아직 희미한 흐름에 불과했고, 사실상 교파가 생기기도 전이었습니다(석가모니는 아소카 황제보다 고작 2~3세기 앞선 인물입니다).

그래서 아소카 황제가 불교를 믿게 된 일은 다신교 국가였던 고대 이집트의 아케나텐이 태양신 아톤을 특별히 더 숭배했던 일이나 훗날 로마의 콘스탄티누스 황제가 기독교로 개종한 것보다 더 이상하게 보였을 것입니다. 그럼에도 황제로서 안정적으로 제국을 통치하고, 적군을 성공적으로 토벌했다면 종교적으로 큰 변화를 주도할 만큼 충분한 힘이 있었겠지요. 아소카는 불교에 귀의했고, 불교가 그의 통치 방식에 영향을 준 만큼 불교의 확산에 널리 기여했습니다.

아소카 황제 조각상 ◆ 아버지의 뒤를 이어 영토를 확장하고 넓은 제국을 통치하던 아소카 황제는 후에 불교에 귀의하여 참회의 길을 걸었다.

불교의 가르침

불교에는 네 가지 성스러운 진리, 즉 사성제四聖諦가 있습니다. 삶은 원래 고통스럽다는 것이 첫 번째 진리이자 불교의 근본 교리입니다. 이런 고통은 욕망으로 인해 생기고, 욕망을 버리는 법은 배울 수 있으며, 중생이 깨달음을 얻기 위해 여덟 가지 덕목인 팔정도八正道를 계속해서 수행하면 열반에 들 수 있다는 것이 나머지 세 가지 진리였지요.

불교는 그의 삶을 완전히 바꾸었습니다. 우선 아소카는 자신이

했던 일에 대해서만 후회한 것이 아니었습니다. 그는 아버지 빈두사라Bindusara(기원전 320~기원전 273)의 영토 확장에 대해서도 죄책감을 느꼈습니다(빈두사라 황제는 마우리아 제국을 크게 확장했지만 칼링가 왕국만은 정복하지 못하고 아소카 황제에게 넘겨주었지요). 아소카처럼 제국을 통치하며 선대로부터 이어져온 영토 확장을 완수한 후에 그게 사실 악한 일이었다고 '반성'하는 경우는 역사 속 어느 시대에도 찾아보기 힘든 전무후무한 일입니다.

속죄와 인권의 돌기둥

많은 지배자가 자신의 업적을 실제보다 더 훌륭하게 포장하고 기록해 여러 곳에 기념비를 세웠습니다. 그러나 아소카 황제는 반대로 속죄의 글을 남겼지요.

기원전 268년부터 232년까지, 아소카는 높이 15미터가 넘는 사암 석주(돌기둥)에 '사과문'을 새겨 제국 곳곳으로 보냈습니다. 이 돌기둥들은 주로 석가모니의 생애와 관련이 있거나 그가 순례했던 장소 등 중요한 유적지에 세워졌지요.

아소카는 이 석주에 자신의 정복 전쟁에 대한 참회뿐만 아니라 각 지역 통치자들을 대신해 기본적인 인권을 존중하겠다는 약속도 새겼습니다.

아소카 황제의 석주는 세계 최초의 구속력 있는 인권 문서 중하나로 인정받습니다. 이후 생긴 일들도 이 기둥에 새겨졌고, 그렇게 역사가 기록되었지요. 이 석주들은 인도에서 발견된 가장 오래된 석조 유물 중 하나로 인도사의 중요한 건축물이자, 마우리아 양식을 잘 보여주는 예술사적 기념물이기도 합니다.

아소카 석주 조각상 ◆ 인도 사르나트에 있는 아소카 석주의 꼭대기 장식이다. 그의 석주 중 19개가 아직까지 남아 있다.

로마 공화국

일곱 언덕 위에 세운 도시

> "무기는 시민들의 의복에 자리를 내주고,
> 승리의 월계관은 연설에 자리를 내주어라."
>
> ─키케로(기원전 106~기원전 43, 고대 로마의 정치인)

전설에 따르면 로마는 기원전 753년 4월 21일 초대 왕 로물루스 Romulus(기원전 771~기원전 717)가 건국했습니다.

초기 로마 역사는 주변 지중해 도시국가들과 크게 다르지 않습니다. 그러다 기원전 509년쯤 로마인들은 역사에 남을 독특한 일을 해냈지요. 왕을 끌어내리고 '공화국'을 세운 것입니다.

로마 공화국은 인근 지역의 고대 문명을 차례차례 정복하며 세력을 확장했습니다. 이 문명들은 로마에 복속되며 잊혔습니다. 너무 까마득해 대부분은 그들에 대해 들어본 적도 없지요. 기원전 338년에는 라티움 동맹과 볼스키족이, 기원전 306년에는 헤르니키족이 로마에게 무너졌습니다. 기원전 200년경 로마 공화국은 주변 지역을 모두 지배하는 강국이 되었습니다. 기원전 100년경에는 유럽 남쪽 해안과 아프리카 북쪽 해안을 가로질러 뻗어나가는 넓은 영토를 차지하고 지중해의 패권국이 되었지요.

〈트로이에서 탈출하는 아이네이아스〉(1598) ✦ 로마인들은 고대 그리스 신화에서 로마 공화국의 정통성을 찾고자 했다. 그들은 호메로스의 서사시 '일리아스'에 등장하는 트로이 전쟁의 영웅 아이네이아스에게서 연결점을 찾아내 그를 로물루스의 조상으로 여기며 기렸다.

최초의 공화국

서양 역사학자들에게 로마 공화국은 비밀에 둘러싸인 고대 문명과 그 뒤를 잇는 상대적으로 익숙한 정치 체제 사이의 간극을 메우는 징검돌 같은 나라입니다. 다른 고대 문명처럼 로마 문명에도 다신교 전통이 있어 역사 시대 이전의 인물들을 기렸지요.

초기 로마는 독립적인 도시국가들의 느슨한 연맹으로 시작되었습니다. 앞에서도 여러 차례 살펴봤듯이, 오래전부터 인류의 문명과 역사는 소규모 도시국가의 연맹 체제에서 발전해왔습니다. 그러나 이후 로마는 대부분의 현대 국가와 같은 공화국이 되

대리석에 새겨진 로마의 정신 ◆ 라틴어 '세나투스 포풀루스퀘 로마누스 Senatus Populusque Romanus'의 약자로, 해석하면 '로마의 원로원과 대중'이라는 뜻이다. 로마 공화국의 권력은 한 명의 지배자가 아닌 원로원과 시민들에게 있었다.

었습니다. 이른 시기에 비교적 현대적이고 대의 민주주의를 실행하며 관료주의적인 정부를 세운 것이지요. 오늘날 서양에서 사용되는 정치 용어 대부분이 로마 공화국에서 계승된 것입니다.

로마 vs 카르타고, 포에니 전쟁

로마 공화국은 영원히 사라지지 않는 도시이자 서양의 중심, 로마 제국의 옛 터전입니다. 그러나 하마터면 그렇게 되지 못할 뻔했습니다. 바로 카르타고Carthago(오늘날의 튀니지 지역) 때문이지요. 카르타고는 군사와 무역 측면에서 볼 때 400년에 걸쳐 꾸준히 그리스와 로마의 적수였을 정도로 강대국이었습니다.

카르타고와 로마의 분쟁은 땅, 특히 이탈리아 남부 시칠리아섬과 관련이 있었습니다. 카르타고가 시칠리아와 이탈리아 반도 사이의 폭 3.2킬로미터의 메시나 해협을 장악하려 하자 로마는 적의 막강한 군사력에 봉쇄될 수 있다는 사실을 깨닫습니다. 그 전에 로마는 카르타고를 선제공격했고, 역사가들이 포에니 전쟁 Punic Wars이라 부르는 세 차례의 전쟁을 치렀지요. 포에니라는 단어는 페니키아에서 왔습니다. 카르타고가 동지중해 연안에서 건너온 페니키아인들이 세운 나라였기 때문이지요.

〈한니발과 스키피오〉(17세기) ◆ 한니발은 로마로 거침없이 쳐들어갔지만 로마 장군 스키피오 아프리카누스의 반격에 저지당한다.

세 차례의 포에니 전쟁 중 2차 전쟁이 가장 유명하고 위협적이었습니다. 이탈리아의 많은 지역이 카르타고의 장군 한니발 Hannibal(기원전 247~기원전 183)의 손에 떨어졌지요. 로마인이 살해한 아버지와 동생의 복수를 위해 기원전 218년, 한니발은 로마가 준비할 틈도 없이 허를 찌르는 전략을 취했습니다. 해로가 아닌 육로로, 북쪽에서 침략한 것입니다. 1,500킬로미터 넘게 행군한 한니발 군대의 진군은 '몹시 힘들었다'는 표현으로 턱없이 부족합니다. '죽음의 행군'이 훨씬 적합하지요.

한니발은 대군을 이끌고 알프스 산맥을 넘어 이탈리아 반도를 가로지르며 진격했습니다. 조금만 생각해봐도 물리적으로 너무 힘든 작전입니다. 다른 이였다면 포기했을지도 모르지만 한니발에게는 로마를 완전히 무너뜨리고 가족의 원수를 갚겠다는 강력한 동기가 있었지요. 결국 기원전 203년에 카르타고로 후퇴하기 전까지 그는 15년 동안 로마 공화국을 짓밟고, 도시를 정복하며 거의 목적을 이룰 뻔합니다.

한니발이 목적을 이루었다면 지금 우리는 로마의 역사에 대해 자세히 알 수 없었을 것입니다. 멸망한 국가에 대한 기록은 많이 남지 않으니까요. 결국 로마는 반격에 성공합니다. 나아가 한니발의 군대를 물리치고 카르타고를 정복하기까지 했습니다.

그러나 로마의 승리보다는 카르타고가 로마를 상대로 거의 승리할 뻔했다는 사실이 더 흥미롭지요. 2차 포에니 전쟁 이후, 로마인들은 카르타고 전체를, 그리고 특히 한니발을 몹시 두려워했습니다. 수십 년 후, 임종 직전의 한니발은 편지에 "이제 이 늙은 이의 죽음을 기다리며 오랜 시간 인내해온 로마인들을 불안감에서 해방시켜 주자"라고 썼다고 합니다. 그는 로마 공화국에 큰 영향을 미친 전설적인 장군이었습니다.

> **한 걸음 더**
>
> ## 대 카토와 소 카토
>
> 로마 공화국에는 유명한 두 카토가 있었습니다. 대大 카토Cato(기원전 234~기원전 149)는 전쟁 영웅이자 오랜 전통의 수호자였고, 매력적이면서도 당시 권력자들이 눈엣가시로 여기는 괴팍한 인물이었습니다. 그의 증손자 소小 카토(기원전 95~기원전 46)는 율리우스 카이사르에 대항한 인물로 잘 알려져 있지요. 둘을 구분하기 위해 대 카토와 소 카토라고 부릅니다.

로마 제국

카이사르와 아우구스투스

> "내가 마주한 로마는 진흙으로 이루어져 있었지만
> 내가 다스린 후 로마는 대리석의 도시가 될 것이다."
>
> ─아우구스투스 황제(기원전 63~기원후 14, 로마 제국의 첫 황제)

경직된 관료주의를 무너뜨리고 일을 잘 해낼 수 있는 검증된 지도자에게 모든 나라 살림을 맡긴다면 어떨까요? 기원전 1세기 로마인들은 실제로 그런 선택을 했습니다. 그들은 460년간 지속된 공화국 체제를 무너뜨렸습니다. 그리고 독재자가 잠시 자리를 차지하게 했다가 몰아내고 황제를 세웠지요. 두 번의 삼두정치 후 로마는 '제국'이 되었습니다. 이 과정에서 중요한 역할을 한 인물이 바로 카이사르와 아우구스투스였습니다.

첫 번째 삼두정치

로마의 역사에서 율리우스 카이사르Julius Caesar(기원전 100~기원전 44)보다 중요한 인물은 없을 것입니다. 그는 로마 공화국을 무너뜨리고 로마 제국을 탄생시켰습니다.

기원전 1세기에 로마 공화국은 세 명의 위대한 장군, 카이사르와 폼페이우스(기원전 106~기원전 48) 그리고 마르쿠스 리키니우스 크라수스Marcus Licinius Crassus(기원전 115~기원전 53)가 좌지우지했습니다. 세 사람은 연합을 맺고 비교적 힘이 없고 부패했던 로마 공화국의 권력을 나누어 가졌습니다. 역사가들은 이를 첫 번째 삼두정치라 부릅니다. 말 그대로 세 사람의 정부라는 뜻이지요. 그러나 세 사람의 연합은 오래가지 못했습니다.

카이사르, 루비콘강을 건너다

크라수스가 파르티아(지금의 시리아 지역) 원정을 떠났다가 목숨을 잃자 폼페이우스는 정치적으로 미숙했던 카이사르가 갈리아(지금의 프랑스 지역) 원정을 떠난 사이 권력을 독점하려고 했습니다. 그는 원로원의 인기도 독차지하고 있었지요.

당시 추문으로 얼룩진 행정가이자 군대를 이끌고 갈리아에 승리한 전쟁 영웅이었던 카이사르는 이런 상황에서 폼페이우스에게 밀리지 않기 위해 아주 대범하고 돌이킬 수 없는 선택을 합니다. 집정관 임기를 마치고 군대를 해산해야 했지만 그러지 않고 곧바로 로마 영토로 진격한 것이지요.

카이사르는 부하들에게 루비콘강을 건너 로마로 진격하라 명령했습니다. 이로서 그는 로마 공화국의 신성한 전통을 어긴 반역자가 되었지요. 오늘날 '위험하지만 돌이킬 수 없는 결정을 내린다'는 뜻으로 종종 사용되는 영어 관용구 '루비콘강을 건너다cross the Rubicon'도 이 사건에서 나왔습니다.

⟨카이사르의 암살⟩(1805) ◆ 장군으로서 성공하고 로마인들의 사랑을 받던 카이사르가 원로원 의원들의 손에 암살당하며 로마 공화국의 역사는 크게 바뀌었다.

로마 공화정의 붕괴

폼페이우스는 원로원에 인기가 많았지만 카이사르는 대담했고 시민들에게 인기가 많았습니다. 기원전 44년 초, 로마 공화국은 루비콘강을 건너 돌아온 카이사르가 통치하는 독재 국가가 되었습니다. 폼페이우스는 카이사르를 피해 이집트로 달아났다가 목숨을 잃었지요.

카이사르가 황제의 칭호까지 주장하지는 않았지만 공화정을 되찾으려는 사람들은 그가 더 큰 권력을 쥐기 되기 전에 제거해야 한다고 생각했습니다. 기원전 44년 3월 15일, 마르쿠스 유니우스 브루투스Marcus Junius Brutus(기원전 85~기원전 42)와 가이우스 카시우스 롱기누스Gaius Cassius Longinus(기원전 85~기원전 42) 같은 젊은 원로원 의원을 포함한 암살자들이 카이사르를 칼로 스물세 번이나 찔렀습니다. 위대한 장군이자 지배자였던 카이사르의 허무한 최후였지요. 그들은 카이사르를 죽여 공화정을 회복했다고 생각했지만, 사실 완전히 무너뜨린 것이나 다름없었습니다.

두 번째 삼두정치

당시 원로원 의원들은 카이사르의 인기를 과소평가했던 것 같습니다. 로마 시민들은 정치적인 이유로 카이사르가 암살당하자 오히려 공화정과 원로원을 완전히 끝내야 한다고 생각했습니다. 게다가 공화정의 중심인 원로원은 오랜 시간 '게으른 부자들의 놀이터'로 비판받아 왔지요.

그렇게 카이사르의 죽음은 곧 원로원의 죽음으로 이어집니다. 그리고 카이사르와 가까웠던 세 사람이 모여 두 번째 삼두정치를 시작합니다. 카리스마 넘치고 대중을 의식했던 마르쿠스 안토니우스Marcus Antonius(기원전 83~기원전 30)와 대신관 마르쿠스 아이밀리우스 레피두스Marcus Aemilius Lepidus(기원전 89~기원전 13) 그리고 21세였던 카이사르의 양아들 가이우스 옥타비아누스Gaius Octavius(기원전 63~기원후 14)였지요. 세 사람은 그저 지배자 대우만 받은 것이 아니라, 첫 번째 삼두정치 때와 달리 실제로 나라를 다스릴 비상 통치권을 얻었습니다.

안토니우스 vs 옥타비아누스
카이사르와 폼페이우스처럼 그들 또한 군 지휘관이었고, 브루투스와 롱기누스가 로마의 공화정을 회복하고자 일으켰던 군대를 진압해야 했습니다. 두 번째 삼두정치는 기원전 42년 필리피 전투Battle of Philippi에서 이 과업을 성공적으로 해냈지요. 브루투스와 롱기누스가 항복하거나 협상하지도 않고 스스로 목숨을 끊을 정도로 완벽하게 진압합니다. 이후 안토니우스는 갈리아와 동쪽 지역을 장악하고 크라수스를 죽인 파르티아와 전쟁을 벌이며 인기를 얻었습니다. 한편 옥타비아누스는 로마에서 자신의 권력을 강화하기 시작했습니다. 북아프리카를 맡았던 레피두스는 이 시점이 되자 역사에서 서서히 사라집니다.

폼페이우스처럼 옥타비아누스도 로마를 혼자 통치하고자 했습니다. 하지만 그는 폼페이우스와 달리 자신의 능력을 과신하지 않았습니다. 라이벌인 안토니우스는 이전에 카이사르가 그랬던 것처럼 해외에서 세력을 키우고 있었고, 로마 공화정은 그때와 달리 무너뜨려야 할 정도로 부패해 있지 않았지요.

게다가 안토니우스에게는 옥타비아누스에게 없는 한 가지가 있었으니, 바로 이집트의 통치자 클레오파트라 7세Cleopatra VII(기원전 69~기원전 30)와의 강력한 동맹이었습니다. 클레오파트라는 옥타비아누스의 맞수가 되기에 충분할 정도로 뛰어난 정치적 술수를 가진 인물이었고, 유일하게 살아남았다고 알려진 카이사르의 친아들 프톨레마이오스 카이사르Ptolemaios Caesar(기원전 47~기원전 30)의 어머니이기도 했습니다. 프톨레마이오스는 '작은 카이사르', 또는 '카이사리온'이라고도 불렸지요. 로마 정부는 그를 카이사르의 친아들로 인정했고, 카이사르의 조카이자 양아들이라는 이유로 정당성을 얻었던 옥타비아누스에게 그의 존재는 위협이 될 수밖에 없었습니다. 그뿐만 아니라, 당시 로마는 이집트에서 들어오는 곡물에 의존하고 있었지요.

로마 제국의 탄생

안토니우스와 클레오파트라는 협력자이자 연인 그리고 떠오르는 로마 제국의 잠재적인 미래 지도자였습니다. 9년간 이런 상태가 지속되었지요. 이 상태가 9년 더 이어졌다면 서양의 역사는 아주 달라졌을 것입니다. 이집트 프톨레마이오스 왕조와 율리우스 카이사르의 혈통을 모두 물려받은 카이사리온은 성인이 되면 아버지의 유산에 대한 권리를 당당히 주장할 수 있었습니다. 시간은 안토니우스와 클레오파트라의 편이었습니다.

하지만 옥타비아누스에게 천운이 따랐는지 안토니우스는 치명적인 실수를 했습니다. 그는 기원전 32년에 클레오파트라와 결혼하며 이중 결혼을 하게 됩니다. 기원전 40년에 이미 옥타비아누스의 누이와 결혼했기 때문이지요. 옥타비아누스에게는 안토니우스의 유언장을 얻을 구실이 생겼고, 거기에서 두 번째 삼두정치를 끝낼 단서를 찾아냅니다. 그의 유언장에는 자신이 죽으면 로마 공화국 동쪽 지방을 클레오파트라와 카이사리온의 손에 넘겨주고, 자신은 로마가 아닌 이집트의 알렉산드리아에 묻어달라고 적혀 있었습니다.

이 소식을 접한 로마 원로원은 이집트와 클레오파트라에 대한 선전 포고를 승인했습니다. 안토니우스는 클레오파트라 편에 섰고, 그렇게 로마 공화국의 마지막 전쟁이 시작됩니다. 2년 이상 지속된 전쟁은 결국 안토니우스와 클레오파트라가 알렉산드리아

〈악티움 해전〉(1672) ◆ 안토니우스와 클레오파트라는 동맹을 맺고 옥타비아누스에게 맞섰지만 결국 패배했다. 승리를 거둔 옥타비아누스는 로마의 초대 황제가 된다.

에 포위되어 자결하고, 카이사리온이 옥타비아누스의 군대에 처형당하며 끝났습니다.

기원전 27년, 안토니우스를 물리친 옥타비아누스는 '존엄한 자'라는 의미의 아우구스투스Augustus라는 이름을 얻고 로마의 초대 황제 자리에 오릅니다. 그는 자신이 황제 칭호가 아닌 권력을 차지하고자 했던 양아버지와 같다고 생각했지만, 그를 뛰어넘는 자리에 올라 절대 권력을 확립했습니다. 아우구스투스 황제는 집정관과 독재관을 초월하는 최대 권력자가 되어 권력의 상속도 제도화시켰습니다. 이때부터 본격적인 로마 제국 시대가 시작됩니다.

로마의 원로원

로마의 원로원은 단순한 입법부가 아니었습니다. 고대 사회에서 일반적으로 노인의 지혜를 공경하며 주었던 특권적인 지위를 반영하는 조직이었지요. 원로원Senatus은 '나이 많은 사람'을 뜻하는 라틴어 '세넥스senex'에서 유래한 단어입니다. 영어의 '시니어senior'도 같은 단어에서 유래했지요.

원로원은 로마 공화정 시대에 국가의 주요 의사 결정 기구 중 하나로 발전했습니다. 입법, 재정, 외교 정책에 대한 권한을 가졌고, 때로는 집행 권한도 행사하며 로마 정치 시스템의 핵심으로 자리 잡게 됩니다. 원로원 위원들은 일반적으로 통찰력과 경험이 풍부한 로마의 엘리트 계층에서 선발되었으며, 이들의 결정은 로마의 법과 정책에 깊은 영향을 미쳤습니다. 이때 원로원은 로마 정치의 중심이었으며, 그 권위는 로마가 지중해 세계에서 패권을 장악하는 데 중요한 역할을 했습니다.

그러나 로마 제국으로의 전환과 함께 원로원의 영향력은 점차 약화되었습니다. 황제가 등장하면서 실질적인 권력은 황제에게 집중되었고, 원로원은 점차 명예직에 가까운 자리로 전락했습니다. 제국 말기에는 원로원의 역할이 대부분 상징적인 것으로 변했습니다. 정치적 권한은 거의 없었고, 심지어 황제가 원로원을 무시하고 독단적으로 결정을 내리는 경우도 많았습니다.

결국 서로마 제국의 붕괴와 함께 원로원은 사실상 기능을 상실하고 사라졌습니다. 하지만 원로원 개념은 현대의 의회 제도와 정치 자문 기구의 원형으로 남아 역사적 유산으로 여전히 존중받고 있습니다.

기독교의 탄생

예수 그리스도의 순교

"네로는 자신이 방화했다는 소문을 잠재우기 위해
그리스도인에게 죄를 뒤집어씌우고 고문했다.
그리스도인이란 행정 장관 본디오 빌라도가
극형으로 죽였던 '그리스도'에서 나온 이름이다."

—타키투스(56~117, 고대 로마의 역사가)

대부분의 고대 사회에서 통치자는 신으로 인정받았습니다. 파라오가 신과 인간을 연결하는 중재자라고 봤던 고대 이집트의 경우에는 그것이 당연했지요. 대부분의 다른 나라에서도 어느 정도 비슷하게 받아들였습니다. 그저 원시적인 신앙의 형태가 아니었습니다. 땅에서 큰 권력을 가졌다는 사실은 하늘 위의 절대적 존재가 그를 특별히 아낀다는 증거와 같았습니다.

하지만 이런 믿음을 비판하는 이도 있었습니다. 그중 하나가 바로 예수 그리스도Jesus Christ(기원전 4~기원후 33)입니다. 그는 마음이 가난한 사람에겐 복이 있고, 부자는 하느님의 나라에 들어가기 어렵다고 설교했지요. 예수는 전 세계 역사상 가장 영향력 있는 사람이 되었지만, 그러기 위해 권력자가 되기는커녕 먼저 순교했습니다. 그는 메시아라는 호칭을 얻었지만 로마의 십자가에서 처형당했습니다.

신약 성경과 역사 기록

우리가 알고 있는 예수 그리스도에 관한 이야기는 사실 타르수스 Tarsus의 사도 바울(5~67)이 남긴 편지에서 가져온 것이 많습니다. 열렬한 유대교 신자였다가 기독교로 개종한 그는 로마 제국 전역에 새 종교를 전파하기 위해 헌신했습니다. 당시 막 성장하던 기독교 공동체에 그가 보낸 편지들이 신약 성경의 많은 부분을 차지합니다. 그는 로마를 비롯해 코린토스(고린도), 갈라티아(갈라디아), 에페수스(에베소), 필리피(빌립보), 콜로새(골로새), 테살로니키(데살로니가) 등에 편지를 보냅니다.

그가 쓴 편지들이 진짜라는 사실에는 의심의 여지가 없습니다. 그 편지들은 최초의 그리고 가장 진솔한 기독교 문헌입니다. 편지에 묘사된 고대 세계의 전반적인 모습, 특히 로마 제국의 기독교 탄압은 정말 충격적입니다.

신약 성경 외에도 유대인 역사가 플라비우스 요세푸스 Flavius Josephus(37~100)가 기독교 운동에 대한 최초의 기록을 남겼습니다. 그가 집필한 『유대 고대사Antiquitates Judaicae』에는 예수와 그의 형제 야고보 그리고 세례 요한에 대한 내용이 나옵니다. 그가 예수에 대해 어떻게 설명했는지 알 수는 없지만(남아 있는 원고에는 신학자들이 '플라비우스의 증언'이라 부르는, 예수를 언급하는 구절이 편집되어 있으며 이를 통해 짐작할 수 있습니다. 하지만 원래의 글에 예수에 관한 부분이 없었고 초기 기독교 필사자들이 추가한 것으로 보는 의견도 있습니다) 언급했고, 세례 요한의 죽음도 중요한 사건으로 다뤘다는 데에는 이견이 없습니다.

십자가형과 예수의 부활

우리가 지금 이스라엘과 팔레스타인이라 부르는 지역을 기원후 1세기에는 '유대'라고 불렀습니다. 당시 로마 제국이 다스리는 땅이었고, 유대인들은 로마 제국을 바빌로니아 제국과 상당히 비슷하게 여겼습니다. 「베드로전서」 5장 13절에서처럼("바빌론에 있는 자매 교회") 로마를 '바빌론'으로 부르는 것이 일반적인 관례였지요. 로마는 바빌로니아처럼 계속해서 유대인을 탄압하지는 않았지만, 비슷하게 억압하는 측면이 있었습니다.

우선, 로마 종교는 바빌로니아 종교처럼 유대교 같은 외국 종교를 (그리고 나중에 기독교까지) 불신하고 의심스럽게 여겼습니다. 또한 로마 제국은 유대인의 종교적 감정을 계속 자극했으며, 이에 항의하면 폭력적으로 진압했습니다. 결국 유대인들은 새로운 메시아, 새 시대의 키루스 대왕을 찾기 시작합니다. 그때 등장한 것이 바로 예수 그리스도였지요. 그는 소외받은 이들에게 하느님의 말씀을 전하다가 반대파에게 잡혀 십자가형에 처해집니다.

당시 십자가형은 죄인을 발가벗겨 나무 십자가에 못 박거나 묶고 사람들이 보는 앞에서 고통스럽게 죽어가게 하는 가장 잔인한 처형이었습니다. 심지어 시체가 썩어가도록 그대로 놔두기도 했지요. 로마인들은 이 무시무시한 형벌로 사람들을 겁줘 누구도 감히 신이 보낸 구원자라는 생각을 못하게 하고, 다른 메시아의 등장을 막을 수 있다고 믿었습니다.

그러나 예수가 십자가에서 순교했을 때, 그의 추종자들이 사흘 후에 부활했다는 소식을 퍼뜨리자 처형의 효과는 사라졌습니다.

〈십자가에서 내려진 예수〉(1515) ◆ 예수 그리스도의 죽음과 부활은 많은 예술가에게 영감을 주어 수백 년간 여러 명화와 작품으로 탄생했다.

초기 기록에는 기독교인들이 예수와 하나가 되기 위해 일부러 십자가에 못 박히려 했다는 내용까지 남아 있습니다.

로마 제국이 예수 그리스도를 처형한 후 자리잡은 신생 종교였던 기독교가 몇 세기 만에 국교가 되었다는 점은 결코 가볍게 볼 일이 아닙니다.

한 걸음 더

성스러운 잔, 성배

유럽 기독교에서 전해지는 전설에 따르면, 예수가 최후의 만찬에서 포도주를 마실 때 사용한 잔이 아직 남아 있다고 합니다(십자가에 못 박힌 예수의 피를 몇 방울 담는 데도 사용되었다고 하지요). 그러나 12세기 이전에는 성배에 대한 언급이 전혀 없었다는 점으로 미루어보아 역사적인 사실로 받아들이기는 어렵습니다.

성배는 예수의 수난과 부활의 신비를 상징합니다. 중세 기독교에서는 성배가 가진 신성함과 기적의 힘을 믿었습니다. 성배는 단순한 물건을 넘어 신비의 대상이었습니다. 아서왕 전설과 결부되어, 기사들이 성배를 찾는 모험을 묘사한 많은 이야기가 탄생합니다.

최근에는 성배와 관련된 믿음이 대중문화 속에서 다양하게 재현되고 있습니다. 예를 들어, 영화 《인디아나 존스: 최후의 십자군》(1989)은 주인공이 나치를 상대로 성배를 찾아 나서는 모험을 그리고 있으며, 《다빈치 코드》(2006)에서는 성배가 예수의 후손과 관련된 비밀을 간직한 상징으로 등장합니다.

이러한 묘사는 성배가 단순히 종교적 유물로서뿐만 아니라, 인간의 영원한 추구와 모험, 신비에 대한 갈망을 상징하는 아이콘으로 자리잡았음을 보여줍니다. 실제로 여러 장소에서 성배라 주장하는 유물들이 발견되었지만, 그 어떤 것도 확증된 바는 없습니다.

중국의 육조 시대

여섯 왕조의 혼돈기

"동쪽에서 소리를 내 유인하고 서쪽을 치라."

—단도제(5세기, 송나라의 장군)

서양인들은 중국, 인도, 일본 같은 아시아의 주요 국가에는 하나로 통합하기 어려울 정도로 다양한 민족과 문화가 뒤섞여 있다는 사실을 쉽게 잊어버리곤 합니다. 인도와 일본을 합친 것보다 두 배나 넓은 중국은 특히 더 그렇지요. 그렇게 다양한 민족이 섞여 살아가다 보면 때때로 분열되어 전쟁을 벌이기 쉽습니다. 그러니 진나라와 한나라라는 이름으로 통일된 중국이 영원히 지속되지 못한 것은 놀라운 일도 아니지요.

기원전 2세기부터 기원후 220년까지 4세기에 걸쳐 비교적 평화를 유지하던 한나라가 무너진 후 삼국 시대가 시작됩니다. 삼국은 진나라로 통일되는가 싶더니 다음으로 5호 16국 시대가, 그 다음으로 남북조 시대가 왔고 이후 다시 통일 국가인 수나라가 들어섰습니다. 한나라가 무너지고 수나라가 탄생할 때까지의 이 기간을 중국 역사가들은 '육조 시대'라고 부릅니다. 불과 369년 사이 여섯 왕조가 나타났다 사라졌기 때문이지요. 각 왕조가 평균적으로 60여 년밖에 버티지 못했습니다. 끊임없이 흔들리고 바뀌는 불안정한 시기였기에, 한 사람이 일생을 살며 나라가 여러 번 바뀌는 것까지 볼 수 있었습니다.

삼국 시대(220~280년)

중국의 삼국 시대에는 위·촉·오나라가 있었고, 말기에는 진나라가 등장합니다. 촉나라는 세 나라 중 가장 먼저 263년에 멸망했지요. 그 뒤를 이어 위나라도 265년에 진나라에 흡수됩니다.

위나라의 황제였던 조조(155~220)에 대해 잠시 살펴봅시다. 조조는 특이하게도 황제의 자리에 오른 적 없이 선황제가 되었습니다. 그의 아들인 조비(187~226)가 아버지가 사망하고 7개월 후 위나라를 세웠기 때문입니다.

다시 돌아와, 중국 동쪽 해안과 내륙 대부분을 차지했던 오나라는 280년에 진나라에 무너졌습니다. 이렇게 위·촉·오의 삼국 시대는 막을 내렸지요. 진나라가 삼국을 통일한 뒤 중국 대륙은 비교적 안정을 되찾는 것 같았습니다. 그러나 여섯 왕조 중 진나라는 고작 두

조조 ✦ 『삼국지』의 중요한 인물 중 하나인 조조는 난세의 간웅이라는 평과 백성을 학살한 폭군이라는 평을 모두 받는다.

번째였다는 것을 잊어서는 안 됩니다. 금세 어지러운 상황이 되고 말았습니다.

5호 16국 시대(304~420년)

304년, 진나라는 중국을 통일한 지 25년도 되지 않아 부패와 왕위 계승 문제로 혼란스러워집니다. 그 틈을 타 북부 민족들이 자치권을 주장하기 시작하며 5호 16국 시대에 접어들었지요. 다섯 이상의 민족이 16여 개의 나라를 세웠다 해 붙여진 이름입니다.

5호 16국 시대는 중국 역사에서 중요한 변곡점입니다. 중앙 정부의 통제력이 약화되면서 소수 민족들이 국가를 세우고 강력한 영향력을 행사하게 된 시대로, 이후의 역사에도 큰 영향을 끼쳤지요.

남북조 시대(420~589년)

420년, 중국의 북쪽은 북위가, 남쪽은 송나라가 지배하며 대치하고 있었습니다. 이 시대를 남북조 시대라 부르지요. 이 시대에 중국에서 불교가 널리 퍼져나갑니다. 589년에 수나라가 육조 시대를 끝내고 이후 수 세기 동안 지속되는 통일 시대를 시작할 때까지 중국은 계속 이런 식으로 분열되어 있었습니다.

팍스 로마나와 서로마의 멸망

둘로 분열된 로마 제국

> "로마인들은 모든 것을 약탈한다.
> 그들은 정복욕을 주체하지 못하고
> 정부라는 이름하에 온갖 잔인한 일을 저지른다.
> 땅을 사막처럼 황폐하게 만들고는 그것을 평화라 한다."
> —칼가쿠스(1세기, 고대 스코틀랜드의 장군)

공화국으로 시작한 로마는 곧 제국이 되었고, 오랜 시간 지중해 지역을 지배하다 멸망했습니다. 로마가 왜 무너졌는지에 대해 많은 학자들이 이론을 세우고 논쟁을 벌였습니다. 이는 곧 로마가 세계사 속에서 특별한 위상을 차지하고 있다는 증거입니다.

사실 로마 제국이 왜 더 일찍 멸망하지 않았는지 묻는 것이 더 합리적인 질문입니다. 계속해서 영토가 팽창했다 축소하고, 옛 로마의 신들을 모시다가 국교를 기독교로 바꾸고, 강제로 병합한 지역에서 오히려 영향을 받는 등 수많은 변화를 겪으면서 로마는 어떻게 그렇게 오래 살아남았을까요?

엄밀히 따지면 로마는 두 번에 걸쳐 멸망합니다. 로마 제국을 계승한 서로마 제국은 476년에 게르만 출신 용병 대장 오도아케르Odoacer(433~493)가 이탈리아의 왕이 되면서 무너졌고, 훗날 비잔틴 제국으로 불리는 동로마 제국은 1453년 오스만 제국이 수도 콘스탄티노플을 정복하면서 막을 내렸습니다. 여기서는 팍스 로마나와 서로마 제국의 멸망에 대해 살펴봅시다.

200년간의 '팍스 로마나'가 의미하는 것들

공화정과 두 차례의 삼두정치를 거쳐 기원전 27년에 아우구스투스 황제가 세운 로마 제국은 500년 이상 지속됐습니다. 그중 첫 206년은 '팍스 로마나Pax Romana(로마의 평화)'라고 불리는, 비교적 평화롭고 번영했던 시기입니다. 그러나 좁은 의미로만 평화로웠지요. 나라의 안정을 유지하거나 중요한 영토를 다스리는 데 큰 문제가 없었을 뿐입니다. 이 시기에도 로마는 끊임없이 영토를 확장하며 저항 세력을 학살했고, 권력 다툼이 끊이지 않아 황제가 암살당하는 등 온갖 사건들이 벌어졌습니다. 로마 역사상 가장 악명 높은 황제 칼리굴라Caligula(12~41)와 네로Nero(37~68)의 집권기도 모두 팍스 로마나에 속하지요.

　여기서 잠시 네로 황제에 대해 살펴볼까요? 그가 64년 로마 대화재 때 기독교인에게 죄를 뒤집어씌우고 바이올린을 연주했다는 이야기를 들어보셨지요? 하지만 그랬다는 증거는 전혀 존재하지 않습니다. 역사가 수에토니우스Suetonius와 타키투스Tacitus는 네로 황제가 화재를 지켜보며 애절한 노래를 불렀다고 전합니다. 이후 학자들이 여기에 살을 덧붙이고 이야기를 더해 그가 악기를 연주했다고 해석한 것이지요(로마 시대에 바이올린은 존재하지도 않았습니다).

〈어머니를 살해한 후 후회하는 네로 황제〉(1878) ◆ 네로는 권력 다툼에 휘말려 어쩔 수 없이 어머니와 부인을 살해했다. 그는 종종 폭군으로 묘사되지만 과장된 부분도 많다.

암살당한 황제, 콤모두스

인기 많은 황제이자 스토아 철학자였던 마르쿠스 아우렐리우스Marcus Aurelius(121~180) 재임기에는 역병이 돌았습니다. 그가 천연두에 걸려 58세로 사망하자 그의 아들 루키우스 아우렐리우스 콤모두스Lucius Aurelius Commodus(161~192)가 황위를 이었지요. 승계 과정은 평범했지만, 평화로웠던 팍스 로마나를 생각해보면 마르쿠스 황제의 죽음은 끔찍하고 파국적인, 로마 제국을 크게 바꿔놓은 사건으로 보입니다.

콤모두스는 변덕스러운 성품으로 사람들의 미움을 샀습니다(영화《글래디에이터》(2000)에서 배우 호아킨 피닉스가 연기한 바로 그 황제입니다). 재임 초기에 여러 차례 암살당할 위기를 겪고 과대망상과 우울증에 시달렸다고 하지요. 그가 다스리던 12년간 로마 제국은 불안에 빠졌고, 그는 결국 192년에 암살당합니다. 로마의 평화가 이어지던 시기에, 거의 100년 만에 암살당한 황제였지요.

셉티미우스와 콘스탄티누스

문제는 이후에 일어납니다. 콤모두스 이후 다섯 황제가 난립하다 결국 셉티미우스 세베루스Septimius Severus(145~211)가 황위를 차지합니다. 하지만 그의 자손들이 통치하던 중 로마 제국은 경제적 어려움을 겪었고, 다시 여러 황제가 난립하며 세력 다툼을 했지요. 이후 디오클레티아누스Diocletianus(244~311)의 개혁으로 로마는 안정을 되찾으며 다시 하나가 됩니다. 그가 건강 문제로 퇴임한 후 로마는 다시 분열되었지만 324년 콘스탄티누스 대제Constantinus I(272~337)가 재통일합니다.

콘스탄티누스는 로마의 수도를 콘스탄티노플Constantinople(오늘날

셉티미우스 개선문 ◆ 셉티미우스 황제가 파르티아와의 전쟁에서 승리한 것을 기념하는 건축물이다. 로마의 고대 유적지 포로 로마노에 남아 있다.

의 이스탄불)로 옮기고 기독교로 개종합니다. 이는 후에 기독교가 로마의 국교가 되는 데에 영향을 끼쳤지요. 그가 죽자 아들들이 권력을 차지하기 위해 싸우면서 로마 제국은 또다시 내전에 휩싸입니다. 이후, 395년 테오도시우스 1세Theodosius I(347~395)가 제국을 동서로 분할해 두 아들에게 물려주었습니다. 이렇게 로마는 서로마와 동로마 제국으로 분열됩니다.

정리하면, 팍스 로마나는 로마 제국의 역사 중 실제로 전쟁이 벌어지지 않았던 시기를 지칭할 뿐입니다. 그 시기 내내 로마가 위대했던 것도, 그 이후에 바로 멸망한 것도 아닙니다. 206년 동안 로마 제국은 그저 엄밀한 의미의 '내전'에 휘말리지 않았을 뿐이고, 당시 기준으로는 그것이 평화였습니다. 이후 로마 제국은 동서로 분열되었고 서로마 제국은 100년도 지나지 않아 476년에 멸망했지요.

로마 제국이 분열되고 멸망한 5가지 이유

영국 역사학자 에드워드 기번Edward Gibbon은 여섯 권에 이르는 걸작『로마 제국 쇠망사The History of the Decline and Fall of the Roman Empire』(1776)에서 로마 제국이 멸망한 것은 "야만과 종교가 승리했기 때문"이라고 썼습니다. 그는 로마 제국이 무너지는 데 조금이라도 영향을 끼친 수천 가지의 세세한 사건까지 모두 언급하며 자세히 설명했습니다. 로마 제국이 분열된 이유를 간결하게 다섯 가지 정도로 정리해 살펴봅시다.

1 **거대한 규모**: 아리스토텔레스는 『정치학*Politics*』에서 정부를 세우기에 가장 적절하고 안정적인 규모는 도시국가 정도라고 지적합니다. 세계에서 가장 오래된 나라를 꼽으라면 301년에 세워진 남유럽의 작은 나라 산마리노 공화국을 들 수 있지요. 몇몇 역사학자들은 그보다 아이슬란드나 맨섬이 더 오래된 나라라고 주장합니다. 모두 인구 규모가 작은 국가지요. 반면 지금까지 존재했던 가장 큰 나라인 소련은 겨우 69년밖에 지속되지 못했습니다. 가장 인구가 많은 중국은 20세기에만 두 차례 혁명을 거쳤고요. 유럽 연합만 봐도 여러 나라가 조화를 유지하기는 쉽지 않은 듯합니다. 이런 사례들을 고려해보면, 로마 제국이 그렇게 오래 살아남았다는 사실이 오히려 놀랍기도 합니다.

2 **비효율적인 정치 제도**: 고대 중국 철학자 공자는 관료들을 중요하게 여겼습니다. 거대하고 중앙 집권적인 정부에는 좋은 관료가 꼭 필요하지요. 관료제를 잘 운영하는 것이 얼마나 어려운 일인지는 우리도 충분히 알 수 있습니다. 유능한 관료가 되기 위해서는 초인에 가까운 뛰어난 능력을 갖추어야 했는데, 그런 사람을 찾기도 쉽지 않았을 것입니다.

3 **빈곤 문제**: 로마 제국은 끊임없는 군사 충돌과 사회 기반 시설 유지 및 보수, 식량 배급 등으로 자원이 바닥났습니다. 말기에는 주변국을 약탈하며 나라를 유지했지만, 그러지 못하게 되자 더 이상 제국을 지탱할 수 없었습니다.

4 **잔인한 군대**: 멸망하기 전 마지막 몇 세기 동안 로마 제국은 계속해서 소수 야만 민족을 고용해 군인으로 훈련시켰습니

다. 결국 그들이 부대의 대부분을 구성하게 되었지요. 이들은 반란을 진압하기 위해 동족을 잔인하게 학대하고 그들이 반대편으로 전향하면 맞서 싸워야 했습니다. 군대를 이런 식으로 유지하는 것은 로마가 저절로 무너질 정도로 어리석고 자기 파괴적인 방식이었습니다.

5 **시민들의 불만**: 사람들은 로마 제국에 싫증이 났을 것입니다. 앞에서 나열한 문제들을 반복적으로 겪고 여러 세대에 걸쳐 서서히 망해가는 조국을 보며 새로운 나라를 갈망할 수밖에 없었겠지요.

한 걸음 더

로마의 계급 제도

오늘날에는 경제적 수준에 따라 사람을 부유층, 중산층, 노동자 등으로 나눕니다. 고대 로마 시대에도 이런 분류가 있었습니다. 로마에서는 사람을 귀족, 평민, 무산 계급과 노예로 나누었습니다.

귀족은 가장 처음 로마에 정착한 사람들의 후손이자 로마 시민으로 구성되었고, 평민은 나중에 정착했지만 점차 같은 지위를 얻은 시민이었지요. 무산 계급은 너무 가난해서 투표 자격이 없었던 평민들로 이루어졌고, 노예는 시민과는 거리가 먼 최하층이었습니다.

②

다채로운 문화와 종교가 얽히고설키다

| 중세 |

인도 굽타 왕국

종교와 문학, 체스의 나라

> "기쁨의 신, 분노의 신과 맞먹는 사무드라굽타왕이 있었다.
> 이 땅 모든 부족의 왕들이 그에게 재산과 주권을 잃었다."
>
> —인도 북부 고대 도시에 새겨진 비문 中

인도의 역사 대부분이 오늘날까지 수수께끼로 남아 있습니다. 옛 사람들이 기록을 남기지 않아서가 아니라, 너무 많이 남겨서 그렇지요. 고대 인도는 세계에서 가장 글을 잘 읽고 쓸 줄 아는 사회였습니다. 압도적으로 폭넓고 복잡한 문헌들을 남겼습니다.

인도의 역사가 담긴 서사시 '마하바라타'는 무려 180만 단어에 달합니다. 그에 비해 개신교 성경은 구약과 신약을 모두 합쳐도 77만 5,000단어 정도지요. 하지만 이렇게 자세하고 복잡한 마하바라타조차 수많은 이야기 중 하나에 불과하며, 인도의 역사 중 극히 일부만을 다루고 있습니다.

고대 인도의 역사를 쉽게 설명할 방법이 없기에, 사람들은 보통 이 5,000년 문명에서 굽타 왕조가 거의 대부분 계속 이어졌다고 생각하고 이해하려 합니다. 굽타 시대는 아주 종교적이고 문학적이었습니다. 다양한 종교 전통이 잘 확립되어 있었지요. 굽

〈쿠루크셰트라 전쟁〉(18세기) ◆ 마하바라타에 묘사된 고대 인도의 중요한 사건 중 하나로, 왕좌를 놓고 벌어진 두 집단 사이 갈등을 묘사한다.

체스의 전신 차투랑가 ◆ 고대 인도인들은 네 종류의 말을 옮겨 승부를 겨루는 보드게임을 발명했다. 차투랑가의 보병대, 기병대, 코끼리 부대, 전차 부대는 각각 체스의 폰, 나이트, 비숍, 룩으로 발전했다.

타 왕조로 인도의 역사 전체를 설명하기는 어렵지만, 우리가 주로 상상하는 모습과 유사하긴 할 것입니다.

굽타 시대의 유산

굽타 시대에 대해 알려진 것이 많지 않지만, 문화적으로 큰 영향을 끼친 대표적인 인물 세 사람과 체스의 전신인 인도의 전통 보드게임에 대해 간략하게 살펴봅시다.

- **아리아바타**Aryabhata(476~550): 삼각법 발전에 꼭 필요한 핵심 요소들을 발견한 천문학자이자 수학자입니다.
- **칼리다사**Kalidasa: 산스크리트 문학 중 가장 많이 번역된 『샤쿤탈라*Shakuntala*』를 쓴 시인이자 극작가입니다.
- **바수반두**Vasubandhu(316~396): 대승 불교를 확립하는 데 힘쓴 불교 철학자입니다. 대승 불교는 인도의 주요 전통이 되어 나중에는 티베트 불교와 선불교에도 영향을 미칩니다.
- **차투랑가**Chaturanga: 굽타 시대 인도인들은 오늘날 체스로 불리는 보드게임을 발명하고 산스크리트어로 '네 개의 다리'를 뜻하는 차투랑가라고 불렀지요. 게임의 규칙은 시간이 흐르며 크게 변화합니다. 차투랑가의 말들은 보병대, 기병대, 코끼리 부대, 전차 부대 등 인도군의 네 부대와 관련이 있습니다.

마야 문명

중앙아메리카의 지배자

> "자기 길을 보지 못하는 자들도 있다."
>
> —마야 속담

마야 문명은 멕시코 동남부와 과테말라, 엘살바도르 북부, 온두라스 서부 유카탄 반도를 중심으로 탄생한 문명입니다. 엄밀히 따지면 유적에 남은 흔적으로 볼 때 마야 문명이 올메카 문명보다 1,500년 정도 앞섭니다. 수메르 문명, 이집트 문명과 비슷한 연대지요. 세계사에서는 중앙아메리카를 다룰 때 아스테카 문명과 제국주의 침략자들의 만남을 주로 언급하지만, 마야 문명도 그때까지 존재했습니다.

베일에 싸인 마야 문명

마야족이 어떻게 세력을 확장했는지는 제대로 알려져 있지 않습니다. 그리고 그들이 왜 자신들의 도시를 떠나기 시작했는지도

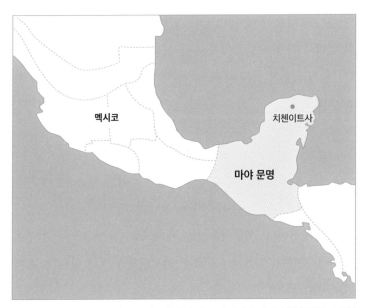

마야 문명 ✦ 마야 문명은 다른 문명들과 달리 강 주변 평야가 아니라 열대 밀림 속에서 탄생했다.

알 수 없지요. 우리가 알 수 있는 것은 마야족이 약 650년간 아메리카 대륙에서 가장 강대하고 고도로 발달한 문명을 이루고 유지했다는 사실입니다. 그들의 예술과 건축은 동시대 유럽, 아시아, 아프리카와 견주어도 밀리지 않았고, 그들의 군사력과 경제력은 어마어마했습니다.

또한, 고도로 발달한 문자, 복잡한 천문학, 정교한 달력 등을 개발하기도 했지요. 문자를 통해 그들의 역사와 신화, 종교적인 이야기 등을 기록했습니다. 그들의 천문학은 농업과 종교 의식에서 중요한 역할을 했습니다.

16세기 초에 스페인 사람들이 아메리카 대륙을 침략했을 때에도 마야족 마을이 몇 군데 남아 있었습니다. 오늘날까지 선조들의 언어를 사용하는 마야족 후손들도 남아 있지요. 그러나 초기 마야족의 문화와 역사 대부분은 여전히 수수께끼로 역사 속에 잠들어 있습니다.

고대 마야족의 도시, 치첸이트사

멕시코 유카탄 반도의 울창한 정글에 자리한 치첸이트사Chichen Itza는 1,000년 전 마야족이 어떻게 살았는지 엿볼 수 있는 귀중한 도시 유적입니다. 치첸이트사는 마야어로 '성스러운 물 입구에서'라는 뜻입니다. 여기서 물은 치첸이트사 근처에 자리한 두 개의 거대한 물웅덩이를 뜻합니다.

치첸이트사에서 가장 눈에 띄는 건축물은 높이 30미터의 쿠쿨칸 피라미드입니다. 회색 돌계단을 올라가면 꼭대기에 네모난 사원이 나오는 형태지요. 또한 치첸이트사에는 천문대를 비롯한 각

치첸이트사의 쿠쿨칸 피라미드 ♦ 고대 마야인에 대해서는 알려진 것이 거의 없다. 유적 도시 치첸이트만이 남아 그들의 문화를 어렴풋이 보여준다.

기 다른 목적의 독특한 사원들 그리고 중앙아메리카 최대 규모의 구기장까지 있었습니다.

아직 발견하지 못한, 정글 깊은 곳에 숨어 있는 마야족 도시들이 많겠지만 치첸이트사는 홀로 당당하게 고대 마야족의 세계와 그들의 문화에 대해 많은 것을 알려주고 있습니다.

2012 종말론

2012년 연말, 고대 마야족의 예언에 사람들의 관심이 쏠렸습니다. 전문가들의 계산에 따르면 마야족의 달력에는 2012년 12월 21일까지만 기록되어 있고, 그날 자정에 세계가 멸망한다는 이야기가 들렸지요.

마야 달력은 매우 복잡한 시스템으로, 여러 가지 서로 다른 달력이 결합된 형태입니다. 그중에서 가장 잘 알려진 '긴 계수' 달력은 약 5,125년의 주기를 가지고 있으며, 이는 그들의 창조 이야기에 따른 세계의 '시대' 혹은 '주기'를 나타내는 것으로 생각됩니다. 2012년 12월 21일은 이 '긴 계수' 달력의 한 주기가 끝나는 날이었지요.

하지만 이것이 세계의 종말을 의미한다는 것은 잘못된 해석입니다. 실제로 마야 사람들은 이날을 새로운 시대의 시작으로 보았습니다. 그들의 신화와 전설에서 세계는 여러 번 끝났다가 다시 시작되었기 때문이지요.

이슬람교의 탄생

무함마드와 쿠란

> "내 말을 들은 이는 누구나 다른 사람에게 전하라.
> 직접 들은 이보다 마지막으로 전해 들은 이가 더 잘 이해하기를 바란다."
>
> ─무함마드(570~632, 이슬람교의 창시자)

7세기까지 전 세계 사람들이 어떤 종교를 믿었는지 조사할 수 있다면, 제각각 그 지역에서 유명했던 종교와 민간 신앙을 믿었다는 사람이 압도적으로 많았을 것입니다. 이후 14세기 동안 기독교와 이슬람교가 퍼져나가면서 오늘날에는 두 종교를 믿는 사람들이 전 세계 인구의 절반 이상을 차지하게 되었습니다.

이런 변화는 우연히 생긴 것이 아닙니다. 오늘날의 종교 분포는 서유럽의 기독교 국가들과 중동의 이슬람 국가들이 어떻게 세계를 반반 나누어 식민지화했는지 보여주는 증거입니다. 두 세계는 종교 때문에 철천지원수가 되었지요. 압제와 폭력, 위선에 맞서 한평생 교리를 전파했던 예수와 무함마드가 세운 종교의 운명이라기에는 너무나도 역설적입니다.

이번 장에서는 이슬람교에 대해 살펴보겠습니다. 이슬람교도는 크게 수니파와 시아파로 나눌 수 있습니다. 오늘날 이슬람교도 중 85퍼센트가 수니파고, 나머지가 시아파로 분류되지요. 수니파는 무함마드의 후계를 이을 지도자(칼리파)를 회중의 뜻에 따라 선출할 수 있다고 주장한 반면, 시아파는 혈통을 따라야 한다고 주장합니다.

종교는 박해받을수록 더 성장한다

서양의 세 유일신교에는 한 가지 경고가 전해 내려옵니다. 바로 당신이 억압하는 사람을 조심하라는 경고지요. 바빌로니아 사람들은 유대인을 탄압하다가 페르시아 제국에 무너졌습니다. 예수를 십자가에 못 박은 로마 제국은 결국 기독교를 국교로 받아들였지요. 그리고 메카Mecca의 쿠라이시족은 힘도 없고 해롭지도 않았던 이슬람 세력을 박해하다가 결국 그들이 군대를 키워 아라비아 반도 전체를 정복하는 모습을 두 눈으로 지켜보게 됩니다.

이슬람 철학의 핵심

무함마드Muhammad의 아라비아 반도 정복은 스스로를 지키기 위한 움직임이 어떻게 제국으로까지 발전할 수 있는지를 보여주는 사례입니다. 그가 군사적 야망을 갖고 있었다는 증거는 어디에도 없습니다. 그는 단지 메카의 민속 신앙을 우상 숭배로 여겨 따르지 않았을 뿐이지요. 무함마드는 40세에 신의 심부름꾼인 가브리엘 대천사의 목소리를 듣고 유대인 예언자들처럼 경전을 쓰기 시작합니다. 우리가 오늘날 '쿠란(아랍어로 '낭송'이라는 뜻)'이라고

사우디아라비아 메카 ◆ 이슬람교의 창시자 무함마드는 메카에서 탄생했다. 이슬람교도들은 일생에 한 번 이상 메카로 순례를 떠날 의무가 있다.

부르는 이슬람교 경전이지요.

쿠란의 핵심은 유일신 개념입니다. 무함마드는 유대인 선지자들처럼 유일신 사상에 이끌려 새로운 길을 개척하며 주변 종교들과 화합할 수 없는, 새롭고 급진적인 신앙을 전파합니다. 그 결과로 이슬람교도(수니파)는 다섯 의무 중 하나인 신앙 고백, 샤하다Shahada에서 "알라 이외의 신은 없다"라고 낭송하게 된 것이지요.

초기 이슬람의 핵심 가치관은 타우히드Tawhid와 쉬르크Shirk입니다. 둘 다 알라신에 대한 태도를 가리키는 말이지요. 타우히드는 알라의 유일성을 인정하는 개념이고, 쉬르크는 알라 외에 다른 신이나 대상을 숭배하는 행위를 가리킵니다.

타우히드는 아랍어로 '통일' 또는 '신의 일체성'을 의미합니다. 이것은 알라가 유일한 신이며, 그 외의 모든 것은 그의 창조물이

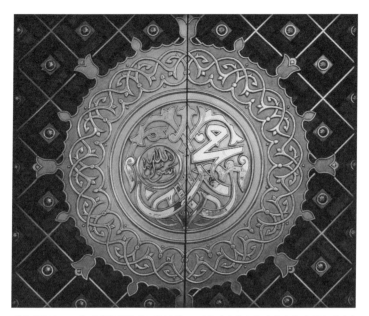

예언자의 모스크에 새겨진 무함마드의 표식 ◆ 사우디아라비아 메디나에 위치한 예언자의 모스크(알 나바위 모스크)는 무함마드를 모신 예배당이다. 이슬람교는 우상 숭배를 금했기에 그림보다는 문양이나 형태 자체의 아름다움을 표현했다.

라는 이슬람의 근본적인 신념을 나타냅니다.

쉬르크는 아랍어로 '공유' 또는 '결합'을 의미합니다. 이 개념은 알라 외에 다른 신이나 대상을 숭배하는 행위를 말합니다. 이슬람 교리의 주요 죄악 중 하나로, 이슬람 신자들은 쉬르크를 피해야 합니다. 쉬르크는 우상 숭배, 다신론, 또는 알라의 지위를 무시하거나 경시하는 모든 행위를 포함합니다.

이슬람의 전파

메카에서 비참하게 쫓겨난 초기 이슬람교도들은 쿠라이시족과 평화 조약을 맺었습니다. 그러나 2년 후 쿠라이시족은 이슬람 세력이 사그라들었다고 잘못 판단해 조약을 무효화합니다. 이슬람 교도들은 주변을 정복하기 위해서가 아니라 스스로 방어하고자 작은 군사 집단을 만들었지만, 점차 규모가 커졌습니다. 지역의 다른 세력들과 경쟁하기 위해 어쩔 수 없는 일이었지요.

632년 무함마드가 세상을 떠난 후, 4명의 지도자가 제국을 이끌던 정통 칼리파 시대를 거쳐 우마이야 왕조 때인 750년까지 잘 훈련받은 군인들의 통치하에 이슬람 제국은 동쪽의 아프가니스탄부터 서쪽으로 스페인과 모로코까지 중동 전체와 지중해 주변을 지배합니다. 그리고 오늘날에 이르기까지 약 14세기 동안 이슬람교는 이 지역의 지배적인 종교로 남아 있습니다.

사산 제국

페르시아 제국의 마지막 왕조

"이스파한은 세상의 절반이다."

—사산 제국 속담

파르티아 제국은 기원전 247년부터 기원후 224년까지 약 4세기에 걸쳐 지금의 이란, 이라크, 시리아를 포함해 주변 지역을 지배했습니다. 로마사에 관심이 많은 독자라면 파르티아 제국이 로마의 장군 크라수스를 죽였다는 사실을 알 것입니다. 하지만 로마의 군사력이 부족해 복수하지 못했다는 사실도 알고 있었나요?

남녀 구분없이 잘 훈련된 파르티아 병사들은 말을 타고 달리며 먼 거리에서 활을 쏘아 로마 병사들을 수없이 죽였습니다. 살아남은 이조차 평생 그들에게 쫓기는 악몽에 시달릴 정도였지요.

224년에 파르티아 제국을 무너뜨리고 뒤를 이은 사산 제국은 페르시아 제국의 마지막 왕조로서 그들의 무시무시한 전투력을 물려받았고, 이후 4세기 동안 흔들리지 않았습니다. 그들은 파르티아 제국조차 하지 못한 일을 했습니다. 바로 로마 황제를 포로로 붙잡아 평생 옥살이를 시킨 것이지요.

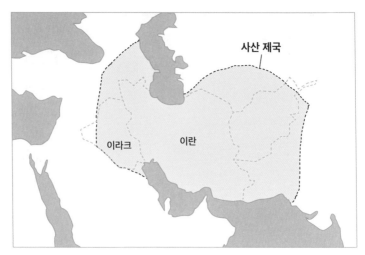

632년의 사산 제국 ◆ 파르티아 제국의 뒤를 이은 사산 제국은 잔혹할 만큼 뛰어난 전투력을 지녔지만 이념적으로는 관대한 조로아스터교 기반의 국가였다.

651년에 사산 제국이 무너지자 당시 주요 종교 세력이었던 조로아스터교는 힘을 잃었고 그 자리를 이슬람교가 차지합니다. 이처럼 8세기 동안(파르티아 제국이 지배하던 4세기와 사산 제국이 지배하던 4세기) 조로아스터교는 제국의 이념으로서 기독교 그리고 로마 종교와 경쟁하게 됩니다. 사산 제국의 유산 조로아스터교는 오늘날까지 우리 마음속에 조용히 울려퍼지고 있습니다.

로마 황제를 사로잡다

사산 제국은 소규모 페르시아(지금의 이란 지역) 국가들이 주로 해왔던 것처럼 내부로부터 힘을 키웠습니다. 파르티아 제국의 권력자들이 싸움을 벌이며 힘을 빼는 동안, 아르다시르 1세^{Ardashir I} (180~242)는 남쪽 지방에서부터 힘을 모아 다른 지역을 차례차례 정복한 후 사산 왕조를 세웠습니다. 그의 아들 샤푸르 1세^{Shapur I} (215~270)는 260년 에데사^{Edessa}에서 로마 제국과 맞붙었습니다.

당시 로마 제국은 불안정한 상태였습니다. 황제 발레리아누스 ^{Valerianus}(193~260)는 반대 세력을 물리치고 정당성을 입증했지만 전쟁터에서 또 한번 장군의 자질을 증명해야 했습니다. 새롭게 등장한 사산 제국 또한 힘을 증명해야 했지요. 사산 제국은 에데 사 전투에서 쉽게 승리해 로마 황제와 참모들, 수만 명의 병사들 을 포로로 잡았습니다. 로마 제국은 철옹성 같은 사산 제국으로 부터 황제를 구출해낼 방법을 찾지 못했습니다.

샤푸르 1세에게 포로로 잡히는 발레리아누스 ◆ 이란 남부 유적지에서 발견된 부조다.
사산 제국은 로마 제국과의 전쟁에서 승리할 정도로 강성한 국가였다.

이후 발레리아누스와 그의 병사들이 어떻게 되었는지는 명확히 밝혀져 있지 않습니다. 하지만 여러 자료에 따르면 비교적 편안하게 포로 생활을 했다고 합니다. 로마 황제를 포로로 잡은 사산 제국은 서로마 제국이 멸망한 후에도 2세기나 더 유지되었습니다. 사산 제국은 파르티아 제국처럼 로마와의 전쟁에서 결국 마지막 승리를 거두었지요.

한 걸음 더

『아르다 비라프』와 『신곡』

사산 제국 시대에 쓰인 것으로 추정되는 『아르다 비라프 Book of Arda Viraf』는 독실한 조로아스터교도가 천국과 지옥을 여행하고 알게 된 것을 현 세상에 돌아와 전하는 이야기로, 주인공의 영혼이 신성한 술을 마신 후 신들의 세계로 떠나는 여행을 묘사하고 있습니다. 그는 천국과 지옥을 경험하면서 선행과 악행이 사후 세계에서 어떤 결과를 초래하는지 목격하게 됩니다. 이를 통해 독자들에게 선한 행동의 중요성과 악한 행동의 결과를 강조하고 있지요.

『아르다 비라프』는 조로아스터교의 사후 세계에 대한 특유의 견해를 제시하고 있고, 고전 페르시아어로 쓰여 그 스타일과 언어는 당시 페르시아 문학의 전통을 반영하고 있습니다. 몇 세기 후 단테 알리기에리는 기독교인의 관점에서 비슷하지만 훨씬 긴 작품 『신곡』을 남겼지요.

일본의 신도

떠오르는 태양의 나라

> "오늘밤 광대한 하늘에 떠오른 저 달은
> 오래전 가스가 신사의 미카사 산 뒤에 떠올랐던 그 달과 같은 달일까?"
>
> —아베노 나카마로(698~770, 일본 나라 시대의 시인)

고대 일본을 하나의 나라, 심지어 대륙과 연결된 나라였다고 생각한다면 완전히 잘못 이해한 것입니다. 고대 일본은 그 자체로 하나의 독자적인 세상이라고 보아야 합니다.

고대 일본에는 조상과 자연을 섬기는 '신도'라는 종교가 있었습니다. 신도의 경전 『고지키古事記』는 8개 섬으로 이루어진 일본의 초자연적인 기원에 대해 이야기합니다. 고대 일본인은 다른 부족들과 달랐습니다. 그들은 자신만의 세계관을 가지고 있었지요.

근대 일본인들은 외교와 무역을 위해 서방으로 향하며 조국을 '일본'이라고 명명합니다. 해가 시작되는 곳이라는 뜻이지요. 태평양에서 떠오르는 해를 볼 수 있는, 아시아의 동쪽에 위치한 나라라는 점을 내세웠습니다. 흰 배경에 붉은 동그라미가 그려진 일본 국기와 '떠오르는 태양의 나라'라는 별명은 일본의 특징이자 정체성입니다.

독자적이면서 조화로운 나라

『고지키』에 나오는 창조 이야기는 일본의 가장 전통적이고 유일한 토종 종교, 신도에 관한 것입니다. 그러나 6세기 후반 중국 문화와 유교, 도교, 불교가 전파되면서 일본 사회에 큰 영향을 끼치기 시작했습니다.

이런 다양한 사상들은 신도를 비롯한 고대 일본의 정통성과 충돌하지 않고 비교적 큰 갈등 없이 통합되었습니다. 일본의 관료제는 점차 유교적으로 변했고 군중들은 점점 불교 철학에 이끌렸지만 신도는 변함없이 일본의 국민 종교로 남았지요.

오늘날 일본에서는 불교 신자가 신도 의식에 참여하는 것이 전혀 이상한 일이 아닙니다. 1,400년 전에도 이상하게 여겨지지 않

이쓰쿠시마 신사 도리이 ◆ 일본 이쓰쿠시마 섬에 위치한 신사로 향하는 도리이이다. 신사는 일본의 독특한 종교인 신도의 사원을, 도리이는 신사로 들어가는 성스러운 입구를 뜻한다.

았습니다. 종교와 세속적인 삶 모두에서 일본인들은 이중적인 정체성을 가집니다. 일본은 그 자체로 하나의 세계이자 여러 나라 속의 한 나라입니다. 둘은 팽팽하게 대립하는 반대 개념이 아니라 일본의 역사적 정체성을 이루는 중요한 요소들이지요.

이런 특징은 나라 시대와 헤이안 시대에 더욱 분명해졌습니다. 일본은 나라 시대(710~794년)에는 나라에, 헤이안 시대 (794~1185년)에는 교토에 일본의 전통과 교역국인 중국의 문화적, 기술적 영향을 모두 반영하여 새로운 수도를 세웠습니다. 역사적으로 이 시대의 왕위 계승이 특별히 살벌하지는 않았지만, 귀족과 무사 계급이 점차 성장하여 서서히 권력 투쟁의 조짐이 드러났습니다. 일본의 권력 투쟁과 사무라이에 대해서는 뒤에서 다시 살펴봅시다.

한 걸음 더

일본 최초의 역사서

신도에서 가장 중요한 두 역사책 『고지키』와 『일본서기』는 모두 8세기 초에 쓰였습니다. 두 책은 일본의 여덟 개 섬이 처음 생겨난 이야기 그리고 일본의 가장 근본적인 전통을 확립한 초기 통치자들에 대한 이야기를 전합니다.

바이킹족의 유럽 정복

스칸디나비아의 용맹한 전사들

> "형제들이 서로 싸우고 쓰러뜨리리라.
> 자매의 아들들이 친족의 명예를 더럽히리라.
> 우상 숭배로 얼룩진 세상에 도끼, 칼, 방패는 쪼개지리라."
>
> —북유럽 신화 서사집 『곻 에다』 中

중세 시대 여러 세기에 걸쳐 영국을 습격했던 바이킹족은 뛰어난 기술력으로 배를 만들어 빠르게 바다를 누비는 무시무시하고 이기기 힘든 상대였습니다. 그들은 왜 영국을 습격했을까요?

세계사를 통틀어 한 집단이 다른 집단에게 무언가 폭력적인 행동을 하는 데는 아주 실속적이고 속물스러운 이유가 있는 경우가 많습니다. 무언가가 절박하게 필요하거나, 크게 분노했거나, 좌절했을 때 그런 일을 하지요.

고대 북유럽의 전설과 신화를 담은 책 『에다Edda』에 따르면 바이킹족은 전사로서 명예를 중요시하고 전투를 즐기는 호전적인 성격이었습니다(영화 《스타트렉》 시리즈에 나오는 전투적인 외계 종족 '클링온'과 비슷하다고 볼 수 있지요). 바이킹족의 '베르세르크Berserker(옛 스칸디나비아어로 '곰 가죽을 입었다'는 뜻)'는 아주 무서운 존재였습니다. 곰을 잡아먹고 가죽을 벗겨 숭배하며 그 무서

오슬로 바이킹 박물관에 전시된 선박 ✦ 바이킹족은 가벼운 나무판자로 날렵한 배를 만들어 빠르고 자유롭게 바다를 항해했다. 그들의 배는 당시로서 아주 빠른 속도인 최대 시속 30킬로미터로 움직였다.

운 동물의 원초적이고 폭력적인 에너지를 물려받은 듯했지요.

그러나 역사적으로 바이킹족이 유럽을 정복해야 했던 더 현실적인 이유가 있었습니다. 대륙에서 온 침략자들이 스칸디나비아의 경제와 정치를 불안정하게 만들었기 때문입니다. 덴마크 지역의 이런 사회 변화로 수없이 많은 사람이 살던 곳에서 쫓겨나 굶주리게 되었고, 결국 먹을거리 많고 무방비했던 유럽의 해안들이 그 희생을 톡톡히 치르게 된 것이지요.

무시무시한 학살자, 바이킹

593년 6월, 한 무리의 바이킹이 수도원밖에 없는 영국 북부의 작은 섬에 상륙했습니다. 유럽 전체에서 바이킹을 두려워하게 될 첫 조짐이었지요. 그들은 수도사들을 잔인하게 죽이거나 포로로 붙잡고, 쓸 만한 것은 모두 약탈해 떠났습니다. 당대 어떤 이는 "이교도들이 제단 주위에 성자들의 피를 쏟았다. 그리고 하느님의 성전에서 성자들의 시신을 거리의 분비물처럼 짓밟았다"라고 기록했습니다. 이 사건은 서유럽을 향한 바이킹족의 선전 포고와 같았고, 이후 3세기에 걸친 바이킹 정복 시대가 시작됩니다.

침략의 역사는 1066년 9월, 바이킹족 왕 하랄드 하르드라다 Harald Hardrada(1015~1066)가 스탬퍼드브리지 전투Battle of Stamford Bridge 에서 머리에 화살을 맞으며 끝납니다. 아이러니하게도 그 전투에서 승리한 잉글랜드 국왕 해럴드 2세Harold II(1022~1066)는 얼마 지나지 않아 바이킹족의 후예인 노르만족과 맞붙은 헤이스팅스

〈스탬퍼드브리지 전투〉(1870) ◆ 바이킹족은 한때 전 유럽으로 뻗어나가며 세력을 키웠지만 이 전투에서 왕을 잃고 저지당했다.

전투Battle of Hastings 직후에 사망했지요.

바이킹이 세계 곳곳으로 뻗어나갔다는 증거는 서쪽으로는 북아메리카부터(콜럼버스가 '발견'하기 몇 세기 전에 이미 바이킹이 식민지를 건설했습니다) 동쪽으로는 콘스탄티노플까지 넓은 지역에 걸쳐 남아 있습니다. 바이킹의 피비린내 나는 정복 전쟁은 이제 1,000년 전의 일이 되었지만, 그들의 전투력과 호전적인 문화는 세계사 속에서 결코 잊히지 않을 테지요.

한 걸음 더

사가

사가Saga는 복잡한 서사시를 가리키는 말로, '말하다'라는 의미의 옛 영어 '사구Sagu'에서 나온 단어입니다.

사가는 바이킹 시대의 역사와 문화를 이해하는 데 중요한 자료로 역사, 전설, 신화, 그리고 문화를 묘사하는 데 중요한 역할을 했습니다. 사가는 서사시 형태로 쓰여 있지만, 그 내용은 역사적 사실과 전설, 신화가 혼합된 형태를 띠고 있습니다.

바이킹 시대의 사가 중 가장 유명한 것은 아마도 '볼숭 일족의 사가Völsunga saga'일 것입니다. 이 사가는 바이킹의 왕과 영웅들의 용감한 모험과 사랑, 배신, 복수 등을 묘사하고 있습니다.

사가에는 또한 바이킹의 전쟁과 탐험에 대한 흥미로운 이야기가 담겨 있습니다. '그린란드 사람들의 사가Grænlendinga saga'는 바이킹이 북아메리카를 발견하고 탐험한 이야기입니다. 이 사가에 따르면, 바이킹은 콜럼버스가 아메리카 대륙을 발견하기 수백 년 전에 이미 북아메리카에 도착했다고 합니다.

신성 로마 제국의 탄생

샤를마뉴와 기사도 정신

> "자신의 출신과 재산만 믿고 바보 같은 취미에 빠져든 귀족들이여,
> 열심히 노력하여 게으름에서 벗어나기 전까지는
> 샤를마뉴에게 어떤 은혜도 입지 못할 것이다."
>
> ─노트케르(840~912, 프랑스의 작가), 『샤를마뉴의 행적』 中

어린 시절에 중세를 배경으로 한 판타지 소설을 읽고, '던전 앤드래곤' 같은 게임을 하고, 1970년대 록 음악을 들으며 자란 사람들에게 아마도 1,000년 전 중세 유럽은 아주 흥미진진한 곳으로 느껴질 테지요. 기사도 정신이란! 갑옷을 입고 말을 타며 긴 창을 휘두르는 기사들과 뾰족한 머리장식을 한 아름다운 처녀들 그리고 무시무시한 용을 떠올려보세요. 상상만으로도 흥분되고 피가 끓어오르지 않나요?

하지만 중세에 기사도 정신을 발휘하는 사치를 누릴 수 있는 사람은 많지 않았습니다. 적어도 우리가 떠올리는 방식으로는 아니었지요. 그럼에도 지금 우리가 알고 있는 기사도 정신에는 역사적 근거가 있습니다. 그 중심에는 '샤를마뉴Charlemagne(742~814)'라는 인물이 있었지요.

위대한 샤를, 신성 로마 제국의 황제가 되다

샤를마뉴는 '위대한 샤를'이라는 뜻입니다. 그는 아버지인 단신 왕 피핀Pipin the Short(714~768)으로부터 프랑크 왕국(오늘날의 프랑스)을 물려받고 기독교도가 차지한 중부 유럽, 이슬람교도가 차지한 스페인과 수십 년간 전쟁을 치릅니다. 그 결과 영토를 2배 가까이 늘리고 영국, 스페인, 이탈리아 남부를 제외한 서유럽의 대부분을 차지했지요.

800년, 샤를마뉴의 군사적, 정치적 명성이 너무 커지자 당시 교황이었던 비잔틴 제국의 레오 3세Leo PP. III(750~816)는 로마 성 베드로 대성당에서 샤를마뉴를 새로운 아우구스투스이자 고대

〈샤를마뉴의 대관식〉(1517) ◈ 영토를 크게 넓히고 명성을 떨치던 샤를마뉴는 교황의 지지를 받고 로마 제국의 계승자로 인정받는다.

로마 제국의 연장인 '신성 로마 제국'의 황제로 선포했습니다.

이 일로 샤를마뉴의 지위는 확고해졌습니다. 물론 샤를마뉴와 그의 후계자들이 통치할 '로마 제국'은 이미 멸망해 존재하지 않았습니다. 그러나 레오 3세는 기독교 교회가 로마의 정당한 계승자라고 선포하여 큰 힘을 실어주었지요. 기독교를 핍박했던 초기 로마와는 완전히 반대되는 행보였습니다. 또한 이 사건으로 교황의 권위도 크게 강화됩니다. 이후 1,000년 동안 교황직은 유럽 각 지역의 군주들을 원하는 대로 세우고 몰아낼 수 있는 실세와 같았습니다.

샤를마뉴는 이슬람교도, 이교도, 이단자는 잔인하게 대했지만 기독교도들에게는 신사적이었고, 일부 기록에 따르면 유대인에게도 꽤나 너그러웠다고 합니다. 그를 기독교 지도자의 본보기로 그린 중세 문학 작품에는 기사로서의 용기와 관대함에 관한 이야기가 담겨 있습니다. 바로 여기에서 기사도 정신이 유래한 것이지요. 샤를마뉴가 보였던 이교도에게 적대적인 모습은 몇 세기 후 십자군 전쟁을 정당화하는 데에도 활용되었습니다.

샤를마뉴 후손들의 몰락

하지만 샤를마뉴의 명성은 오래가지 못합니다. 그가 황제로서 신성 로마 제국을 통치한 기간은 13년밖에 되지 않았습니다. 814년에 샤를마뉴가 사망하자 아들이었던 경건왕 루이Louis the Pious(778~840)가 뒤를 이었지요. 하지만 그의 위상은 곧 불안해집니다. 그의 집권기에는 수많은 반란과 세 차례의 내전이 벌어졌습니다. 그래도 루이 왕이 사망할 때까지는 신성 로마 제국이 온

〈샤를마뉴 대제〉(1512) ◆ 샤를마뉴는 기사도 정신의 창시자와 같이 여겨진다. 하지만 그는 기독교도와 유대인을 제외한 이교도들은 몹시 잔인하게 탄압했다.

전했지요. 그러나 루이의 아들들(샤를마뉴의 손자들)이 서로 영토를 차지하려고 싸움을 벌이면서 5년도 채 되지 않아 신성 로마 제국은 분열하고 말았습니다.

교황 레오 3세는 기독교도 황제가 대륙을 통합하고 신성 로마 제국을 재건해 통치할 것이라고 선포했지만, 자손들의 왕위 다툼으로 제국이 쪼개질 가능성까지는 계산하지 못했지요. 이후 신성 로마 제국은 독일 지역으로 옮겨져 계승됩니다.

한 걸음 더

중세의 아홉 위인

샤를마뉴가 죽고 수 세기 후, 유럽의 음유 시인들은 아홉 위인이 보여 준 훌륭한 모범과 기사도 정신을 노래합니다. 여기서 말하는 아홉 위인이란 세 명의 이교도, 세 명의 유대인 그리고 세 명의 기독교도를 뜻합니다. 차례로 나열하면 일리아스에 등장하는 트로이 전쟁의 영웅 헥토르Hektor, 카이사르, 알렉산더 대왕, 여호수아, 다윗, 유대인 혁명가 유다스 마카베우스Judas Maccabaeus, 샤를마뉴, 아서왕, 프랑스의 십자군 사령관 고드프루아 드부용Godefroy de Bouillon이지요.

동서 교회 대분열

로마 가톨릭과 동방 정교회, 갈라서다

> "그들이 회개하지 않는 한,
> 악마와 그의 사자들과 함께 저주를 받으리라.
> 마라나타, 우리 주님 오시옵소서. 아멘, 아멘, 아멘."
> ─교황의 칙사 훔베르트 추기경이 콘스탄티노플의 대주교를 파문하는 편지 中

313년 콘스탄티누스 대제와 리키니우스Licinius(263~325) 황제의 밀라노 칙령Edict of Milan에 따라 국교로 인정받은 뒤 기독교는 꽤 오랜 시간 유럽 전역에 퍼졌습니다. 그러다 로마가 비잔틴 제국(동로마 제국)과 서로마 제국으로 분열되며 기독교도 자연스럽게 동방 정교회와 로마 가톨릭으로 나뉘었습니다. 시간이 흘러 1054년, 로마 가톨릭과 동방 정교회 사이 관계기 완전히 끊겼습니다. 이 사건을 '동서 대분열'이라 하지요.

로마와 콘스탄티노플은 1,300킬로미터 이상 떨어져 이미 어느 정도 지역적으로 분리되어 있었고, 그렇다 해도 둘 사이가 영구적으로 단절될 것으로 생각할 이유는 없었습니다. 그러나 멀리 떨어지고 신학적으로 의견이 갈리며 결국 서방에서 동로마 제국의 영향력이 점차 사라졌습니다.

이미 동서 교회의 균열이 너무 깊어 그 당시에는 이것이 큰 문

| | 로마 가톨릭 |
| | 동방 정교회 |

1054년 동서 교회 대분열 ◆ 기독교라는 한 줄기에서 시작된 로마 가톨릭과 동방 정교회는 결국 지역적·정치적 이유로 1054년에 분열되었다.

제로 보이지 않았습니다. 그러나 다음 세기, 기독교 세력과 이슬람교 세력 사이에 십자군 전쟁이 일어나며 동방과 외교적으로, 군사적으로 불편한 관계가 되자 서방 유럽인들은 대분열의 영향력을 실감하기 시작합니다. 그로부터 거의 1,000년이 지난 오늘, 이제 로마 가톨릭과 동방 정교회는 완전히 다른 종교처럼 느껴집니다. 예배 형식과 신학 체계 등, 너무 많은 것이 달라져 공평하게 통합하기 위해서는 양쪽 모두 크게 바뀌어야 할 것입니다.

동서 대분열의 5가지 이유

1 **교황의 권력이 닿지 않는 곳**: 중세 시대에 교황은 서방에서 막 강한 권력을 휘둘렀습니다. 그러나 동쪽 콘스탄티노플에는 1054년까지 독립적인 정치 구조가 있었습니다.

2 **정치적 입장**: 서유럽과 동유럽의 정치적 입장은 일치하지 않 았습니다. 동서 대분열로부터 150년 후(1204년) 십자군이 콘 스탄티노플을 약탈했지요. 여러 교황이 수 세기에 걸쳐 서유 럽의 기독교 세계를 신성 로마 제국으로 통합하는 것을 사명 으로 삼았고, 동로마 제국의 정당성을 인정하기보다 프랑크 왕국의 샤를마뉴가 그들의 황제라고 우기며 외교적 의례를 어겼습니다.

3 **물리적 거리**: 로마와 콘스탄티노플은 1,368킬로미터나 떨어 져 있어 서로 소식을 전하는 데 상당히 시간이 걸렸습니다. 권력의 중심에서 멀리 떨어진 동방 교회는 어떻게, 무엇을 해야 할지, 누구를 지지해야 할지 알 수 없었지요.

4 **문화 차이**: 동방 교회는 근본적으로 그리스의 영향을 많이 받 았습니다. 반면 서방 교회는 옛 로마 제국의 역사와 도상으 로 스스로를 포장했지요.

5 **콘스탄티노플**: 첫 기독교도 황제였던 콘스탄티누스 대제는 콘스탄티노플을 로마 제국의 두 번째 수도로 건설했습니다. 하지만 서방 교회는 계속해서 로마를 기독교의 유일한 중심 지로 여기며 콘스탄티누스의 의도를 무시하는 듯한 모습을 보였지요.

이단과 파문

이단은 전통이나 권위에 반항하는 주장이나 이론을 뜻하며 주로 기존 교회와 생각이 너무 달라 종교 의식에 참석하기 어려운 사람들을 가리 키는 말로 쓰입니다. 초기 기독교 역사에서 이단으로 낙인찍힌 사람들 은 회개할 때까지 파문당했습니다.

파문이란 신도로서 자격을 빼앗기고 내쫓기는 것이지요. 교회는 파문 당한 사람들은 저주받은 자라고 선언했습니다.

십자군 전쟁과 종교 재판

중세 기독교의 폭력성

"모조리 죽여라. 주님께서 누가 당신의 백성인지 알고 가려내실 것이니!"

—아르노 아말릭(12~13세기, 교황 인노첸시오 3세의 특사)

요즘 우리는 세상과 조화를 이루지 못하고 폭력적인 방식으로 대응하는 이상한 종교를 '문제 종교Problem Religion'라고 합니다. 세계의 주요 종교 대부분이 언제 어디선가 문제를 일으킨 적이 있습니다. 하지만 대대적으로 폭력을 저지르며 욕망을 채웠던 부자와 권력자들이 어떤 형태의 폭력이나 재산 축적에도 반대했던 예수 그리스도의 이름 아래 수 세기에 걸쳐 기독교를 이끌었다는 사실은 특히 모순적입니다.

정반대에서 충돌했던 기독교와 이슬람교

서양에서는 기독교를 선으로, 이슬람교를 악으로 묘사하는 경우가 많습니다. 요즘은 종종 극단적인 테러리스트들이 뉴스에 나와 악인처럼 묘사되어 이슬람교 자체가 악으로 비추어지기도 합니다. 역사학자들은 이런 경향을 늘 염두에 두고 있어야 합니다. 기독교나 이슬람교 어디에나 폭력적인 광신도가 존재합니다. 하지만 오늘날의 편견과 달리 중세에는 기독교도가 이슬람교도보다 훨씬 더 폭력적이었습니다.

그렇다고 두 종교의 역사만을 보며 기독교를 비난하고 이슬람교를 좋게 받아들이는 것도 옳은 태도는 아닙니다. 어쨌든 로마인들은 로마 종교의 패권에 도전하는 지역 신앙에 적대적이었고, 중세의 서양 기독교 국가들은 (상당히 의도적이고 노골적으로) 이러한 로마의 전통을 계승합니다.

한편 중세의 이슬람교 국가들은 대부분 종교적인 관용을 베풀었고 노예제에 반대했으며 여성 문제에 상당히 진보적이었던 페르시아 제국을 계승했습니다. 이런 배경을 보면 십자군 전쟁은 거의 불가피했지요.

본말이 전도된 십자군 전쟁

1095년, 교황 우르반 2세Urban II(1035~1099)는 분열되어 있던 서방과 동방 기독교도의 힘을 모아 튀르키예의 이슬람교도 침략자들을 쫓아내자며 제1차 십자군을 소집했습니다. 실제로 그렇게만 하고 그쳤다면 역사는 완전히 달라졌을 테지요. 그러나 소집된 군대는 금세 예루살렘 정복이라는 새로운 목표로 관심을 돌렸습니다. 그렇더라도 제1차부터 제3차 십자군은 이슬람 세력과만 전쟁을 치렀습니다.

하지만 1202년부터 시작된 제4차 십자군 원정은 세속적인 목

〈1099년 7월 15일, 십자군의 예루살렘 점령〉(1847) ◆ 제1차 십자군 전쟁은 결국 십자군의 예루살렘 점령으로 끝났다. 이후 거의 한 세기 동안 예루살렘은 기독교 세력의 손 안에 있었다. 8차례의 십자군 전쟁은 대부분 예루살렘을 놓고 벌어졌다.

적이 더 컸습니다. 서방 기독교인들은 경제적 이윤을 목표로 비잔틴 제국의 수도 콘스탄티노플을 침략해 닥치는 대로 살육을 저지르고 약탈했습니다. 그들은 이슬람교 침략자들보다 훨씬 더 폭력적이고 잔인하게 행동했습니다.

　이후 십자군은 네 차례나 더 소집되었습니다. 신의 이름을 걸고 약 200년에 걸쳐 8번의 전쟁을 벌였지만, 종교를 퍼뜨리기보다 가톨릭 세력의 사리사욕을 채우는 일에 가까웠지요.

　시간이 흘러 1453년에 콘스탄티노플이 오스만 제국에 함락되고 비잔틴 제국이 멸망했을 때, 서방의 로마 가톨릭 교회는 굳이 개입하고 싶지 않았을 것입니다. 당시 교황청은 이미 스페인 종교 재판으로 몹시 바빴기 때문이지요.

십자군 전쟁과 지하드

십자군 전쟁Crusade과 지하드Jihad(성전)는 국제 정치에서 동의어처럼 여겨지지만 사실 그렇지 않습니다. 십자군이란 병사들이 여러 물건에 십자가 문양을 새기던 중세 말에 생겨난 단어입니다. 굳이 따지자면 이념이 아닌 패션을 가리키는 말이었지요. 반면 지하드는 '투쟁'이란 뜻의 아랍어로 흔히 전쟁을 가리키는 말로 쓰입니다. 넓게는 전쟁뿐 아니라 노력과 관련된 투쟁을 가리키는 단어입니다.

종교가 권력이 되면 일어나는 일들

14세기까지 이베리아 반도는 기독교와 이슬람교를 포함해 다양한 종교가 허용되는 곳이었습니다. 카스티야 왕국(지금의 스페인 중부)과 아라곤 왕국(지금의 스페인 북서부)의 통치자였던 이사벨 1세(1451~1504)와 페르난도 2세(1452~1516)는 1491년에 그라나다 지역(스페인 남부)의 독립적인 이슬람 왕국을 설득해 그라나다 조약Treaty of Granada을 맺었습니다. 가톨릭 군주의 스페인 지배를 인정한다면 그 대가로 그라나다 지역 이슬람교도의 종교적 자유를 허용하겠다고 합의한 것이지요.

그러나 불과 1년 후, 이사벨 1세와 페르난도 2세는 누구든 기독교로 개종해야 하고 그렇지 않으면 이베리아 반도를 떠나야 한다는 알람브라 칙령Alhambra Decree을 발표합니다. 삶의 터전을 떠나지 않기 위해 거짓으로 개종하는 사람이 생길 수도 있는 상황이

〈1492년, 유대인 추방령에 서명을 요청하는 종교재판소장〉(1889) ◆ 15세기 말 스페인에서는 기독교를 제외한 타 종교를 배척하고 탄압하기 시작했다.

었지요. 이때부터 이슬람교와 유대교에서 개종한 사람들을 '마라노Marrano'라 부르며 신앙생활을 제대로 하는지 철저히 감시하고 조사하는 종교 재판이 시작되었습니다.

1483년에 종교재판소장으로 임명된 토마스 데 토르케마다Tomas de Torquemada(1420~1498)는 임무를 맡아 아주 성실히 수행했습니다. 이후 몇 세기에 걸쳐 종교 지도자들은 기독교를 믿지 않거나 올바르게 신앙생활을 하지 않았다고 여겨지는 사람들을 감시하고, 괴롭히고, 공개적으로 굴욕감을 주고, 처형하기까지 했지요.

막무가내로 진행됐던 종교 재판

1635년 8월의 한 기록을 보면 '호안 콤테'라는 55세 남성이 심문을 당한 이야기가 나옵니다. 그는 종교적 단식 기간인 성 바르톨로메오 축일 전날에 누군가 음식을 먹는 모습을 봤다고 밝히고 나서야 풀려날 수 있었습니다. 종교 재판은 처음부터 이런 식으로 진행되었습니다. 마구잡이로 사람들을 잡아 가두고, 그들이 생명의 위협을 느낄 정도로 심하게 심문하고, 결국 살기 위해 이웃을 배신해야만 풀어주었지요.

종교 재판 때문에 기독교를 제외한 타 종교를 믿는 사람들에게 스페인은 적대적인 곳이 되었습니다. 로마 가톨릭 교회는 크게 만족했지요. 스페인 시민들은 종교 재판으로 인해 끊임없이 감시당한다고 느끼며 두려움에 떨었지만, 왕실은 이런 세태를 오히려 좋아했습니다. 종교 재판은 처음에는 유대인과 이슬람교도를 겨냥해 시작되었지만 이내 권력자들의 정치적, 종교적 권위를 비판하면 누구든 목숨을 잃을 수도 있다는 사실을 보여주는 무서운 제도가 되었습니다.

코르도바 칼리프국

이베리아 반도의 이슬람 문화

> "50년 넘는 나의 통치 기간 동안 승리도 이루고 평화도 누렸지만,
> 진정한 행복을 느꼈던 날은 겨우 14일뿐이었어.
> 어찌나 안타까운 일인지!"
>
> —압드 알라흐만 3세(890~961, 이베리아 반도의 이슬람 국가 코르도바 칼리프국의 초대 왕)

중세 시대에는 이슬람 세력이 이베리아 반도 남부를 지배했습니다. 이 세력과 지역을 '알안달루스al-Andalus'라고 합니다. 그들의 문화와 학문은 고대 그리스와 비슷한 수준이었습니다. 8세기부터 15세기 후반까지 약 700년 가까이 이베리아 남부는 이슬람 국가의 관대하면서도 학문적인 전통을 이어갔습니다.

알안달루스 사람들은 오늘날까지도 계속되는 수학과 천문학의 발전에 크게 기여했습니다. 그들은 복잡한 계산법을 개발하고, 별자리를 정밀하게 관측하여 우주의 구조를 이해하는 데에도 영향을 끼쳤지요.

또한, 알안달루스에서는 무역이 활발하게 이루어졌고, 그 과정에서 다양한 지식과 문화가 널리 전파되었습니다. 이러한 배경 속에서 유대 신학과 이슬람 신학은 깊이 있는 토론과 연구를 통해 크게 발전했습니다. 두 신앙은 서로 영향을 주고받으며 그 지

역의 문화와 사상에 깊은 흔적을 남겼습니다. 이처럼 알안달루스는 다양한 종교와 문화가 공존하고 발전했던 중요한 지역이었습니다.

스페인에 이슬람 문화가 많이 남아 있는 이유

예언자 무함마드가 죽고 1세기가 채 지나지 않은 711년, 그의 죽음을 계기로 등장한 두 제국 중 하나인 우마이야 왕조가 영토를 넓혀 이베리아 반도를 정복했습니다. 우마이야 왕조는 종교적으로 박해당한 역사가 있었고, 지식을 존중했습니다. 이들은 과거 페르시아와 카르타고의 지배를 받았지만 중부 유럽 국가들과 달

코르도바 대모스크 내부 ◆ 지금까지도 스페인 중남부 곳곳에서 이슬람 사원과 예술 작품을 만나볼 수 있다.

리 완전히 로마처럼 바뀌지는 않은, 나름의 독자적인 문화를 갖고 이베리아로 건너왔습니다. 이들이 세운 나라를 '코르도바 칼리프국'이라고 하지요.

건국 뒤 코르도바 칼리프국은 오랜 시간 번영했습니다. 압드 알라흐만 3세Abd-ar-Rahman III는 알안달루스를 통합하고 기독교 국가들과도 외교를 했지요. 피레네 산맥 너머 유럽 국가들과도 교류했고, 지중해 건너 모로코 북부를 점령하기도 했습니다. 그러나 시간이 지나며 후계 문제와 세력 다툼으로 왕국은 서서히 몰락했습니다.

1031년, 우마이야 왕조가 무너지고 피트나Fitna(아랍어로 '고난'이라는 뜻) 시대에 알안달루스는 33개 왕국으로 분열됩니다. 기독교 세력은 15세기 후반까지도 이슬람으로부터 이 지역을 되찾지 못했습니다. 당시 스페인의 통치자였던 이사벨 1세와 페르난도 2세는 7세기에 걸친 이슬람교의 역사를 이베리아 반도에서 지워내려 했습니다. 그들은 종교 재판과 처형이라는 끔찍하고 폭력적인 방식까지 동원했지만 성공하지 못했습니다. 이슬람교가 스페인에 남긴 유산은 이베리아 반도 역사에서 지울 수 없는 부분이 되었습니다.

그레이트 짐바브웨

중세 아프리카의 신비한 유적

> "나는 항상 사람들에게 이야기한다.
> 어느 나라의 역사에 대해 알고 싶다면 역사책을 찾지 말고 소설을 읽으라고."
>
> —첸제라이 호비(1956~2015, 짐바브웨의 작가)

1980년 영국의 지배하에 있던 아프리카 남부 국가 로디지아가 독립했을 때 지도자들은 그 나라의 유명한 유적지에서 이름을 따와 국명을 '짐바브웨Zimbabwe(아프리카 쇼나어로 '돌로 지은 집'이란 뜻)'로 바꿨습니다. 그레이트 짐바브웨는 현지 주변 국가들에는 잘 알려져 있지만 외부인에게는 미스테리처럼 느껴지는 거대한 유적입니다.

1871년에 그레이트 짐바브웨를 발견한 서양 고고학자들은 분명 외지인이 만든 유적일 것이라고 믿었습니다. 하지만 수십 가지 가설을 세우며 연구한 끝에 그렇지 않다는 게 밝혀졌지요. 1929년, 고고학자들은 그레이트 짐바브웨를 만든 것이 아프리카 원주민이라고 인정합니다. 신생 아프리카 국가 지도자들에게 제국주의에 물든 유럽의 잘못된 선입견을 깨뜨리고 나라의 유산을 되찾는 것은 상징적이고 중요한 일이었습니다.

그레이트 짐바브웨 ✦ 로디지아는 영국으로부터 독립하며 독자적인 유적지의 이름을 따 국명을 짐바브웨로 변경했다.

세계 곳곳으로 금을 수출했던 나라

그레이트 짐바브웨는 12세기부터 15세기 사이 전성기에 주민이 1만 8,000명에 달하는 대도시였습니다. 금 채굴과 무역이 주요 산업이었고, 4,000곳 이상의 금광에서 54만 킬로그램 이상의 금을 캐낸 것으로 추정됩니다. 전 세계에서 수 세기에 걸쳐 채굴한 금 공급량의 40퍼센트 정도를 차지하는 어마어마한 양입니다.

그레이트 짐바브웨는 어떤 폐허나 유적지보다 인상적인 곳입니다. 하지만 금이 풍부했다는 것 외에는 알려진 사실이 거의 없습니다. 어마어마한 금 생산량과 시장의 수요를 생각해보면 이렇게까지 알려진 것이 없다는 사실이 이상하게 느껴지지요.

그레이트 짐바브웨 유적지 전경 ◆ 금을 기반으로 문명을 꽃피웠던 아프리카의 오래된 유적이다.

짐바브웨의 후손

제국주의 국가들이 아프리카 대륙으로 손길을 뻗기 훨씬 전에 버려진 그레이트 짐바브웨의 문화와 역사는 아프리카 남부의 쇼나족에게 계승되었을 가능성이 큽니다. 하지만 짐바브웨를 구성하는 사람들과 그 주변 민족이 너무 다양해 확실하지는 않지요.

짐바브웨는 공용어만 16개에 이르는 다채로운 국가입니다. 그레이트 짐바브웨에서 살았던 이들의 후손은 짐바브웨가 아니라 남아프리카 공화국이나 잠비아라고 부르는 이웃 나라로 이주했을 수도 있습니다. 15세기 사람들은 21세기의 국경을 미리 예측하고 존중할 이유도, 그럴 방법도 없었겠지요.

그레이트 짐바브웨의 원주민이 누구였고 어떻게 살았는지 정확히 알아내기 위해서는 유골의 DNA를 검사하고, 이웃 나라의 기록을 찾아내 해독하고, 입에서 입으로 전해지는 이야기들을 조사해보아야 합니다. 그러나 이 문명이 남긴 흔적을 모두 찾아내더라도 역사를 정확히 규명하고 당대 사람들의 생활을 속속들이 알기는 쉽지 않아 보입니다.

역사의 타임캡슐, 기록 문학

지금까지 이 책을 읽으며 도시나 문명의 위치가 중요하다는 것을 깨달으셨겠지요. 그레이트 짐바브웨나 올메카 문명처럼 오랜 시간 독자적으로 유지되어 침략자들의 영향을 거의 받지 않은 지역에서는 역사를 글로 기록할 필요가 없었습니다. 입에서 입으로 전해지는 이야기만으로 충분했지요.

반면 바빌론에 포로로 끌려갔던 유대인들은 히브리어 성경을 기록했습니다. 이렇듯, 한 문명이 입에서 입으로 전해지던 이야기를 갑자기 글로 기록한다는 것은 어떤 면에서는 불길한 신호입니다. 문화적으로 말살당해 이야기가 끊길 것을 예감하고 대비하는 것이지요. 그런 의미에서, 기록 문학은 역사의 타임캡슐이라고 할 수 있습니다.

칭기즈칸과 몽골 제국

세상에서 가장 넓은 나라

> "돌무더기가 쌓여 있지 않았다면
> 까치가 앉지도 않았을 것이다."
>
> —몽골 속담

20세기까지 역사가들은 인간의 만행을 평가할 때 칭기즈칸 (1162~1227)의 피비린내 나는 정복 전쟁을 잣대로 삼았습니다. 칭기즈칸은 고대 로마 제국이나 알렉산더 대왕의 영토 확장, 대항해 시대 스페인이나 이후 나폴레옹의 전쟁을 능가해 인류 역사상 가장 큰 제국을 세웠습니다. 학자들마다 견해가 다르지만 그로 인해 적게는 1,000만 명에서 많게는 4,000만 명이 목숨을 잃었다고 하지요.

몽골 제국을 세운 정복자

그렇게 많은 사람의 목숨을 앗아간 칭기즈칸의 정복 전쟁을 과연 '업적'이라고 불러도 되는 것일까요? 하지만 돌이켜보면 우리는 유럽인들이 아메리카 대륙에 도착해 원주민 공동체를 무자비하게 파괴하고 정착한 일도 '신대륙 발견'이라며 대단한 역사적 사건으로 여깁니다. 역사란 이렇게 갑작스러운 큰 변화나 일반적으로 이해하기 어려운 일을 연구하는 것이기도 합니다.

역사적으로 칭기즈칸이 서쪽의 카스피해부터 동쪽의 태평양까지 넓은 유라시아 대륙에 걸쳐 세운

칭기즈칸 ✦ 몽골 제국을 세운 칭기즈칸은 전 세계 역사상 가장 넓은 영토를 차지한 지배자였다.

몽골 제국보다 더 불가사의한 국가는 없습니다. 그 이후로는 이렇게 큰 규모의 정복 전쟁이 벌어지지 않지요. 정복 전쟁에서 완벽하게 승리한 사람은 인류 역사를 통틀어 칭기즈칸밖에 없을 것입니다.

그러나 어마어마한 영토를 정복하는 일과 그 영토를 영원히 지키는 일은 다릅니다. 몽골 제국은 14세기 말까지 여러 제국으로 분열되다 멸망했습니다. 몰락의 원인은 여러 가지입니다.

먼저, 몽골 제국은 굉장히 넓은 영토를 아우르고 있었습니다. 막대한 영토를 효과적으로 관리하고 통제하는 것은 결코 쉬운 일이 아니었지요.

둘째, 칭기즈칸의 후계자들 사이에 권력 다툼이 발생했습니다. 칭기즈칸이 죽은 후 제국의 통치권을 두고 치열한 경쟁이 벌어졌습니다. 이런 내부 갈등이 제국의 붕괴를 가속화했습니다.

셋째, 몽골 제국은 다양한 문화와 민족을 포함하고 있었는데, 이들의 저항과 반란도 제국의 안정성을 해쳤습니다. 특히, 정복지의 사람들은 몽골의 통치를 받아들이지 않고 계속 저항했습니다. 너무 많은 영토를 너무 빠르게 정복하려 한 결과, 그들이 통제하려 했던 지역들을 제대로 관리하지 못한 것이지요. 이런 점들이 모두 합쳐져 몽골 제국은 분열되고 멸망하게 됩니다.

하지만 정복 전쟁의 영향은 오랜 시간 이어졌지요. 칭기즈칸의 군대가 중앙아시아를 휩쓸며 만든 교역로는 동양과 서양을 연결해 유라시아 문명이 교류하는 통로가 되었습니다.

한 걸음 더

칭기즈칸의 딸들

당시 기준으로는 특이하게도 칭기즈칸의 군대에서는 남녀 병사들이 함께 싸웠습니다. 그리고 칭기즈칸은 딸들에게도 특별히 관심을 기울여 군사 지도자 훈련을 시켰습니다.

그의 큰딸 알라카이 베키Alakhai Bekhi는 아버지가 정복 전쟁을 하는 동안 중국 땅을 다스렸지요. 다른 딸 알랄툰 베키Alaltun Bekhi는 칭기즈칸이 지금의 튀르키예를 정복하는 동안 위구르 지역을 관리했습니다.

흑사병 창궐

유럽 최후의 심판일

"집들이 텅 비고, 도시가 버려지고, 들판에는 시체를 묻을 곳이 부족하며,
고독에 휩싸였다는 기록을 읽은 적이 있는가?
후대인은 이런 비참함을 모르니 얼마나 행복할까!"

—프란체스코 페트라르카(1304~1374, 중세 이탈리아의 시인)

1347년부터 1353년 사이, 단 6년 만에 1억 명에 달하는 사람들이 흑사병(페스트)으로 끔찍하게 목숨을 잃었습니다. 이제는 그 병이 '페스트균'이라는 박테리아 때문에 발생한다는 사실을 알지요. 하지만 중세 유럽인들은 열이 나고, 림프샘이 기괴하게 부풀어 오르고, 경련이 일어나 죽어가면서도 전혀 영문도 몰랐습니다. 그리고 대부분 목숨을 잃었지요. 플랑드르(지금의 벨기에 서부, 네덜란드, 프랑스 북부 지역)의 과학자 시몬 드 코비누스Simon de Covinus는 이 병에 지금 우리가 사용하는 '흑사병Black Death, Mors Atra'이라는 이름을 붙였습니다.

흑사병으로 유럽 인구의 최소 3분의 1이 사망했습니다. 흑사병은 세 대륙의 도시들을 휩쓸었고, 사람들에게 질병에 대한 뿌리 깊은 공포감을 심어주었습니다. 이는 오늘날까지도 간접적으로 영향을 끼치고 있습니다.

흑사병 의사 ◆ 중세 시대 흑사병을 치료하는 의사들은 길쭉한 새 부리 같은 가면을 썼다. 공기를 통해 병이 전염된다고 믿었기에 가면의 코 부분에 향신료를 넣어 감염을 막으려 했던 것이다.

인류의 역사와 함께 등장한 질병

흑사병은 인류의 역사만큼 오래되었을지도 모릅니다. 우리 조상이 문자를 발명해 읽고 쓰기도 전에, 최초의 제국이 생겨나기도 전부터 전염병의 그림자가 인류를 덮쳤습니다.

2015년, 생물학자들은 5,000년 전 러시아인의 치아에서 추출한 DNA를 배열해 고대 페스트균의 증거를 찾아냅니다. 당시 이 균에 감염된 사람은 거의 모두 목숨을 잃었을 것입니다.

과학자들은 선사 시대 인간의 이동과 고대사에 전염병이 중요한 역할을 했을 것이라고 추정합니다. 성경의 「사무엘상」 5장 6절에는 치명적인 전염병이 "악성 종양"의 형태로 돌았다고 나와 있습니다. 또한, 성경의 고대 그리스어 역본인 『칠십인역*Septuagint*』에는 쥐가 창궐했다는 표현이 등장하는데, 이는 벼룩에 의한 감염증 확산을 의미합니다.

기원전 5세기의 그리스 역사학자 투키디데스*Thukydides*는 아테네에서 퍼진 전염병에 대하여 상세히 기록했습니다. 그는 자신도 그 전염병에 걸렸었다며 증상을 묘사했는데, 그의 서술은 현대의 장티푸스와 흑사병 증상과 매우 유사하다는 점에서 주목할 만합니다.

기록으로 남아있는 최초의 대규모 전염병은 541년 지중해를 따라 콘스탄티노플과 주변 도시들을 덮쳤습니다. 후에 '유스티니아누스 역병(1차 흑사병)'이라 불리는 이 질병으로 몇 년 만에 수천만 명이 사망했지요. 이전까지 그렇게 큰 규모로 전염병이 발생했다는 기록은 없었습니다. 당대 사람들에게 이런 전염병은 종말의 예언이 이루어진 것처럼 느껴졌겠지요. 하지만 불행하게도 몇 세기 후, 세상에 또다시 종말이 찾아옵니다.

중국에서 유럽까지, 전 세계적인 확산

1331년 중국 북서부 허베이 지역에서 "사람들이 알 수 없는 질병에 걸려 사망했다"는 것이 중세 흑사병에 대한 최초의 기록입니다. 1330년대와 1340년대 중국, 인도, 몽골의 군사 기록에도 비슷한 내용이 굉장히 많이 나옵니다. 몽골군이 카파Kaffa(오늘날 우크라이나 페오도시야)라는 항구 도시에서 이탈리아 군대와 맞붙으며 페스트균이 전파되어 복잡한 해상 교역로를 통해 유럽 대륙으로 퍼져나갔습니다.

몽골군이 일부러 페스트균을 퍼뜨린 것인지 역사가들 사이에서는 의견이 엇갈립니다. 이탈리아의 법률가 가브리엘레 데 무시스Gabriele de Mussis는 몽골 장군 자니베크칸Janibek Khan이 병들어 죽어가는 부하들을 눈여겨보다가 투석기로 그들의 시체를 적군의 성안에 던져 넣었다고 주장합니다. 시체에서 나는 악취가 적군 병사들의 사기를 떨어뜨리고 피해를 입힐 거라고 생각했다는 것이지요. 이건 그의 추측일 뿐이지만, 우발적이든 의도적이든 질병은 빠르게 퍼졌습니다. 상인들은 곧바로 배를 타고 콘스탄티노플로 달아났지만 유럽의 주요 항구 도시 그리고 그 너머까지 역사상 가장 치명적인 질병, 흑사병에 노출되고 말았습니다.

1347년 유럽은 여러 이유로 흑사병에 걸리기 쉬운 환경이었습니다. 먼저 1315년에 시작된 대기근으로 7년에 걸쳐 인구가 15퍼센트나 감소했습니다. 대기근은 진정됐지만 살아남은 이들은 영양 상태도 좋지 않았거니와 굶주림에 지쳐 재산과 식량을 지키기 위해 혈안이 되어 있었습니다. 이런 상황에 항구를 통해 들어온 전염병은 복잡한 교역로를 통해 빠르게 퍼져나갑니다. 인구밀도가 높고 불결한, 쥐 떼가 득시글거려 세균이 번식하기 쉬운 환경이었던 도시에 먼저 전염병이 퍼졌고, 곧 인근 농촌으로도 옮겨갔습니다.

1348년과 그 이듬해, 흑사병이 서유럽의 주요 도시를 휩쓸었습니다. 너무 많은 사람이 목숨을 잃어 시신을 매장할 땅이 모자랐고, 무덤도 만들지 못하고 그저 구덩이에 모아놓을 수밖에 없었습니다.

〈죽음의 승리〉(1562) ◆ 흑사병 창궐 당시의 참상을 묘사한 작품이다. 흑사병은 14세기부터 18세기까지 끊임없이 유럽인들을 두렵게 했다.

폴란드, 벨기에, 네덜란드 지역은 유럽 내에서 활발하게 교역을 하지 않아 전염병에 시달리지 않았습니다. 그러나 몇 세기 후 1629년의 이탈리아 흑사병, 1665년의 런던 대역병 등으로 점차 유럽 대륙 전체가 흑사병에 시달리게 되었습니다.

여전히 사라지지 않은 질병

유럽 외 지역의 흑사병 피해 규모는 가늠하기 어렵습니다. 그러나 14세기 중반에 아시아와 중동 전역에서 흑사병으로 수천만 명이 사망했다는 것만은 분명합니다. 중국과 인도는 교역로를 통해 흑사병이 콘스탄티노플과 유럽 해안 도시들을 덮치기 전부터 이미 시달리고 있었습니다. 흑사병은 1347년 말에는 이집트, 1348년에는 예루살렘, 1349년에는 메카까지 덮쳤습니다. 유럽, 아시아, 아프리카 중 어느 지역도 이 질병을 피해가지 못했지요.

이제 흑사병은 고릿적 얘기라고 오해하는 사람들도 있는데, 사실 흑사병은 종식되지 않았습니다. 세계보건기구WHO에 따르면 오늘날에도 매년 수백 명의 흑사병 환자가 발생하고 있습니다. 그나마 다행인 것은 이제 항생제로 충분히 치료할 수 있다는 점이지요.

하지만 의료 기술과 위생 시설이 부족한 개발도상국의 농촌 지역에서는 여전히 흑사병으로 인한 사망률이 상당히 높습니다. 국제 기구와 비영리단체 들은 지난 몇 년간 아프리카 마다가스카르의 농촌에서 흑사병의 확산을 막기 위해 노력하고 있습니다. 그곳에서는 흑사병이 여전히 수수께끼 같고 무시무시한, 죽음에 이르는 질병입니다.

세균의 발견

로마 제국의 의학자 갈레노스^{Galenus}의 영향으로 중세 유럽인들은 질병이 꽃이나 썩은 과일 등의 강렬한 향기와 냄새를 통해 퍼진다고 생각했습니다. 따라서 냄새를 차단하면 전염을 막을 수 있다고 믿었지요. 질병의 원인인 세균은 19세기에 독일의 의사 로베르트 코흐^{Robert Koch(1843~1910)}에 의해 발견되었습니다.

1876년, 코흐는 특정 박테리아가 특정 질병을 일으킨다는 것을 증명했습니다. 그는 이를 통해 세균 이론을 확립했고, 이는 의학계에 엄청난 파장을 일으켰습니다. 그의 이론은 감염병의 원인과 전파 방식에 대한 이해를 혁신적으로 개선했습니다.

세균 이론의 확립은 위생 개념의 발전을 이끌어냈습니다. 사람들은 청결함이 질병 예방에 중요하다는 것을 깨달았고, 이는 공공 위생 시스템의 개선으로 이어졌습니다. 백신과 항생제의 개발은 수많은 생명을 구하고 많은 질병을 퇴치하는 데 기여했습니다.

결국, 세균의 발견은 우리가 질병에 대해 이해하는 방식을 전혀 새롭게 만들었으며, 이는 인류의 건강과 생존에 큰 영향을 미쳤습니다.

비잔틴 제국의 멸망

로마 제국, 막을 내리다

> "내가 지금 말하려는 내용이 미래 세대에게는 타당해 보이지 않을 것이다.
> 하지만 시간이 흐르면 내 이야기는 고대사가 될 것이다.
> 후손들이 나를 소설가로 생각하고 시인들 사이에 끼워 넣을까 봐 두렵구나."
>
> —프로코피우스(6세기, 비잔틴 제국의 역사가), 『비밀 역사』 中

로마 제국은 역사적으로 두 차례에 걸쳐 붕괴했습니다. 동서로 분리된 뒤, 먼저 서로마 제국이 멸망했지요. 서로마 제국은 외세의 침략으로 수도를 옮기고 내부로부터 분열했습니다. 서서히 중앙 집권적 체제를 잃어갔지요. 그러던 중 게르만족이 침략하자 476년에 멸망했습니다. 한편 중동에서는 이슬람교가 기독교를 밀어내고 중동 문화가 주류를 차지합니다.

비잔틴 제국(동로마 제국)은 1453년 수도 콘스탄티노플이 오스만 제국에 의해 함락되며 멸망했습니다. 이로써 로마 제국의 긴 역사는 종결되었습니다. 그 후로 많은 나라가 로마의 계승국을 자처하며 그 영광을 이어받고자 했지만, 이러한 주장은 대부분 불합리하거나 어처구니없는 것이었었습니다. 역사는 한 번 흘러간 뒤에는 되돌릴 수 없습니다. 1453년 이후 과거의 로마로, 그 영광을 재현하는 길은 영원히 사라졌습니다.

콘스탄티노플의 몰락

1204년 제4차 십자군 전쟁에서 기독교인들에게 패배한 콘스탄티노플은 수도로서 힘을 잃었습니다. 하지만 콘스탄티노플이 무너진 데에는 다른 요인도 있었습니다. 1054년의 동서 교회 대분열로 사실상 서유럽의 기독교 국가들과 그들의 막강한 군대로부터 고립되어 있었던 것이지요. 결국 중동의 신흥 이슬람 국가들과의 전쟁에서 거의 무방비 상태에 놓였지요.

　앞서 설명했던, 로마 제국이 분열되고 멸망한 원인 대부분이 비잔틴 제국에도 작용되었습니다. 너무 커서 보호하기 어려웠고, 국력이 약해져 더 이상 지탱할 수 없었습니다. 결국 비잔틴 제국은 역사의 뒤안길로 사라집니다.

〈테오도라 황후와 수행원들〉 ◆ 비잔틴 제국 초기 황후 테오도라Theodora(500~548)는 강력하고 영향력 있는 지도자였다. 그녀는 시민들이 반란을 일으키자 도망치려는 남편과 신하들을 설득해 결국 궁전을 지켜냈다.

3

제국주의의 확산과 혁명의 시대

| 근대 |

아스테카 문명

중앙아메리카 역사상 가장 강력한 국가

> "온 땅이 다 무덤이니 그 누구도 무덤에서 도망갈 수 없다.
> 세상 어떤 것도 무너지고 사라지지 않을 만큼
> 완벽한 것은 존재하지 않는다."
>
> —네사왈코요틀(1402~1472, 아스테카 제국 테츠코코 지방의 왕)

1521년 스페인 탐험가들이 아메리카 대륙을 처음 발견했을 때 아스테카 왕국은 탄생한 지 100년이 채 되지 않은 젊은 국가였습니다. 그러나 멕시코와 중앙아메리카 일대를 가리키는 지역에서 1000년경부터 시작된 아스테카 문명은 올메카 문명, 마야 문명과 마찬가지로 오랜 기원을 지니고 있었지요. 신대륙에 도착한 유럽 정복자와 선교사, 자본가들은 아스테카 왕국뿐만 아니라 그들의 오랜 역사와 문명까지 공격했습니다.

　유럽인들이 침략해오기 전, 아스테카 왕국은 주변 지역을 놀라울 정도로 잘 다스리고 있었습니다. 도시국가의 느슨한 연맹을 유지하기 위해 그들이 활용한 정치적 책략은 뛰어났습니다. 때로 아즈텍족은 놀라울 만큼 잔인하기도 했습니다. 그들이 주변 도시국가를 통치한 방식과 중요하게 여겨 따랐던 의례와 문화를 함께 살펴봅시다.

인간을 바쳐 인간을 구하다

아스테카 문명에 대해 가장 널리 알려진 사실 중 하나는 인신 공양을 했다는 것입니다. 얼핏 들으면 스페인 제국주의 약탈자들이 원주민 공동체를 정복하고 멸망시키는 것을 정당화하기 위해 지어내서 퍼뜨린 말처럼 들리기도 하지요. 하지만 아스테카 사람들은 실제로 수도 테노치티틀란Tenochtitlan에서 인간을 제물로 바쳤습니다. 인신 공양은 궁극적으로 많은 사람의 생명을 살리는 데 도움이 되었습니다(산 사람을 제물로 바치는 것이 올바른 일이라는 말이 아닙니다. 여기에서 인신 공양 과정을 자세히 설명하기는 너무 끔찍하니 구체적인 이야기는 생략하고 넘어갑니다).

〈테노치티틀란 태양 사원〉(18세기) ◆ 수도 테노치티틀란 태양 사원에서 인신 공양을 하는 장면이다.

고대 수메르와 그리스 문명처럼 아스테카 문명도 강력한 패권 국가의 영향력이 컸습니다. 우두머리 역할을 하는 도시국가가 주변 국가들을 통치하는 방식이었지요. 부유하고 강력한 국회의사당이 가난한 12개 지역을 다스리는 '판엠'이라는 국가가 등장하는 영화《헝거 게임》시리즈와 비슷합니다. 각 도시국가는 수도를 차지한 패권국에 사람을 제물로 바쳤습니다. 이들은 종종 제물을 바칠 특권을 얻거나, 제물을 바치지 않을 면제권을 얻으려고 서로 경쟁했습니다. 자신의 백성을 지키려는 의도와 자국 내 골치 아픈 말썽꾼을 처리하면서 통치자들에게 점수를 따기 위한 목적에서 비롯된 것이었지요.

아이러니하게도 인간을 제물로 바치는 문화는 수메르나 그리스 문명이 필연적으로 치렀던, 패권을 차지하기 위한 피비린내 나는 전쟁을 피하게 했습니다. 인간 제물이 된 소수를 희생해 훨씬 더 많은 인간의 생명을 구했다고도 볼 수 있지요.

탯줄을 묻는 의례

한편 일부 기록에 따르면, 아스테카 사람들은 아기 탯줄에 우주의 본질적인 에너지 '토날리Tonalli'가 풍부하게 담겨 있다고 믿었다고 합니다. 토날리가 성 역할을 강화하는 데 결정적인 역할을 한다고 생각했기에 아기가 태어나면 여자아이의 탯줄은 집 아래 묻어 안주인의 적성을 갖게 하고, 남자아이의 탯줄은 싸움터에 묻어 스스로를 보호할 전사의 힘을 키우도록 했다고 하지요.

신대륙과 노예무역

제국주의 시작

> "우리는 두세 마을을 발견했다.
> 그곳의 사람들은 우리가 하늘에서 내려왔는지 물었다.
> (…) 나는 그들 모두를 정복해 원하는 대로 다스릴 수 있었다."
>
> —크리스토퍼 콜럼버스의 1492년 10월 14일 일기 中

15세기 후반까지 서유럽은 흑사병의 여파에 시달렸습니다. 살아남은 사람들은 전 세계에 기독교를 전파해야 한다는 열망에 사로잡혔습니다. 또한 그들은 교역로를 개척해 새로운 시장을 찾아 더 큰 이익을 얻고자 했습니다. 이후 서유럽은 여러 세기에 걸쳐 다른 대륙을 침략해 원주민을 노예로 끌고 가거나 죽이거나 내쫓았습니다.

개척자들은 신대륙(아메리카)에서 수백 개의 토착 국가와 수천만 명의 원주민을 쓸어버렸습니다. 야심에 찬 그들은 신대륙의 농업과 광물 자원을 최대한 활용하기 위해 아프리카에서 1,000만 명 넘는 사람들을 강제로 배에 실어 대서양 너머 신대륙으로 끌고 갔습니다. 이동 과정에서 수백만 명이 목숨을 잃었지요. 살아남은 이들은 노예가 되었고, 저항하는 사람들은 무자비하게 죽임을 당했습니다.

신대륙을 향한 열망

1492년, 유라시아 가장 서쪽에 위치한 이베리아 반도는 부에 대한 욕망과 종교적 열정 그리고 타 민족에 대한 불신으로 가득했습니다. 이사벨 1세와 페르난도 2세는 이슬람 문화가 지배했던 알안달루스 지역을 되찾고자 전쟁을 치렀습니다. 너그럽게 다양한 문화를 수용했던 이베리아 반도는 점차 기독교를 제외한 타 종교와 문화를 배척하는 곳으로 변했습니다. 이런 상황에서 서쪽으로 항해해 아시아로 가는 지름길을 찾는 일은 기독교를 널리 전파하고 통상로를 획기적으로 단축해 큰 경제적 이익을 얻을 수 있는 매력적인 도전으로 보였습니다.

콜럼버스의 착각

이탈리아 탐험가 크리스토퍼 콜럼버스Christopher Columbus(1450~1506)는 기회를 쫓았습니다. 알려진 것과 달리 그는 처음으로 지구가 둥글다고 주장한 사람도(고대 그리스 때부터 그렇게 믿는 사람이 있었지요), 서쪽으로 항해해 아시아에 갈 수 있다고 주장한 최초의 인물도 아니었습니다. 사실 그는 큰 착각을 했기 때문에 역사에 이름을 남겼습니다. 그는 세계가 실제보다 훨씬 작다 믿었기에 서쪽으로 항해하면 아시아로 가는 지름길을 쉽게 찾을 수 있다고 잘못 계산했습니다. 당시에나 지금이나 미친 짓으로 보이지만, 그는 스페인에서 서쪽으로 항해해 일본까지 가려 했습니다. 이사벨 1세와 페르난도 2세는 그에게 항해 자금을 지원하면서 특권적인 지위를 부여하고 보장하는 칙허장勅許狀까지 주었지요.

〈여왕을 알현하는 콜럼버스〉(1843) ◆ 콜럼버스는 스페인 왕실의 지원을 등에 업고 서쪽으로 항해를 시작했다.

그러나 항해를 떠난 콜럼버스는 아시아가 아닌 아메리카 대륙 인근의 히스파니올라 섬Hispaniola에 도착합니다. 이때부터 세계 역사가 바뀌었습니다. 콜럼버스는 죽을 때까지 자신이 아시아의 동인도를 발견했다고 믿었습니다. 그러나 다른 탐험가들은 그곳이 지금까지 전혀 알려지지 않은, 새로운 대륙이라는 사실을 금세 깨닫지요. 이를 가장 강력히 주장했던 아메리고 베스푸치Amerigo Vespucci(1454~1512)의 이름을 따서 신대륙은 '아메리카'라고 불리기 시작했습니다.

역사 속으로 사라진 문명들

이후 몇 세기에 걸쳐 스페인, 프랑스, 영국 탐험가들이 아메리카 대륙을 침략했습니다. 세 나라 중 스페인이 가장 공격적이었지요. 스페인 통치자들은 신대륙 발견이 그때까지 꿈도 꾸지 못했던 먼 서쪽까지 기독교 세계를 넓힐, 신이 주신 기회라고 생각했습니다. 그들은 정복자들을 보내 식민지를 확보했고, 곧 아메리카 대륙은 원주민들이 모여 일하는 강제 수용소와 다름없게 되었습니다. 원주민들은 광산이나 대규모 농장에서 일하도록 차출되기도 했습니다.

마야와 아스테카 등의 중앙아메리카 문명, 북아메리카의 인디언 문명이 대부분 이런 식으로 사라졌습니다. 전쟁, 유럽에서 들어온 전염병의 확산, 기근과 이주 등 여러 요인이 겹쳐 인류 역사상 가장 큰 집단 학살이 발생했습니다. 유럽의 식민 지배 과정에서 아메리카 원주민이 얼마나 많이 죽었는지 정확히 알 수 없지만, 추정치만으로도 수천만 명에 달합니다.

대서양을 횡단한 노예무역

유럽인들에게 아메리카 대륙은 어마어마하게 넓은 미개척지였습니다. 그 땅을 개간하려면 얼마나 많은 노동력이 필요할지 어림하기도 어려웠습니다. 유럽 전체 면적은 약 1,000만 제곱킬로미터밖에 되지 않았고 사람들은 그 작은 땅덩어리 안에서 서로 조금이라도 더 넓은 영토를 차지하려고 수백 년 동안 전쟁을 벌였습니다. 하지만 북아메리카와 남아메리카를 더한 면적은 4,000만 제곱킬로미터가 넘었지요(섬들을 제외하고도 유럽 대륙보다 4배 이상

큽니다). 넓은 땅에서 이익을 얻기 위해서는 어마어마한 노동력이 필요했습니다.

유럽인들은 원주민을 포로로 잡아 강제 노동을 시켰습니다. 일정 기간 계약을 맺어 유럽 출신 노동자를 데려오려고도 했지요. 그러나 그들만으로는 자원을 모두 개발해 탐욕을 채울 수 없었습니다. 유럽인들은 다른 곳으로 눈을 돌렸습니다. 바로 아프리카 대륙이었지요. 그곳에서 수많은 흑인을 납치해와 아메리카에서 노예 노동을 하게 했습니다. 끔찍한 노예무역의 역사는 이렇게 시작됩니다.

- 1502년, 콜럼버스의 친구 후안 데 코르도바Juan de Cordoba가 아프리카인 노예 몇 명을 아메리카로 보내 일하게 합니다.
- 1517년, 포르투갈 노예 상인들이 스페인 지배하에 있는 광산과 대규모 농장에서 일할 1만 5,000여 명의 서아프리카인을 배로 실어 날랐습니다.
- 1619년, 아프리카인 노예 20명이 영국 식민지 버지니아주 제임스타운Jamestown에 도착합니다. 영국 식민지였던 북아메리카에서 본격적으로 노예무역이 이루어집니다.
- 1787년, 미국이 영국으로부터 독립하며 헌법을 제정합니다. 초기 미국 헌법에서 노예무역을 금하지는 않았지만 미국 정부는 얼마 후 노예 수입을 그만두자고 촉구합니다.
- 1807년, 미국에 아프리카계 후손이 늘면서 일을 할 노예의 수가 많아져 노예 수입을 금하는 법률이 제정됩니다.
- 1811년, 스페인 식민지 중 쿠바를 제외한 모든 나라에서 노

예제를 금지합니다.

- 1865년, 노예제를 두고 벌어진 미국 남북 전쟁이 끝날 즈음, 수정 헌법 제13조가 비준됩니다. 노예 제도를 폐지한다는 내용이 담겨 있었지요. 이로서 노예 제도가 공식적으로 금지됩니다.

한 걸음 더

인종 개념의 등장

인종Race은 인류 가운데 신체적, 사회적, 문화적 특성을 들어 차이가 있다고 인식되는 인구 집단을 임의로 나누어 분류하는 개념입니다. 1684년에 프랑스 의사 프랑수아 베르니에Francois Bernier가 『지구상에 거주하는 서로 다른 종들의 분류A New Division of the Earth, according to the Different Species or Races』라는 책에서 최초로 인종을 4~5가지로 구분했지요. 인종 간 우열을 직접 거론하지는 않았지만, 아프리카인들을 동물처럼 묘사하여 유럽인의 우월성을 드러냈습니다. 유럽인들은 인종 차이를 들어 식민 지배를 정당화했지요.

생물학적으로 현생 인류는 단일종인 호모 사피엔스Homo sapiens에 속합니다. 게놈 연구에 따르면 지구상 모든 사람의 DNA는 99.9퍼센트 일치하지요. 오늘날 우리가 가지고 있는 차별 기제로서의 인종 개념은 생물학적 개념이라기보다는 사회문화적 개념입니다.

성공회와 개신교의 탄생

튜더 왕조부터 30년 전쟁까지

> "낮이 길수록 태양은 더 멀리 떨어져 있지만 더 강렬해진다네.
> 우리의 사랑도 마찬가지로, 비록 떨어져 있어도 식지 않을 것이오.
> 적어도 나는 그렇소. 당신도 그랬으면 좋겠소."
>
> —헨리 8세(1491~1547)가 연인 앤 불린에게 쓴 편지 中

중세 교황들은 서유럽을 기독교 사회로 만들고자 상당히 헌신적으로 노력했습니다. 그들은 교황이 간접적인 권위로 세상을 움직이고, 황제들이 유럽 각 지역을 다스리며 하나님께 순종하는 세계를 꿈꿨습니다. 이를 권력을 차지하려는 전형적인 음모로만 보는 것은 지나치게 단순하고 안일한 관점입니다. 진실은 훨씬 더 복잡했지요.

교황에게는 이슬람교도와 이단의 세력 확장, 여러 나라의 전쟁 그리고 교황의 이름을 팔아 끔찍한 일을 저지르는 성직자와 수도사의 행태까지 걱정거리가 한둘이 아니었습니다.

중세 시대 교황은 누리는 권위만큼이나 무거운 책임감을 진 힘든 직업이었습니다. 게다가 기독교 내부에서 개혁 운동이 일어나며 교황의 역할은 점점 더 복잡해졌지요. 급기야 타락한 교황도 속출했습니다.

튜더 왕조의 시작

윌리엄 셰익스피어의 희곡 〈리처드 3세〉(1592)를 읽어본 독자라면 튜더 왕가가 어떻게 등장했는지 잘 아시겠지요. 인기 없고 잔인했던 영국 왕 리처드 3세^{Richard III}(1452~1485)는 새롭게 등장한 헨리 튜더^{Henry Tudor}(헨리 7세, 1457~1509)와 보즈워스 전투^{Battle of Bosworth Field}에서 맞붙어 전사합니다. 헨리가 왕위에 오르며 영국에서는 요크 왕조가 막을 내리고 튜더 왕조가 시작되었지요.

튜더 왕조는 헨리 7세에서 시작해 뒤에 살펴볼 엘리자베스 1세까지, 다섯 군주로 이어집니다. 1485년부터 1603년까지 100년 넘게 영국을 지배했지요.

〈보즈워스 전투〉(1804) ◆ 보즈워스 전투에서 리처드 3세가 전사하자 영국 왕가는 요크 가에서 튜더 가로 옮겨갔다.

헨리 8세와 여섯 왕비

헨리 튜더의 아들 헨리 8세Henry VIII(1491~1547)는 38년 동안 나라를 통치했습니다. 그는 수많은 업적을 남겼지만, 사람들은 주로 한 가지 일을 기억합니다. 여섯 번이나 결혼과 이혼을 반복하고 몇몇 부인들은 잔인하게 죽였다는 것이지요.

- **첫 번째 부인 아라곤의 캐서린**Catherine of Aragon(1485~1536): 캐서린은 헨리 8세와 가장 오랫동안(24년) 결혼 생활을 유지했습니다. 그들 사이에는 딸도 하나 있었지요. 하지만 헨리 8세는 앤 불린이라는 더 젊은 여성을 만나 사랑에 빠졌고, 교황의 반대를 뿌리치고 캐서린과의 결혼을 무효화했습니다. 이 일로 영국과 로마 가톨릭 교회의 관계는 단절되었지요(영국 성공회가 이때 만들어졌다고 생각하는 사람도 있지만, 엄밀히 따지면 성공회는 몇십 년 후 엘리자베스 여왕 시대에 만들어졌습니다). 캐서린은 처형당하지는 않았지만 수도원에서 비참한 말년을 보냈지요. 둘 사이의 딸은 훗날 '피의 메리'로 불리게 되는 메리 1세입니다. 그녀에 대해서는 뒤에서 자세히 살펴봅시다.

- **두 번째 부인 앤 불린**Anne Boleyn(1501~1536): 그녀의 결혼 생활은 3년도 되지 않아 끝납니다. 앞서 이 장 서두에 나온 헨리 8세가 그녀에게 보낸 편지의 내용과는 상반되는 사실이지요. 앤 불린은 훗날 엘리자베스 1세가 될 공주를 낳았습니다. 하지만 헨리 8세는 왕위를 계승할 왕자를 원했습니다. 세 번째 아내가 될 여성이 눈에 들어오자, 그는 곧바로 앤 불린에게 간

통죄와 반역죄를 뒤집어씌워 참수형에 처합니다.

- 세 번째 부인 제인 시모어Jane Seymour(1508~1537): 헨리 8세는 앤 불린을 참수하고 11일 만에 새 부인을 맞이합니다. 제인 시모어는 훗날 에드워드 6세가 될 아들을 낳고 출산 합병증으로 사망합니다. 왕비가 된 지 겨우 1년 5개월 만이었지요. 그녀가 일찍 죽지 않았다면 두 사람의 결혼 생활은 얼마나 더 지속되었을까요? 영국 왕실의 역사는 크게 바뀌었을지도 모릅니다.

- 네 번째 부인 클레베의 앤Anne of Cleves(1515~1557): 두 사람의 결혼 생활은 1540년에 고작 반년 정도 지속되었고, 헨리 8세는 그녀와 한 번도 잠자리를 가진 적이 없다며 결혼을 무효화했습니다. 순순히 이혼해준 덕분인지 그녀는 목숨을 잃지 않고 '왕의 총애를 받는 여동생'이라 불리며 여생을 마칩니다.

- 다섯 번째 부인 캐서린 하워드Catherine Howard(1523~1542): 중년의 헨리 8세와 10대였던 캐서린의 결혼 생활 역시 1년 반밖에 지속되지 못했습니다. 캐서린 하워드는 결혼 전에 저질렀던 간통죄를 이유로(그녀의 애인으로 지목된 두 명의 남성과 함께) 참수형에 처해집니다.

- 여섯 번째 부인 캐서린 파Catherin Parr(1512~1548): 마지막 부인 캐서린 파는 헨리 8세보다 더 오래 살았습니다. 헨리 8세는 그녀의 세 번째 남편이었고, 그가 사망한 후에 캐서린은 다시 한 번 결혼을 합니다. 어쩌면 캐서린은 헨리 8세에게 딱 맞는 상대였을지도 모릅니다. 당시 총리였던 토머스 라이오슬리 Thomas Wriothesley는 헨리 8세가 앞선 다섯 왕비들보다 그녀를 더

마음에 들어 했다고 했습니다. 캐서린 파는 네 번이나 결혼했지만, 헨리 8세처럼 배우자들을 처형하지는 않았습니다. 모두 병사했을 뿐이지요.

영국 성공회의 탄생

보통 사람들의 생각과 달리, 영국 성공회가 헨리 8세의 여성 편력으로 인해 탄생한 것은 아닙니다. 헨리 8세는 죽을 때까지 자신이 가톨릭 신자라고 생각했지요. 성공회는 헨리 8세와 앤 불린 사이에 태어난 엘리자베스 1세에 의해 만들어졌습니다. 그녀는 왕위에 오르기까지 순탄치 못한 삶을 살았습니다.

헨리 8세는 1536년 앤 불린을 참수형에 처한 후 엘리자베스를 사생아라고 공표합니다. 이 결정 덕분에 그녀가 살아남았다고 볼 수도 있습니다. 그 후 헨리 8세는 1547년 눈을 감기 직전에야 엘리자베스를 왕위 계승 서열 3위로 인정했습니다.

서열 1위는 당시 아홉 살이었던 에드워드 6세Edward VI(1537~1553)였고, 그가 성인이 될 때까지 공작들의 자문 위원회가 섭정을 했습니다. 에드워드 6세는 왕권을 제대로 행사하지도 못하고 16살에 갑자기 사망했습니다.

메리 1세

에드워드 6세의 뒤를 이은 서열 2위는 헨리 8세와 첫 왕비 캐서린 사이의 딸, 독실한 가톨릭 신자 메리 1세Mary I(1516~1558)였습니다. 그녀는 통치 기간 동안 어머니의 명예를 회복하기 위해 영국을 억지로 가톨릭 국가로 되돌리려 했고, 걸핏하면 개신교 신자들을 처형하라 명령했습니다. 그래서 '피의 메리Bloody Mary'라 는 별명이 붙었지요.

캔터베리의 설교자 롤런드 테일러Rowland Taylor도 메리 1세에게 처형당한 사람 중 하나였습니다. 그녀는 테일러가 독실한 가톨릭 신자가 아니라는 이유로 비난하고, 끝이 나뭇가지처럼 세 가닥으 로 갈라진 미늘창으로 머리를 강하게 내리친 후 화형에 처했지요.

무시무시했던 피의 메리 역시 오래 살지 못하고 1558년에 병 으로 사망했습니다.

엘리자베스 1세

메리 1세가 사망하자 왕위에 오른 엘리자베스 1세Elizabeth I (1533~1603)는 1558년부터 44년 동안 영국을 통치했습니다.

그녀는 왕위에 오르자마자 가장 먼저 영국 성공회를 만들었습니다. 당시로서는 굉장히 급진적인 변화였지요. 메리 1세 시대인 1557년에는 성공회를 옹호하면 화형을 당했지만, 불과 2년 후인 1559년에는 성공회에 몸담아야만 고위 성직자가 될 수 있었으니까요.

처음부터 엘리자베스 여왕의 뜻대로 된 것은 아니었습니다. 왕 위에 오르고 몇 년 동안 그녀는 반란을 진압하느라 애를 먹었습니다. 그리고 결국 뜻을 이루었지요. 성공회가 전 세계로 퍼진 것이 그 결과입니다.

통치 기간 내내 한 번도 결혼하지 않았던 엘리자베스 1세는

〈스페인 무적함대 격파를 기념하는 엘리자베스 여왕의 초상화〉(1588) ♦ 엘리자베스 1세는 나라 안팎으로 힘을 키워 영국이 대영제국으로 성장할 기반을 마련했다.

1603년에 사망해 이복 자매인 메리 1세 곁에 묻혔습니다. 영국의 가톨릭과 성공회가 화해하는 감동적인 순간이었지요.

중용을 표방하다

헨리 8세가 로마 가톨릭 교회에서 이탈한 것은 캐서린과의 이혼 그리고 종교 개혁과 관련이 있습니다. 영국 성공회 신학자들은 성공회가 로마 가톨릭과 개신교 중 명확히 어느 한쪽에 속하기보다 중간쯤에 자리한다고 생각합니다. 가톨릭은 전통을 중시하고 개신교는 성경을 중시하는 경향이 있는데 성공회는 둘 다 중시했기 때문이지요.

엘리자베스 시대 신학자 리처드 후커Richard Hooker는 성경, 전통, 이성이 영국 성공회를 뒷받침한다면서 "세 겹의 줄은 금방 끊어지지 않는다"라고 썼습니다. 영국 성공회에서는 이를 가리켜 '후커의 세 다리 의자' 이론이라고 부릅니다.

한 걸음 더

윌리엄 셰익스피어

엘리자베스 1세 시대의 가장 유명한 인물은 시인이자 극작가인 윌리엄 셰익스피어William Shakespeare(1564~1616)입니다. 그는 역사상 가장 위대하고 유명한 작가로 꼽힙니다. 그에 대한 평가는 엇갈릴 수도 있지만, 수천 개의 신조어를 만들어내고 보급하면서 영어 자체를 바꾸어놓은 그의 업적에는 논쟁의 여지가 없지요. 이를테면 그는 두 단어를 결합하는 방식이나 접두사나 접미사를 붙이는 방식 등으로 단어를 창조했습니다. '침실bedroom', '패션 감각이 있는fashionable' 등이 그 예입니다.

종교 개혁과 30년 전쟁

한편 로마 가톨릭 교회는 날이 갈수록 세력이 커지고 부패했습니다. 체코의 신학자 얀 후스Jan Hus(1372~1415)가 이에 반대하는 운동을 했지만 이단으로 낙인찍혀 고위 성직자들에 의해 처형당하고 말았지요.

그의 교리를 따르는 후스주의는 중부 유럽으로 확산해 오늘날까지 몇몇 교파로 이어지고 있습니다. 그리고 얼마 지나지 않아 그보다 더 큰 변화를 이끌어낼 인물이 등장합니다.

마르틴 루터와 종교 개혁

얀 후스보다 1세기 후에 등장한 독일 수도사 마르틴 루터Martin Luther(1483~1546)는 일생을 가톨릭에 바친 독실한 신자였습니다. 하지만 그는 결국 로마 가톨릭 교회의 교리에서 벗어날 수밖에 없었지요. 교회의 부패에 진절머리가 났기 때문입니다. 당시 성직자와 수도사들은 신도들에게 죄를 면해 천국으로 갈 수 있다며 돈을 받고 면죄부를 팔았습니다. 루터는 이 관행을 굉장히 싫어했습니다.

루터는 가톨릭 교회의 관행에 반박하는 『95개조 반박문95 Theses』(1517)을 쓰고, 라틴어 성경을 평범한 사람들도 읽을 수 있는 독

〈마르틴 루터의 초상화〉(1529) ◆ 마르틴 루터는 당대의 부패한 종교 관행에서 벗어나고자 종교 개혁을 일으켰다.

마르틴 루터의 『95개조 반박문』 ◆ 인쇄 기술의 발달로 루터의 반박문과 독일어로 번역된 성경이 전 유럽에 폭발적으로 퍼져나갈 수 있었다.

일어로 번역해 유럽 전역에 폭발적인 영향을 끼쳤습니다. 사람들이 직접 성경을 읽을 수 있게 되자 교회에 휘둘리지 않을 수 있었지요. 그의 움직임을 '종교 개혁'이라고 하고, 오늘날 루터주의를 추종하는 사람들은 8,000만 명 가까이 됩니다.

루터는 대담하고 공개적으로 가톨릭 교회에 반항했고, 인쇄라는 당대 신기술을 이용해 자신의 사상을 널리 퍼뜨렸습니다. 이로써 가톨릭을 대표하는 인물은 교황 한 사람이 아니게 되었지요. 각 나라에서 이전의 구교와 새로 등장한 신교 중 어느 쪽을 따르는지가 점차 더 중요해졌습니다. 결국 가톨릭 교회의 힘은 점차 약해졌습니다.

솔라 피데, 솔라 스크립투라

루터 사상의 핵심 개념은 '솔라 피데Sola Fide(오직 믿음)'와 '솔라 스크립투라Sola Scriptura(오직 성경)'입니다.

'솔라 피데'는 행동이 아니라 믿음을 통해서만 구원받을 수 있다는 생각입니다. 가톨릭 교회에서는 예로부터 착한 행동은 믿음의 필수적인 산물이며, 구원받았다는 사실을 보여주기 위해 꼭 필요하다고 가르쳐왔습니다. 그러나 루터는 신앙인의 삶에 드러나는 선행이 구원과는 아무런 상관이 없다고 주장합니다.

'솔라 스크립투라'는 성경을 통해서만 신의 계시가 드러난다는 생각입니다. 로마 가톨릭은 예로부터 신의 계시가 기독교 공동체의 전통을 포함해 다양한 방식으로 나타난다고 가르쳤습니다. 하지만 루터는 기독교의 전통이나 다른 관행이 아닌, 성경이 가장 중요하다고 말했습니다.

종교와 영토 확장으로 얼룩진 전쟁

가톨릭 교회는 루터의 종교 개혁에 대응하기 위해 이후 몇 세기에 걸쳐 적극적으로 자기 개혁 운동을 벌였습니다. 부정부패한 관행을 없애고 애매모호한 신학적 근거나 폭력적이고 억압적인 포교 방식에서 벗어나려 했지요.

1618년부터 1648년 사이에 일어난 30년 전쟁Thirty Years' War은 종교 개혁 때문에 발생했다고 알려져 있습니다. 수십 개의 유럽 지역 작은 나라들이 얽혀 800만 명 넘는 사람이 목숨을 잃은 피비린내 나는 전쟁이었지요. 전쟁의 시작은 분명 스페인과 오스트리아 중심의 가톨릭(구교)과 네덜란드, 프랑스, 덴마크 등을 중심으로 구성된 개신교(신교) 사이의 갈등이었습니다. 하지만 야심찬 통치자와 영토를 넓히려는 국가들이 합세해 전쟁은 복잡하게 진행되었습니다. 이 전쟁으로 인해 독일의 영토는 황폐해졌고, 유럽에서 가장 늦게 통일된 국민 국가를 수립하게 됩니다.

역사에 만약은 없지만, 만약 유럽 전체가 안정된 가톨릭 국가였다면 교황이 이 전쟁을 막을 수 있었을까요? 교황은 역사적으로 가톨릭 국가들 사이 갈등을 막는 역할을 수행해왔습니다. 오늘날의 교황은 과거에 비해 세력과 영향력이 많이 약해지긴 했지만, 여전히 평화를 유지하기 위해 행동하고 있지요.

일본의 통일

사무라이와 쇼군의 시대

> "사람의 일은 모두 피비린내 나는 일이다."
>
> ―야마모토 쓰네토모(1659~1719, 일본의 사무라이)

어린 나이에 출가한 아시카가 요시미(1439~1491)가 그저 승려로 살았다면 일본의 역사는 아주 달라졌을 것입니다. 일본의 쇼군(도쿠가와 막부의 우두머리)이었던 아시카가 요시마사(1436~1490)는 어린 아들을 잃고 승려였던 동생 요시미를 양자로 들여 후계자로 삼았습니다. 요시미는 후계자가 되어달라는 형의 요청을 마지못해 받아들였지요. 그런데 생각지도 못한 일이 생겼습니다. 요시마사에게 다시 아들이 생긴 것이지요. 그는 아들에게 나라를 물려주고자 동생과 전쟁을 벌였습니다. 파벌은 갈리고 싸움이 계속되었지요. 그 과정에서 요시마사는 다시 아들을 잃었습니다.

결국 요시마사는 죽기 전에 동생과 화해하고 조카에게 후계자 자리를 넘겨줍니다. 1490년, 요시마사가 사망하자 그의 명성은 모두 무너졌고 충성을 바쳤던 이들을 제외하고는 누구도 그의 후계에 관심이 없었지요. 무사들은 서로 지역과 나라를 차지하기

〈아시카가 요시마사의 초상〉(15세기) ◆ 요시마사는 후계자 문제로 전쟁을 일으켰지만, 말년에는 은거하며 문화 예술을 후원했다.

위해 1세기 넘도록 승자만이 살아남는 전쟁을 벌였습니다. 여러 세력이 저마다 주도권을 잡기 위해 일어섰던, 일본의 전국 시대로 알려진 이 시기에 새로운 유형의 무사 문화가 등장합니다. 바로 다이묘(영주)를 섬기며 유럽의 기사와 같은 역할을 했던 사무라이입니다.

전국 시대와 최후의 승자

중세 일본은 특이하게도 왕실의 개입이나 대대로 내려오는 계승

권과 상관없이 군사 지도자들이 통치하는 나라였습니다. 천황의 자리를 놓고도 큰 분쟁이 벌어지지 않았고, 심지어 그 권력이 중요하지도 않았습니다. 사실상 각 행정 구역을 다스리는 쇼군의 권력이 더 중요했고, 쇼군이 되기 위해서는 전쟁과 속임수를 잘 활용해야 했지요. 가끔 미디어나 매체에서 최후의 1인만이 살아남는 '배틀 로얄' 같은 게임을 볼 수 있는데, 당시 일본의 세력 다툼은 일반적인 분쟁보다는 그런 게임에 훨씬 더 가까웠습니다. 잘게 쪼개진 세력들이 계속해서 크고 작은 전쟁을 벌였고, 어제의 부하가 오늘의 적이 되는 하극상 같은 일들도 수없이 벌어졌습니다.

전국 시대 최후의 승자를 꼽자면 단연 도쿠가와 이에야스(1543~1616)일 것입니다. 그는 가문과 충성스러운 지방 무사들의 지지를 등에 업고 1603년에 일본을 통일했습니다. 이후 메이지 천황(1852~1912)이 쇼군 중심의 무사 정권인 도쿠가와 막부를 무너뜨리고 중앙 집권 국가를 세운 1868년 메이지 유신 때까지 도쿠가와와 그의 후계자들은 200년 넘도록 큰 세력 다툼 없이 평화롭게 일본을 지배했습니다.

무사도

무사와 사무라이는 조금 다른 의미입니다. 일반적으로 무사는 칼이나 갑옷으로 무장한 사람을 말하지요. 반면 사무라이는 무장해 누군가를 섬기고 있는 사람을 뜻합니다.

무사의 역사는 헤이안 시대(794~1185년)부터 시작합니다. 무사는 군사력을 가지고 귀족 지배하의 사회를 정복했고, 무사가 실질적으로 지배하는 중세 사회를 구축한 후 근세가 끝날 때(1867년)까지 일본의 역사를 견인하는 중심 역할을 했지요.

중세 기사들이 기사도를 따랐던 것처럼, 사무라이는 무사도武士道를 따라 살았습니다. 무사도는 무사들 사이에 발달한 도덕 규범을 말하는데, 무사도를 이야기할 때 빼놓을 수 없는 책이 1761년에 출간된 『하가쿠레葉隱』입니다. '나뭇잎 그늘 초가집에서 받아쓴 구술서'라는 뜻으로 이름 붙여졌지요. "무사도란 죽음을 각오하는 것이다"라는 유명한 문장은 무사도의 성격을 잘 보여줍니다.

프랑스 혁명

로베스피에르와 인간의 권리 선언

> "시민들이여, 혁명 없는 혁명을 원했던 것인가?"
>
> —막시밀리앙 드 로베스피에르(1758~1794, 프랑스의 정치가)

프랑스 혁명은 두 가지 기본적인 정치 원칙을 보여줍니다. 첫째, 소수 특권층의 화려한 삶을 위해 다수의 시민이 고생하고 있다는 사실이 밝혀지면 걷잡을 수 없는 일이 터진다는 것. 둘째, 불공정한 체제를 전복하며 어떻게 나아갈지 명확히 생각해두지 않는다면 결국 기대에 전혀 못 미치는 상황이 되거나 완전히 다른 방식으로 변화하게 된다는 것입니다.

성난 시민들, 바스티유 감옥을 습격하다

1789년 7월 14일, 군중이 바스티유 감옥을 습격하며 프랑스 혁명은 시작되었습니다. 평민과 상류층(귀족과 성직자) 사이 갈등은 깊어지고 있었고, 루이 16세^{Louis XVI}(1754~1793)가 군대를 동원해

〈1789년 7월 14일, 바스티유 습격〉(1789) ♦ 18세기 말 프랑스에서 왕과 귀족, 성직자들은 사치스러운 생활을 하는 데 비해 평민들은 생활고에 시달렸다. 참지 못한 이들은 결국 바스티유 습격을 시작으로 프랑스 혁명을 일으켰다.

국민 의회마저 해산시키려 하자 사람들은 무기와 탄약을 확보하기 위해 바스티유 감옥 앞에 모였습니다.

바스티유 수비대의 지휘관은 무기를 줄 수 없다며 협상을 하려 했지만, 시위대가 보병의 총에 맞으며 결국 사태는 걷잡을 수 없이 커졌습니다. 수비대의 진압으로 100명 넘는 사상자가 발생했고 시위대는 바스티유 감옥 안으로 들어갑니다. 그들은 지휘관을 붙잡고 목을 잘라, 머리를 장대에 올린 채 행진했습니다. 이후 7월 14일은 프랑스의 국경일이자 전 세계의 독재자들에게 경각심을 일깨우는, 자유의 상징과도 같은 날이 되었습니다.

인간과 시민의 권리 선언

그로부터 6주 후인 8월 26일, 새로 결성된 프랑스 국민 의회는 인간과 시민의 권리 선언을 채택했습니다. 서양 역사 전반에 큰 영향을 끼친 중요한 순간이었지요. 그 내용을 간단히 정리하면 다음과 같습니다.

인간과 시민의 권리 선언(1789)

항목	조문
제1조	모든 인간은 평등한 권리를 지니고 태어난다.
제2조	정부는 인권을 보호하기 위해 존재한다.
제3조	주권은 교회나 왕실이 아닌 국민으로부터 나온다.
제4조	모든 인간은 다른 사람에게 해를 끼치지 않는 한, 무슨 일이든 할 수 있는 권리를 가지고 태어난다.
제5조	법률은 다른 사람에게 실제로 해를 끼치는 행동만 금지할 수 있다.
제6조	모든 시민에게는 민주적 과정에 참여할 권리가 있다.
제7조	누구든 실제로 법을 어긴 것이 아니라면 체포하거나 처벌할 수 없다.
제8조	독단적이거나 지나친 처벌은 금지한다.
제9조	누구든 유죄가 입증될 때까지 무죄로 추정해야 한다.
제10조	모든 인간에게는 소수 의견을 가질 권리가 있다.
제11조	모든 인간에게는 표현의 자유와 언론의 자유가 있다.
제12조	군인은 통치자뿐 아니라 모든 시민을 위해 복무한다.
제13조	재산에 따른 세금 체계를 확실히 정한다.
제14조	모든 시민에게는 세금이 어떻게 부과되고 사용되는지에 대해 의견을 말할 권리가 있다.
제15조	모든 공직자는 업무를 정확하고 공적으로 기록하고 보관해야 한다.
제16조	헌법은 법치와 권력 분립을 바탕으로 한다.
제17조	개인의 재산권을 명백히 한다.

로베스피에르의 공포 정치

프랑스 혁명의 지도자들은 루이 16세를 처형하면서 자신들이 세운 원칙을 지키지 않았습니다. 특히, 국왕 없는 공화제를 주장했던 자코뱅파(급진파) 지도자 막시밀리앙 드 로베스피에르Maximilien de Robespierre는 이전에 공공연히 사형 반대론자였음에도 루이 16세를 처형해야 한다고 주장했지요. 그는 "사형제 폐지를 요구했던 때와 같은 마음으로, 오늘은 내 나라의 폭군을 사형시켜야 한다고 요구한다"라는 유명한 말을 남겼습니다.

이후로도 그는 적법한 절차를 무시하고, 반역죄로 기소된 사람들을 무자비하게 처형했습니다. 5만 명 이상이 처형당했는데 그중 대다수가 재판조차 거치지 못했지요. 이러한 로베스피에르의 집권 기간을 '공포 정치Reign of Terror'라고 부릅니다. 그리고 얼마 지나지 않아 1794년 7월, 로베스피에르 자신도 결국 재판을 거치지 못하고 형장의 이슬로 사라지고 맙니다.

루이 16세가 프랑스의 마지막 군주도 아니었고, 로베스피에르가 마지막 혁명가도 아니었습니다. 그러나 프랑스가 서유럽 정치의 중심지였기에 혁명의 영향은 전 세계로 빠르게 퍼졌습니다. 프랑스 혁명은 아무리 역사가 긴 나

〈로베스피에르의 초상〉(1790) ◆ 로베스피에르는 프랑스 혁명 당시 급진파의 지도자였다. 우리가 흔히 사용하는 단어 '테러리즘'은 그가 행했던 공포 정치에서 기원한다.

라라도 백성의 불만이 쌓이면 체제가 뒤집히고 무너질 수 있다는 사실을 일깨워준 중요한 사건입니다.

프랑스 혁명과 미국 독립 혁명

미국의 독립 혁명과 프랑스 혁명은 동시에 일어나지는 않았지만 서로 긴밀하게 영향을 주고받았다고 볼 수 있습니다. 미국 독립 전쟁 때 조지 워싱턴 휘하에서 싸웠던 프랑스 후작 마르키스 드 라파예트Marquis de La Fayette(1757~1834)는 귀국한 뒤 프랑스 혁명에서 중요한 역할을 했기 때문이지요. 바로 인간과 시민의 권리 선언 초안을 작성한 것입니다.

　미국 헌법의 아버지라고 불리는 제임스 매디슨James Madison (1751~1836)이 '권리장전Bill of Rights'을 작성한 것처럼 라파예트는 역사의 무대 뒤에서 영감을 불어넣는 사람이었습니다.

　다음 장에서는 미국의 독립 혁명 과정을 함께 살펴봅시다.

단두대

불어권에서 기요틴^{Guillotine}이라고 부르는 단두대를 이용한 참수형은 잔인하고 야만적입니다. 하지만 기계로 단번에 목을 치는 방식이 불태우거나, 사지를 찢거나, 수레바퀴에 몸을 묶어 으깨는 것보다는 훨씬 인도적인 방법이지요.

프랑스 혁명 당시 의사였던 조제프 이냐스 기요탱^{Joseph Ignace Guillotin}은 '같은 죄에는 같은 벌을'이라는 주장을 하며 신분 차이 없이 사형 방법을 통일하자고 말했습니다. 당시에는 참수형을 집행할 때 뇌물을 주고 안 주고에 따라 위력을 달리하는 관행이 있었고 단두대는 그런 관행이 적용되기 힘들기에 평등하다면 평등할 수 있었지요.

의회는 당시 또 다른 의사였던 앙투안 루이^{Antoine Louis}에게 새로운 사형 도구를 만들도록 요청했고 그 발명품이 단두대입니다. 처음에는 그의 이름을 따서 루이제트^{Louisette}라고 불렸지만, 처음 그런 기계의 필요성을 제안했던 사람인 기요탱이 더 유명해지는 바람에 기요틴이라고 불리게 되었습니다.

미국 독립 선언

노예 해방과 흑인 인권

> "전쟁과 살육이 끝나고 여성과 어린아이 몇 명만 남았다.
> 이렇게 살아남은 사람들은 기독교인에게 노예로 보내졌다."
>
> ―바르톨로메 데 라스카사스(1474~1566, 스페인의 성직자)

유럽 탐험가들이 신대륙에 도착해 식민지를 건설하고 사람들이 이주해 살기 시작한 지 300년 가까이 지난 1776년, 북아메리카의 영국계 식민지민들은 독립을 선언하고 미합중국USA, United States of America을 건국했습니다.

유럽인들이 아메리카 대륙을 지배하며 '파괴적'인 영향을 끼쳤다고 말하는 것은 아주 점잖은 표현입니다. 그들은 원주민의 국가를 완전히 뿌리뽑았고, 수많은 사람을 학살했으며, 강제 노동을 시키려고 아프리카인까지 끌고 왔습니다. 유럽인들은 굉장히 폭력적이고 잔인한 방식으로 아메리카 대륙을 지배했습니다. 돌이켜보면 유럽 출신인 식민지민들끼리 전쟁을 벌인 사실이 놀랍지도 않습니다. 하지만 그들이 결국 진보적인 대의 민주주의를 확립하고, 남북 전쟁을 치르며 노예제를 폐지하고, 오늘날까지 이어지는 국제 인권 기구를 설립하는 데 핵심 역할을 했다는 사실도 놀랍지 않습니다.

지금까지 이 책에서 여러 차례 보았듯이, 같은 지역에서 비슷한 배경과 가치관을 지니고 살아온 사람이라도 위대한 업적을 이루거나 잔혹한 일을 저지르는 등 정반대의 족적을 남길 수 있지요. 지금부터 미국사 초기의 몇몇 대통령을 통해 발전과 진보, 그리고 퇴보의 역사를 두루 살펴봅시다.

미국, 독립을 선언하다

독립선언서 초안을 작성하고 훗날 미국의 3대 대통령이 된 토머스 제퍼슨Thomas Jefferson(1743~1826)은 미국 독립 혁명을 개인의 권리와 군주제 사이의 갈등으로 표현했습니다. 물론 부분적으로는 그렇지만, 모든 것을 포괄하지는 못합니다.

미국이 독립 혁명을 했던 구체적인 원인은 다음과 같습니다. 현대 정치에서도 종종 드러나는 문제들이지요.

1 **높은 관세**: 영국은 북아메리카에서 챙긴 자신들의 이익을 다른 유럽 강대국으로부터 보호하기 위해 많은 비용을 지출했습니다. 그래서 식민지의 수입품에 무거운 관세를 매겨 부족한 돈을 메우려 했습니다.

2 **자유 무역**: 북아메리카 주민들은 영국의 비싼 관세를 피해 다른 유럽 국가에서 물건을 수입해 돈을 절약하려 했지만 불가능했습니다.

〈1776년 7월 4일, 독립 선언〉(1819) ◆ 영국의 식민지로서 부당한 대우를 감내해야 했던 북아메리카 식민지인들은 결국 두 차례 대륙 회의를 열고 독립을 선언했다.

3 **시민의 자유**: 영국 식민지 관리들은 불법 밀수품을 찾는다며 아메리카 주민들의 재산을 강제로 압류하고 수색했습니다.

4 **부패**: 식민지 관리들은 때때로 불법 밀수품이 아닌 것들을 마음대로 빼앗아갔고, 뇌물까지 받았습니다. 수입품은 제대로 관리되지 않았고 무역 체계는 엉망이었지요.

5 **참정권 박탈**: 급기야 영국 정부는 궁색한 변명을 해가며 식민지 주민을 의회에서 배제했습니다. 식민지인들은 자신들의 여러 문제에 대해 의견을 내거나 투표에 참여하지 못했지요.

이런 이유들로 미국과 영국이 충돌하며 1775년부터 크고 작은 전투가 벌어졌습니다. 전쟁 중이던 1776년 7월 4일, 미국 필라델피아에서 13개 주의 대표가 모여 독립선언서를 발표하고 영국으로부터 독립을 선언합니다. 그로부터 7년 후인 1783년 파리 조약Treaty of Paris이 체결되며 영국과 프랑스가 미국의 독립을 인정합니다. 뒤이어 1789년에 조지 워싱턴George Washington(1732~1799)이 미국 초대 대통령에 취임하지요.

미국의 권리장전

1787년, 미국 헌법이 작성되었고 이듬해 비준되었습니다. 그런데 여기에 만족하지 못한 몇몇 사람들은 상당히 합리적인 질문을 던집니다. "왜 권리장전을 함께 작성하지 않았지?" 미국이 독립하고자 대항했던 영국 정부조차 1689년에 권리장전을 제정했는데 말이지요.

당시 프랑스 공사로 파리에 머물던 토머스 제퍼슨은 헌법에 기본 권리가 명시되어야 한다고 계속 제임스 매디슨에게 편지를 보냈습니다. 결국 1789년 6월 8일, 제임스 매디슨이 시민의 자유를 보호하는 내용의 권리장전 초안을 작성했고, 이후 수정을 거쳐 2년 후인 1791년 발효되었지요.

권리장전은 역사 속에서 대체적으로 상징적인 역할만 수행했습니다. 그러다 1925년, 뉴욕의 한 언론인이 좌파 성명서를 발행했다는 이유로 체포된 '기틀로 대 뉴욕주 사건Gitlow v. New York'에서 미국 대법원이 권리장전은 연방법과 각 주의 법 모두에 해당된다고 판결을 내리면서 효력을 발휘했습니다.

권리장전(1791)

항목	조문
제1조	종교, 표현, 집회, 언론의 자유
제2조	규율이 잘 잡힌 민병대원이 무기를 소지할 권리
제3조	허락 없이 민가에 머물려는 군인을 거부할 권리
제4조	사생활을 침해당하지 않을 권리
제5조	법적 구속력이 있는 배심원 재판을 받을 권리, 재산권을 지킬 권리, 침묵을 지킬 권리
제6조	공정한 재판을 받을 권리
제7조	대부분의 민사 사건 법정에서 배심원 재판을 받을 권리
제8조	잔인하고, 비상식적이고, 지나친 처벌을 받지 않을 권리
제9조	국민들은 명시되지 않은 모든 권리도 가지고 있다.
제10조	연방 정부는 구체적으로 명시되지 않은 어떤 권한도 가지지 않는다.

2명의 앤드루 대통령

유럽인이 아메리카 대륙을 개척했다고 하면 사람 없는 황폐한 대륙에 도착해 직접 땅을 일구고 자리잡았다는 것처럼 들립니다. 하지만 실제로는 전혀 그렇지 않았습니다. 식민지 개척자들은 많은 원주민들이 살고 있던 대륙을 무자비하게 정복했고, 이익을 극대화하려고 다른 대륙에서 노예들을 데려오기까지 했지요.

북아메리카의 경제 성장을 직접 뒷받침한 것은 바로 노예제였습니다. 유럽에서 온 식민지 개척자와 그 후손들이 북아메리카 원주민과 아프리카계 미국인들을 어떻게 대우했는지는 미국 역사에서 가장 중요하고 정치적으로 올바른 질문입니다. 역사학자들도 점차 그 사실을 인정하고 있습니다.

미국의 7대, 17대 대통령은 노예제에 많은 영향을 끼쳤습니다. 하지만 결코 긍정적인 방향은 아니었지요.

7대 대통령, 앤드루 잭슨

앤드루 잭슨Andrew Jackson(1767~1845)은 1812년 미국-영국 전쟁 War of 1812의 뉴올리언스 전투Battle of New Orleans에서 수적 열세에 있던 미군을 승리로 이끈 장군이자 전쟁 영웅이었습니다. 1817년에는 조지아주에서 세미놀족과 크리크족을 무자비하게 정복하고

〈**뉴올리언스 전투**〉**(1815)** ✦ 1800년대 초 미국과 영국의 관계는 좋지 못했다. 영국 해군이 전함 레오퍼드호의 탈영병을 찾기 위해 미국의 체사피크호를 추적하고 습격했던 체사피크 레오퍼드 사건이 있었고, 영국 군인이 부족해지자 미국 시민까지 징집하고자 했기 때문이다. 결국 1812년 두 나라 사이에 전쟁이 발발했다. 그 후 1814년에 휴전을 약속하는 헨트 조약Treaty of Ghent이 체결되었으나 얄궂게도 이 소식이 미국 남부에서 교전 중인 미국과 영국의 군대에 전달되지 않아 뉴올리언스 전투가 벌어졌다.

땅을 빼앗았지요. 이후 1829년, 그는 세력을 키우고 선거에 출마해 미국의 7대 대통령으로 취임합니다.

대통령이 된 그는 원주민 탄압에 더욱 박차를 가했고, 그 일환으로 1830년에 인디언 추방법Indian Removal Act을 제정했습니다. 이 일로 북아메리카 인디언들은 미국 남동부에서 서부로 강제 이주를 당했습니다. 4만 명 넘는 인디언이 '눈물의 길Trail of Tears'을 갔고, 그 과정에서 수천 명이 사망했습니다.

앤드루 잭슨 대통령은 공공연한 노예제 지지자였습니다. 대통령이 되었을 당시 그는 테네시주에서 노예를 가장 많이 소유한 사람이었을뿐더러 임기 내내 노예제를 옹호했지요. 1835년에는 남부에서 노예제에 반대하는 글을 우편으로 배포하지 못하도록 금지하고 지역 우체국장에게 검열 권한을 주기도 했습니다. 그로 인해 미국 민주당은 남북 전쟁이 끝날 때까지 노예제를 지지했습니다.

17대 대통령, 앤드루 존슨

에이브러햄 링컨Abraham Lincoln(1809~1865) 곁에서 일했던 부통령이라면 노예제 폐지와 아프리카계 미국인의 권리를 지지했을 것이라고 생각하기 쉽지만, 그렇지 않았습니다. 남부의 강경 민주당원이었던 앤드루 존슨Andrew Johnson(1808~1875)은 노예제를 지지했지만 링컨의 러닝메이트가 되었습니다. 노예제에는 찬성하지만 남부 연합에는 반대하는 사람들의 지지를 얻는 데 도움이 되었기 때문이지요.

1865년, 남북 전쟁을 승리로 이끌고 노예를 해방시킨 링컨이 암살당하자 앤드루 존슨이 취임합니다. 17대 대통령이 된 그는 노예 출신들의 시민권을 빼앗고자 할 수 있는 일은 모두 했습니다. 먼저, 그는 노예 출신에게 시민권이 있다는 내용을 담은 수정 헌법 제14조의 통과와 비준을 막으려 했습니다. 또한 흑인의 권리를 제한하는 미국의 주법인 짐크로 법Jim Crow Law을 지지하고, 남북 전쟁의 여파로 등장한 폭력적인 백인 우월주의 단체를 옹호하기까지 했지요.

앤드루 존슨은 흑인뿐만 아니라 인디언까지 차별한 철저한 백인 우월주의자였습니다. 대륙을 횡단하는 퍼시픽 철도를 건설한다며 인디언들을 강제로 이주시켰고, 거부하면 군대를 보내 내쫓았지요. 초창기 미국의 많은 지도자들처럼 앤드루 존슨도 편견에 치우친 가치관을 지니고 있었습니다. 심지어 그가 미주리 주지사에게 보낸 편지에는 "이 나라는 백인들을 위한 나라입니다. 맹세코, 나의 재임 기간 동안에는 백인의 나라일 것입니다"라고 쓰여 있었지요.

지독한 인종 차별주의자였기에 존슨 대통령은 인기가 없었고, 임기 중 탄핵될 위기에도 놓였습니다. 현직 대통령임에도 경선에서 패해 일찌감치 재선에도 실패합니다. 그러나 그의 영향은 앤드루 잭슨 대통령과 함께 오랜 시간 민주당에 남아 있었습니다. 1868년 대통령 선거에서 존슨 대신 민주당 후보로 나선 호레이쇼 시모어Horatio Seymour(1810~1886)는 "이 나라는 백인의 나라입니다. 그러니 백인이 다스려야 합니다"라는 구호를 외치며 선거 운동을 했지요. 미국 백인들의 유색 인종 차별은 그 후로도 오랜 기간 계속되었습니다.

나폴레옹 황제

법전을 남긴 지배자

> "모든 계산은 끝났다. 나머지는 운명에 맡긴다."
>
> —나폴레옹 보나파르트(1769~1821, 프랑스의 황제)

위대한 인물의 기준은 시대에 따라 다릅니다. 옛 역사가들은 영토를 확장하는 군사적 통솔력에 높은 점수를 주었지요. 그에 따르면 역사적으로 위대한 인물은 세 명 정도로 추려집니다. 마케도니아의 알렉산더 대왕, 로마의 율리우스 카이사르 그리고 공포에 떨던 영국군이 '악마의 총애를 받는 남자'라고 불렀다는 프랑스의 나폴레옹 보나파르트Napoleon Bonaparte입니다.

그러나 역사를 보는 관점은 바뀌고 있습니다. 이제 전쟁을 통해 위대해지는 시기는 지났지요. 그렇다면 넓은 지역을 정복했던 일을 제외하고도 위의 세 인물에게 괄목할 만한 뛰어난 업적이 있을까요?

앞의 두 사람은 몰라도, 나폴레옹의 경우 확실히 그렇습니다. 그는 다른 지배자들과 달리 세계를 정복한 후 이루고 싶은 일관된 목표가 있었고 그것을 성취했습니다.

나폴레옹 법전

나폴레옹은 율리우스 카이사르와 거의 같은 방식으로 권력을 잡았습니다. 장군으로 성공을 거둔 뒤 인기를 이용해 정부를 전복했지요. 1804년, 군사 지도자로 크게 성공한 나폴레옹은 스스로 프랑스의 황제 자리에 즉위합니다. 이후 8년간 그는 서유럽 대부분을 정복해 프랑스의 영토를 확장하고 불균형했던 세계 무역 관계와 경제 자원들을 통제했습니다. 1806년에는 대륙 봉쇄령을 내려 전 유럽 대륙과 영국의 무역을 금하기도 했지요.

오늘날까지 남아 있는 나폴레옹의 유산 중 하나는 바로 법전입니다. 나폴레옹에게는 고대 로마 이후 처음으로 보편적인 서양 법전을 만들겠다는 야심이 있었습니다. 나폴레옹의 감독 아래,

〈나폴레옹의 대관식〉(1807) ◆ 나폴레옹은 프랑스 영토를 확장하고 국력을 키웠다. 어떤 학자들은 나폴레옹이 국민을 교육시켜 봉건 국가에서 벗어나게 하고 국민 국가의 씨를 뿌렸다고 보기도 한다.

최고 행정 법원의 논의를 거쳐 프랑스 변호사들이 편찬에 임했고 1804년 3월 새로운 민법전이 탄생했습니다. 혁명 이전에는 프랑스에 단일한 사법 체계가 없었습니다. 북부에서는 관습법이, 남부에서는 로마법이 우세했지요. 새로운 민법전은 프랑스가 명확한 법률에 의해 통치되고 있음을 의미하는 것이었습니다. 그렇게 만들어진 나폴레옹 법전은 중동과 폴란드, 미국 루이지애나주까지 전 세계 수많은 법전에 영향을 미쳤습니다. 함무라비 법전, 유스티니아누스 법전과 함께 세계 3대 법전으로 꼽히며, 사람·재산·재산 취득·민사 소송 네 범주로 분류한 것은 근대 법전의 기초가 되었습니다.

러시아 원정에 실패하다

1812년 러시아 침략을 기점으로 나폴레옹의 삶은 내리막을 걷습니다. 1810년 러시아가 대륙 봉쇄령을 어기고 영국과 무역을 재개하자 나폴레옹은 군대를 이끌고 모스크바로 진격했습니다. 러시아군은 곡식을 불태우고 수많은 집을 모두 무너뜨리며 퇴각했습니다. 나폴레옹의 군대는 곧 모스크바를 함락했지만 아무런 일도 일어나지 않았지요. 게다가 도시가 이미 불타버려 병사들이 먹을 음식도, 쉴 공간도 없었습니다. 러시아 군대는 전투를 제대로 치를 생각도 없어 보였지요.

그렇게 5주 후, 러시아에 겨울이 몰아닥치자 나폴레옹의 대군은 후퇴합니다. 혹독한 러시아의 겨울을 견딜 준비가 되어 있지

〈워털루 전투〉(19세기) ◆ 엘바 섬에서 탈출한 나폴레옹은 프랑스군을 이끌고 영국, 프로이센 연합군과 전투를 벌였으나 크게 패했다.

않았기에 동상에 걸린 발로 비틀거리며 돌아가야 했지요. 나폴레옹은 허무하게도 전쟁보다 추위로 더 많은 군사를 잃었습니다.

세인트헬레나 섬으로의 유배

러시아 정복에 실패한 후, 유럽 다른 나라들의 공격으로 나폴레옹은 황제 자리에서 쫓겨나 1814년 지중해의 엘바 섬에 유배됩니다. 야심가였던 그는 이듬해 섬을 탈출해 프랑스로 돌아가 군사들을 모으고, 1815년 6월 영국-프로이센 연합군과 워털루 전투Battle of Waterloo를 벌였습니다. 하지만 크게 패배했지요.

결국 나폴레옹은 영국에 투항하고 붙잡혀 남대서양 한가운데의 세인트헬레나 섬에 다시 유배됩니다. 한때 서유럽을 재패했던 영웅이라고 하기에는 너무도 초라한 모습으로, 그는 작은 섬에서 여생을 보내다 1821년 생을 마감합니다.

나폴레옹과 마가린

나폴레옹이 마가린과 관련이 있다는 이야기를 들어본 적 있나요? 사실 나폴레옹 황제가 아니라 그의 조카 나폴레옹 3세Napoleon III(1808~1873)의 이야기입니다.

나폴레옹 3세는 화학자 이폴리트 메주무리에Hippolyte Mège-Mouriès에게 서민과 군대에 보급할 수 있는, 값싸고 보존 기간이 긴 버터 대체품을 개발해달라고 요청했습니다. 오늘날 화폐로 15만 달러가 넘는 돈을 주면서 말이지요.

메주무리에는 소기름에 착색제와 향신료 등을 넣어 버터와 비슷한 것을 만들어냈고 그 빛깔이 진주(그리스어로 마르가론margaron)와 같다며 '마가린'이란 이름을 붙였습니다.

독일 제국

비스마르크에서 바이마르 공화국까지

> "정치인 혼자서는 아무것도 해낼 수 없다.
> 신의 발걸음 소리를 기다리며 귀를 기울여야 한다.
> 그리고 소리가 들려오면, 자리에서 일어나 신의 옷자락을 붙잡아야 한다."
>
> —오토 폰 비스마르크(1815~1898, 독일 제국의 재상)

우리는 독일이 늘 하나의 나라였고, 분단 시절에만 잠시 두 나라로 분리되었다고 생각합니다. 그러나 독일은 중세와 근대 시대에 작은 공국들로 이루어져 있었고, 통일의 역사가 그리 길지 않습니다. 독일은 여러 세기와 극적인 변화를 거쳐 탄생한 나라입니다. 연이은 군사적 충돌과 외교 문제, 정치적 사건들 끝에 마침내 오늘날의 모습이 된 것이지요. 독일의 근대사를 함께 살펴봅시다.

비스마르크와 독일 제국의 성립

1866년, 뛰어난 정치인이자 외교관이었던 오토 폰 비스마르크 Otto von Bismarck는 독일 북부 프로이센의 왕 빌헬름 1세Wilhelm I의 오른팔이 되었습니다. 당시 독일 지역에는 마인강 북쪽의 22개국으로 이루어진 북독일 연방이 있었는데 그중 프로이센은 가장 인구가 많고 영토가 넓었지요.

주변의 덴마크, 오스트리아, 프랑스와 연이어 전쟁을 치르면서 비스마르크의 머릿속에는 앞으로 생길 군사적 위기에 대처하기 위해서 독일을 통일해야 한다는 생각이 자리잡았습니다.

비스마르크는 의회 예산위원회에서 군비 확장의 필요성을 역설

오토 폰 비스마르크 ◆ 비스마르크는 군비 확장 없이는 독일의 통일이 불가능하다는 철혈 연설을 남겼다.

했습니다. "작금의 거대한 문제 앞에 이루어져야 할 결단은 연설과 다수결이 아닌 철과 피로 이루어져야 할 것이다"라는 맺음으로 인해 이 연설은 '철혈鐵血' 연설로 불리게 되었고, 그의 별명이 되었습니다.

결국 그는 1871년에 빌헬름 1세를 황제로 추대하고 독일을 통일합니다. 하지만 황제가 통치한 독일의 역사는 길지 않았습니다. 독일에는 단 세 명의 황제밖에 없었지요. 독일의 세 번째이자 마지막 황제였던 빌헬름 2세Wilhelm II(1859~1941)는 1차 세계대전에서 독일 제국을 이끈 공격적인 지도자로 악명이 높습니다. 그러나 독일이 전쟁에서 패하자 그의 세력은 약해졌고, 결국 1918년 독일 혁명 때 퇴위해 네덜란드로 망명합니다. 그는 82세까지 살며 2차 세계대전이 발발하는 것도 보았지만 종전까지 보지는 못했습니다.

바이마르 공화국과 나치의 등장

1차 세계대전 후 빌헬름 2세가 퇴위하고 들어선 입헌 민주주의 정부 바이마르 공화국Weimar Republic(국민의회가 독일 중부 바이마르에 모여 헌법을 제정해서 지어진 이름)은 초기에는 유망해 보였습니다. 그러나 1차 세계대전의 결과로 맺어진 베르사유 조약으로 인해 영토도 포기하고 막대한 배상금까지 내야 했기에 어려움을 겪었습니다. 중도 좌파였던 민주주의 정부는 좌파 사회주의자와 우파 국수주의자 모두에게 지지를 받지 못했고, 그 틈을 타서 국가사회주의 독일 노동자당NSDAP, Nationalsozialistiche Deutsche Arbeiterpartei, 즉 나치Nazi가 발판을 마련합니다. 나치는 1930년대 말에 사실상 나라 전체를 완전히 장악했지요.

보통 독일 근대사를 돌아볼 때에는 히틀러와 나치의 지배에 초점을 맞추곤 합니다. 그러나 2차 세계대전이 발발하기 전 몇십 년의 독일 역사까지 되짚어보면 배울 점이 굉장히 많습니다.

빌헬름 1세를 황제로 추대하고 독일을 통일했던 비스마르크는 지도자가 어떻게 힘을 얻을 수 있는지 잘 보여줍니다. 반면 빌헬름 2세는 전쟁으로 어떻게 권력을 빼앗길 수 있는지를 보여주

독일의 전투모 피켈하우베 ◆ 피켈하우베Pickelhaube는 1차 세계대전 당시 독일군이 썼던 꼬챙이가 달린 철모다. 독특한 모양이지만 적의 눈에 잘 띄는 점, 높은 생산 단가 등의 문제가 있어 19세기 말에 사라졌다.

지요. 바이마르 공화국의 몰락과 연이어 권력을 잡은 나치는 나라의 전망이 뚜렷하지 않을 때 기존 체제를 약화시키는 것이 얼마나 위험한지를 여실히 보여줍니다.

오스만 제국

튀르키예 공화국의 어제와 오늘

> "군사들이여, 돌격하라는 명령은 하지 않겠다.
> 다만 죽으라는 명령을 내린다!"
>
> —무스타파 케말 아타튀르크(1881~1938, 튀르키예의 장군)

튀르키예는 비잔틴 제국의 계승자이자 동시에 이슬람 제국의 계승자입니다. 민주주의의 역사가 있지만 독재 국가라는 평을 받고, 이슬람 근본주의자의 역사가 있지만 세속주의 국가입니다. 오늘날에는 독립적인 국가이지만 고대에는 여러 제국의 터전이었지요. 튀르키예는 끔찍한 전쟁과 그로 인한 참사, 패배 그리고 진보적인 개혁 등을 연이어 겪으며 지금의 모습이 되었습니다.

오스만 제국에서 튀르키예 공화국으로

오스만 제국은 1299년에 탄생했습니다. 전성기였던 1683년에는 유럽 영토의 절반 가까이 되는, 500만 제곱킬로미터가 넘는 땅을 지배했습니다. 서쪽으로는 북아프리카의 알제리에서 동쪽으로는 메소포타미아까지, 북쪽으로는 우크라이나에서 남쪽으로는 아라비아 반도의 메카까지 뻗은 거대한 제국이었지요. 서유럽 강대국들에 맞서 강력한 해군을 키웠고, 지중해 해안의 3분의 2를 차지하며 사실상 지중해를 지배했습니다. 오스만 제국은 알안달루스 이후 유일하게 강력한 이슬람 국가였습니다.

19세기 중반이 되자 오스만 제국은 사회적·경제적 문제로 상당히 위축됩니다. 러시아의 황제 니콜라이 1세^{Nicholas I}는 이웃나라가 무너지고 정세가 불안해지는 것을 우려했습니다. 그는 1853년에 오스만 제국에 대해 다음과 같이 말했습니다.

> "오스만 제국이 산산조각 날 것 같다. 그들의 몰락은 큰 불행이 되리라. 그들을 중병에 시달리는 병자 다루듯이 다루어야 한다. 특히, 필요한 준비를 모두 갖추기 전에 오스만 제국이 우리 손아귀에서 빠져나간다면 거대한 불행이 될 것이다."

그러나 오스만 제국은 70년이나 더 버텼습니다. 1908년에는 청년 튀르크당 혁명으로 근대화와 일부 지역의 민주주의를 이루었고, 연이어 발생한 1차 세계대전에도 참전했습니다. 전쟁 중에 아르메니아인을 집단 학살한 어두운 역사도 가지고 있지요.

오스만 제국은 독일과 함께 참패했고, 승전국들은 제국을 분할하려 했지요. 그러자 당시 군사 장교 무스타파 케말 아타튀르크^{Mustafa Kemal Ataturk}는 군대를 지휘해 독립 전쟁을 주도했고, 1923년 튀르키예 공화국을 수립했습니다. 무너져가던 오스만 제국은 튀르키예 공화국으로 재탄생해 이전 이슬람 국가였던 때와 달리 완

무스타파 케말 아타튀르크 ✦
아타튀르크는 외세에 의해 분할될 위기에 처했던 오스만 제국을 지키고 튀르키예 공화국을 세워 건국의 아버지라 불린다.

청년 튀르크당 혁명 기념 엽서 ✦ 근대화를 이루었던 혁명을 기념하는 엽서로, 튀르키예어와 그리스어로 '조국 만세, 민족 만세, 자유 만세'라고 적혀 있다.

전히 세속주의적인 민주주의 국가로 변모했습니다.

오늘날 튀르키예는 유럽의 주요 국가 중 하나고, 중부 유럽과 아시아, 지중해와 중동을 연결하는 위치로 복잡하고 다양한 문화를 자랑합니다. 그러나 점점 독재적으로 변해가는 에르도안 대통령으로 인해 튀르키예 민주주의의 미래는 불확실한 상황이지요.

한 걸음 더

오토만 의자

오스만 사람들은 좌식 생활을 했기에 문화적으로 방석, 카페트, 쿠션형 좌석이 발달했습니다. 쿠션형 좌석에서 양반다리를 하려면 좌석의 깊이는 당연히 깊어야 했지요. 경우에 따라서는 옆으로 누워 두 다리를 뻗을 정도로 좌우로도 넓었습니다. 이런 형태의 좌석을 '디반Divan'이라고 불렀는데, 이는 이슬람 최고 지도자인 술탄을 모시는 신하들의 궁정 회의인 디반에서 유래했습니다.

오스만 제국의 주거 방식은 전쟁을 통해 유럽에도 널리 퍼지게 되었습니다. 때문에 두 다리를 쭉 뻗을 수 있도록 만들어진 등받이가 없는 의자를 오스만 제국 스타일의 의자라는 의미에서 오토만ottoman이라고 부르게 된 것이지요. 우리가 흔히 스툴이라고 부르며 소파 앞에 두는 푹신한 의자를 연상하면 됩니다. 후에 오토만 의자는 내부에 물건을 보관할 수 있도록 좌석에 경첩을 달아 여닫을 수 있는 형태로까지 발전했습니다.

산업 혁명

놀라운 발명품의 등장

"문명은 우리가 생각하지 않고 해낼 수 있는
중요한 일들이 많아질수록 발전한다."
—앨프리드 노스 화이트헤드(1861~1947, 영국의 철학자)

인류의 역사는 크게 세 단계로 나눌 수 있습니다. 이동하며 먹거리를 찾던 수렵 채집 시대, 안정적으로 식량을 구할 수 있게 되어 정착해 살던 농경 시대 그리고 산업 시대이지요. 우리가 현대적이라고 느끼고 발달했다고 생각하는 대부분의 것들은 산업 혁명의 산물입니다.

현대 산업 사회에 사는 우리가 과거로 돌아가면 적응하기가 정말 어려울 것입니다. 과거의 사람이 현재로 와도 마찬가지겠지요. 과거에는 지금과 같은 미래를 상상하지도 못했을 것입니다.

산업 혁명이 가져온 사회 변화

산업 혁명은 18세기 중엽 영국에서 시작된 기술의 혁신과 이로 인한 사회적·경제적 변화를 모두 아우르는 말입니다. 특히 영국의 증기 기관이 기술 발전의 대표적인 사례로 꼽히지요. 수공업에서 벗어나 생산 과정이 공장화되고 기계화되어 생산성도 크게 향상합니다. 물건을 대량 생산할 수 있게 되어 경제력이 커진 국가들은 엄청난 규모로 석탄과 금속 등의 자원을 채굴하고, 인간의 노동력도 착취합니다.

산업 시대에는 예상하지 못한 일들도 많이 일어났습니다. 식민지를 건설하려던 유럽인과 원주민의 기술 격차가 더욱 크게 벌어

〈**철과 석탄**〉(1860) ◆ 산업 혁명 이후 노동력 착취, 인간 소외 등의 사회 문제가 발생했다.

진 것도 그중 하나지요. 활과 창으로 무장한 원주민들은 침략자에 맞서 용맹하게 싸웠지만 대포와 소총으로 무장한 유럽군을 당해낼 수는 없었습니다.

산업 시대의 발명품들

발명품	발명된 해	발명품	발명된 해
증기 기관	1712년	충전식 배터리	1859년
기계식 냉장 기술	1755년	합성 플라스틱	1862년
탄산수	1767년	저온 살균 기술	1864년
증기 자동차	1769년	다이너마이트	1867년
증기선	1783년	스테인리스 스틸	1872년
탈곡기	1786년	금속 탐지기	1874년
백신	1798년	전화	1876년
전기 배터리	1800년	백열전구	1879년
증기 기관차	1804년	자전거	1885년
전신 마취 기술	1804년	내연기관 자동차	1886년
통조림 식품	1810년	볼펜	1888년
전보	1816년	지퍼	1891년
흑백 사진	1827년	라디오	1895년
잔디 깎는 기계	1830년	엑스레이 기계	1895년
증기 굴착기	1839년	진공청소기	1901년
합성 비료	1842년	(엔진이 달린)비행기	1903년
철근 콘크리트	1853년	텔레비전	1909년
컬러 사진	1855년	탱크	1915년

산업 시대에는 놀라운 발명품이 많이 등장했습니다. 그중 몇 가지는 오늘날 우리 삶에도 직접적으로 영향을 주고 있지요. 이를테면 냉장 기술은 1755년에 처음 등장해 지금까지 우리의 삶을 윤택하게 만들어주고 있고, 핸드폰과 진공청소기 등에 사용하는 충전식 배터리는 1859년에 발명되어 지금까지 그 효용이 인정되고 있습니다. 반면 우리가 즐겨 보는 텔레비전은 생각보다 늦은 1909년에 발명된 것도 확인할 수 있습니다.

한 걸음 더

노동조합

노동조합도 산업 혁명으로 인한 변화 중 하나입니다. 산업 혁명을 계기로 이전과 달리 인구 대부분이 농업보다 산업 현장 전반에 걸쳐 노동자로 고용되는 경우가 많아졌습니다. 산업 혁명 초창기에는 생산성 확대를 위해 휴일과 정해진 근로 시간 없이 불규칙하게 노동할 것을 강요당했지요.

오늘날 당연한 권리로 여겨지는 많은 제도(최저 임금, 주5일제와 주40시간 근무, 초과 근무 수당, 휴가와 병가, 육아 휴직 등의 복리후생, 어린이 노동 착취 근절)는 노동조합이 파업으로 저항하며 얻어낸 산물인 것입니다.

여성 운동의 시작

페미니즘과 세계 질서

> "신의 질서에 가까운 사회일수록
> 남성과 여성의 성격, 의무, 취미가 크게 다르지 않다.
> 여성은 덜 친절하고 덜 우아해지며,
> 남성은 더 친절하고 더 우아해질 것이다."
>
> —리디아 마리아 차일드(1802~1880, 미국의 인권 운동가)

역사를 공부하다 보면 여성의 이야기가 남성에 비해 상대적으로 덜 알려져 있다는 생각이 듭니다. 아마 여성의 삶에 대해 처음부터 기록하지 않았거나, 기록을 잃어버렸거나, 일부러 없애버렸기 때문이겠지요. 성차별은 역사상 가장 오래되고 근본적인 차별 중 하나로, 인류사에 돌이킬 수 없을 만큼 큰 영향을 끼쳤습니다.

몇몇 시기에 여성이 쓴 인상적인 기록이 남아 있기도 하지만 극히 예외적인 경우입니다. 누군가의 삶을 다룬 직접적인 문서나 기록은 주로 남성에 대한 것이지요. 때문에 특정 시기, 특정 장소에서 여성이 어떻게 살았는지 알아내기 위해서는 온갖 고고학적 증거를 끌어모아 추측해야 할 때가 더 많습니다.

하지만 열악한 환경 속에서도 역사의 수많은 여성들은 자신의 이야기가 지워지지 않도록 온갖 방식으로 저항하고 끊임없이 목소리를 냈습니다.

여성주의의 등장과 참정권 운동

세계 곳곳이 유럽 열강의 식민지가 되기 전까지 대부분의 사회는 남성과 여성뿐 아니라 다른 성 정체성을 인정하는 등, 성별에 대해 상당히 개방적인 생각을 가지고 있었습니다.

고대 수메르에서는 최초의 여왕인 '쿠바바'가 등장했고, 사랑과 전쟁과 풍요의 여신인 이슈타르 밑에는 수많은 남성 사제가 있었습니다. 기원전 1478년부터 1458년까지 약 20년간 이집트를 통치한 여성 파라오 핫셉수트는 조각상에서 수염 달린 남성의 모습으로 묘사되기도 했습니다.

여왕이 나라를 통치하는 것은 옛 제국들에서는 흔한 일이었으며, 고대의 가장 용맹했던 스키타이족, 파르티아군, 몽골군에서는 여성 궁수들이 남성 못지않게 활약했습니다.

첫 여성주의 사상가, 울스턴크래프트

우리가 여성주의라고 부르는 서양 사상은 지식과 교육을 강조하며 인간 생활의 진보를 꾀하려 한 계몽주의 가치관이 확장되는 과정에서 등장했습니다. 18세기 유럽 철학자들은 인간이 태어나며 갖게 되는 자연권을 강조하면서 전통보다 이성을 중요시했습니다. 그러나 그들은 남성의 권리에만 집중했고, 여성의 권리는 인정하지 않았습니다. 계몽주의 철학자 대부분이 백인 남성이었고, 이성을 자신들에게만 있는 자질로 여겼던 것이지요. 결국 계몽주의의 영향을 받은 여러 국가에서 백인 남성만이 투표권을 갖게 되었습니다.

이 시기에 여성 철학자이자 작가 메리 울스턴크래프트Mary Wollstonecraft(1759~1797)가 등장합니다. 그녀는 프랑스 혁명 당시 영국 정치가 에드먼드 버크 Edmund Burke와 미국 작가 토머스 페인Thomas Paine의 논쟁을 지켜보며 『인간의 권리 옹호A Vindication of the Rights of Men』(1790)라는 책을 집필했습니다. 이 책에서 울스턴크래프트는 개인의 고유한 권리인 자연권을 옹호하는 페인의 주장에 동의하고 힘을 실어주었지요. 그러나 이내 두 사

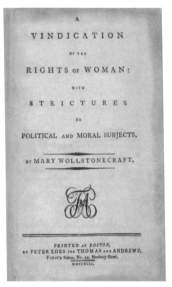

『여성의 권리 옹호』 미국 초판본 표지
♦ 메리 울스턴크래프트는 계몽주의 철학자들의 논쟁에서 여성이 배제되었다는 사실을 깨닫고 이 책을 집필했다.

람의 논쟁에서 여성이 배제되었다는 사실을 깨닫습니다.

이후 그녀는 자신의 사상을 더 발전시켜 『여성의 권리 옹호 A Vindication of the Rights of woman』(1792)를 집필합니다. 이 책은 여성도 남성과 동등하게 교육받아야 하며, 국가에 필수적인 존재라는 내용을 담고 있습니다. 당대 여성의 교육을 거부했던 교육 이론가들에게 대항하여 여성도 남성과 같은 권리를 지닌 인간이라는 것을 강조했지요. 이 책은 오늘날까지도 여성주의 철학에서 아주 중요하게 여겨집니다.

여담으로, 그녀의 딸 메리 셸리는 훗날 공상과학 소설 『프랑켄슈타인』을 써 엄마보다 더 유명해졌습니다.

여성에게 투표권을!

비슷한 시기의 여성 운동가로 미국 2대 대통령이자 건국의 아버지 중 한 명인 존 애덤스의 부인 애비게일 애덤스Abigail Adams (1744~1818)가 있습니다. 그녀는 존 애덤스가 대륙 회의 기간 동안 필라델피아에 머물 때 '여성들을 기억하라'는 내용의 편지를 써 보냈습니다. 그 편지에는 '우리는 발언권이나 대표권이 없는 어떠한 법에도 얽매이지 않을 것이다'라고 적혀 있었지요. 하지만 존 애덤스는 아내의 말을 무시하는 답장을 보냈습니다. 이후 150여 년 동안 미국과 유럽의 정치인 대부분이 그런 식으로 생각하고 행동했습니다.

미국과 유럽에서 여성 참정권 운동은 계속되었고 마침내 1848년, 미국 뉴욕에서 수백 명의 활동가가 모인 세네카 폴스 대회Seneca Falls Convention가 열렸습니다. 대회는 사회운동가 엘리자베스 스탠턴Elizabeth Stanton(1815~1902)이 주축이 되어 '감성선언서 Declaration of Sentiments'를 채택하며 끝났는데 이는 여성에 대한 남성의 지배권을 거부하는 내용을 담았으며 명확하게 미국의 독립선언문을 참조하고 있습니다. 대회는 약 70년간 이어져온 여성 참정권 운동에 힘을 불어넣었습니다. 19세기 말에 시작된 이 움직임을 '제1물결 페미니즘'이라고 합니다.

그 후 미국은 1920년 수정 헌법 제19조에서 여성에게 투표권을 부여합니다. 그로부터 8년 후 영국도 국민투표법으로 여성의 투표권을 인정하지요. 하지만 이는 모두 백인 여성에만 해당하는 이야기였습니다. 유색 인종 여성의 투표권은 여전히 제한되어 있었습니다.

성별의 구분

최근 미디어에서는 트랜스젠더의 권리에 대해 종종 다룹니다. 그래서 과거에는 트랜스젠더가 없었을 것이라 착각하기 쉽지만 사실 그렇지 않습니다. 남성과 여성으로 구분하기 시작했던 때부터 성별 구분이 어려운 사람, 성별을 바꾼 사람이 있었습니다.

그저 추측만이 아니라, 문헌으로 남아 있는 사실입니다. 수메르의 문헌에는 여자로 태어났지만 성장하면서 남성이 되어 이슈타르 여신을 위해 창을 휘두른 사제들 그리고 남자로 태어났지만 성장하면서 여성이 되어 종교 의식에서 춤을 춘 무용수들이 등장합니다. 이집트의 파라오 핫셉수트를 여성으로 묘사한 그림도 있고, 수염을 기르고 상의를 입지 않은 남성과 같은 모습으로 묘사한 그림도 있지요.

한편 고대 인도의 문헌에는 남성도 아니고 여성도 아닌 나품사napumsa 혹은 트리티야-프라크리티tritiya-prakriti가 등장합니다. 또한 고대 유대인의 문헌에서는 남성인지 여성인지 성 정체성을 명확하게 설명할 수 없는 사람인 툼툼Tumtum에 대해 이야기하지요. 남아메리카 잉카족은 쿼리워미Quariwarmi라는 중성적인 사제들의 조언을 들었고, 북아메리카 오지브와족에는 이퀘카조ikwekaazo(여성으로 사는 남성)와 이니니카조ininiikaazo(남성으로 사는 여성)가 있었습니다.

성 정체성과 상관없이 오늘날을 살아가는 모든 사람은 어떤 방식으로든 성별의 역사에 영향을 주고 있습니다. 성별에 대한 어휘가 확장될수록 옛 성 정체성과 옛 사고방식의 흔적을 발견하고, 아직은 제대로 상상할 수 없는 미래에 대한 막연한 그림도 발견하게 될 것입니다.

제국주의 시대

세상의 마지막 제국들

> "우리는 패배할 가능성에 관심이 없다.
> 그런 가능성은 존재하지도 않는다."
>
> —빅토리아 여왕(1819~1901)

역사 속에서 과대평가된 신화 중 하나는 바로 크리스토퍼 콜럼버스의 신대륙 발견일 것입니다. 콜럼버스 자신이 인정했듯, 그는 자신과 유럽의 이익을 위해 아메리카를 발견했지 결코 대단한 사명감 때문이 아니었습니다. 유럽이 농장, 광산, 사냥터로 활용했던 나머지 세계 대부분을 '발견'했던 것과 크게 다르지 않았지요.

20세기 들어 유럽 제국주의 국가들은 어마어마한 힘을 휘두르며 전 세계를 지배했습니다. 식민지를 착취해 경제적 부를 얻었지요. 그들에게 착취당한 국가 중 다수는 아직까지 정치적으로도, 경제적으로도 완전히 회복하지 못하고 있습니다. 식민 지배를 당하지 않았다면 결코 그렇게 전략적으로 불리한 위치에 놓이지 않았을 테지요. 제국주의는 세계 곳곳에 깊은 상흔을 남겼고, 그 상처들은 아직 다 치유되지 않았습니다. 우리가 사는 동안 모두 해결하지 못할 만큼 큰 갈등이 남아 있지요.

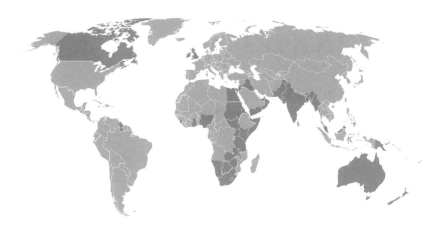

1921년 대영 제국 영토 ◆ 전성기의 대영 제국은 전 세계 인구의 4분의 1, 지구 육지 면적의 4분의 1 정도를 지배하는 대국이었다. 세계대전을 거치며 대부분의 지역이 독립해 이제는 영국 본토와 북아일랜드, 잔류 해외 영토 정도만이 남아 있다.

제국주의 시대의 주요 열강

19세기에서 20세기로 넘어갈 때쯤, 대영 제국은 인류 역사상 가장 강력한 제국이었습니다. 빅토리아 여왕 통치기에는 전 세계의 4분의 1가량을 지배했지요. 지구의 거의 모든 시간대에 영국 영토가 있어서, 어느 곳에서 해가 질 때 다른 곳에서는 해가 떴습니다. 그래서 당대 사람들은 영국을 '태양이 지지 않는 나라'라고 불렀습니다. 대영 제국은 로마 제국보다 크고, 알렉산더 대왕 때 그리스보다 크고, 이후 20세기에 등장한 어떤 제국보다 훨씬 크고 어마어마한 제국이었습니다. 오늘날의 유럽 연합이 공식적으로 하나의 나라를 선포한다 해도 전성기 대영 제국의 3분의 1밖에 되지 않을 것입니다.

물론 다른 나라도 있었습니다. 차르(황제)가 다스리던 러시아는 세계 영토의 15퍼센트 정도를 차지하고 있었지요. 이때 이미 소비에트 연방과 거의 같은 면적이었습니다. 중국은 아시아에 무게 중심을 잡고 건재하게 있었지요. 그 밖에 프랑스와 오스만 제국, 포르투갈, 스페인 등 여러 열강이 대항해 시대보다는 약하지만 여전히 상당한 힘과 영향력을 행사하고 있었습니다. 떠오르는 국가 일본과 미국은 제국주의적 야심을 키우고 있었지요.

> 한 걸음 더
>
> ## 에티오피아의 끊임없는 저항
>
> 19세기 말부터 20세기 초까지 아프리카 대부분 지역이 유럽 제국주의 열강에 휩쓸려 식민지가 되었습니다. 1960년이 되어서야 많은 나라가 독립을 이루었지요. 하지만 에티오피아는 강력한 지도자를 중심으로 끊임없이 저항했습니다.
>
> 1895년, 이탈리아가 에티오피아를 식민 지배하기 위해 침공하자 에티오피아의 지도자 메넬리크 2세Menelik II(1844~1913)는 여러 부족을 모으고 현대식 무기로 무장해 강력한 연합군을 결성하고 아드와 전투Battle of Adwa에서 승리합니다. 프랑스, 영국과 조약을 맺어 이탈리아를 몰아내는 등 유럽 열강들 사이 관계를 교묘하게 이용하기도 했지요.
>
> 그가 서거한 후 1935년, 2차 세계대전 동안 이탈리아 파시스트 군대가 다시 에티오피아를 침공해 점령했지만 얼마 후인 1941년, 영국이 이탈리아를 공격하며 에티오피아는 독립을 되찾습니다. 에티오피아는 단 6년간 이탈리아의 지배하에 있었을 뿐 독립적인 지위를 유지했습니다.

4

끊임없이 갈등하고 다시 화합하다

| 현대 |

1차 세계대전

사라예보의 총성으로 시작되다

"유럽 전역의 등불이 꺼지고 있다.
우리 생전에 그것이 다시 밝혀지는 모습을 보지는 못할 것이다."

—에드워드 그레이(1862~1933, 영국의 정치가)

'1차 세계대전은 막을 수 있는 전쟁이었다'라고 말하는 것은 별 의미가 없습니다. 분명히 막을 수 있는 전쟁이었지만, 당시 세계가 얼마나 복잡한 갈등을 겪고 있었는지 살펴보면 예상 밖의 문제로 전쟁이 시작되었다는 것이 터무니없게 느껴질 정도입니다.

1차 세계대전은 복합적인 원인이 뒤섞여 발생했습니다. 시작은 사라예보에 들른 오스트리아-헝가리 제국 황태자가 한 청년에게 암살당하면서부터입니다. 오스트리아-헝가리 제국은 이를 구실 삼아 세르비아를 침공합니다. 이때 세르비아를 지지하던 러시아가 오스트리아-헝가리 제국에 선전 포고를 하고, 오스트리아-헝가리 제국을 지지하던 독일이 러시아에 선전 포고를 함으로써 전쟁이 시작되지요. 이 전쟁으로 4년 만에 1,600만 명 넘는 사람들이 목숨을 잃었습니다. 그 청년은 자신의 행동이 세상에 얼마나 큰 영향을 끼칠지 전혀 예상하지 못했겠지요.

황태자 부부 암살 사건

1914년 6월 말, 오스트리아-헝가리 제국의 황태자 프란츠 페르디난트Franz Ferdinand가 사라예보를 방문했을 때 유럽에는 이미 전운이 감돌고 있었습니다. 오스트리아-헝가리 제국은 얼마 전까지 오스만 제국의 영토였던 사라예보를 차지했고, 자신의 조국에 이 지역을 포함시키고 싶었던 세르비아 국수주의자들은 화가 나 있었지요. 황태자 부부의 시찰은 군대의 사열을 보고 지역의 민족 감정을 진정시키기 위해서였지만, 오히려 예상치 못한 큰 사건이 터졌습니다. 세르비아계 민족주의자 청년 가브릴로 프린치프Gavrilo Princip(1894~1918)가 황태자 부부를 저격해 암살한 것입니다. 이 사건으로 오스트리아-헝가리 제국은 독일과 비밀 군사 동맹을 맺고 전쟁 계획을 세우기 시작합니다.

그리고 7월 23일, 오스트리아-헝가리 제국은 세르비아에 편지를 보내 터무니없는 요구를 늘어놓습니다. 그중에는 자국 경찰이 세르비아 왕국 전역에서 수사하며 용의자를 마음대로 체포할 권리를 달라는 내용도 있었지요. 이는 세르비아의 주권을 명백히 침해하는 내용이었습니다. 닷새 후, 세르비아는 회유하는 답장을 보내 상호 수용 가능한 추가 협상을 한다면 받아들이겠다고 제안했습니다. 그러나 오스트리아-헝가리 제국은 곧장 전쟁을 선포했지요. 두 나라의 갈등은 결국 동맹국(오스트리아-헝가리 제국, 독일 제국, 오스만 제국, 불가리아 왕국)과 연합국(세르비아 왕국, 러시아 제국, 프랑스, 이탈리아, 영국, 루마니아, 일본, 미국)이 맞붙은 1차 세계 대전으로 확대되었습니다.

사라예보 사건 당시 신문 삽화 ✦ 1914년, 한 청년의 총격이 전 유럽에 전쟁의 그림자를 드리웠다.

참호전과 민간인 공격

1차 세계대전에서 양측의 군대는 거의 전진을 하지 못한 채 깊숙이 참호를 파고 들어가 대치하는 상태를 유지했습니다. 이전

방독면을 쓰고 가스에 노출된 병사를 옮기는 장면 ✦ 1차 세계대전은 주로 참호전의 양상을 띠었다. 또한 끔찍한 생화학 무기가 사용되어 수많은 피해자를 낳았다.

에 전쟁터를 누비던 창기병과 경기병은 사라졌으며, 전쟁의 주역은 보병이 되었습니다. 자연스레 전쟁은 장기전 양상으로 흘러갔습니다. 군인들은 화학 무기를 사용하고 공중전을 벌이며 서로를 포위했지요. 또한 산업 혁명으로 개발된 기관총, 대포, 전차 같은 무기들이 전쟁터에 등장하며 수많은 젊은이가 목숨을 잃고, 불구가 되어 고통받았습니다.

잔혹 행위도 많이 일어났습니다. 전쟁과는 아무런 연관 없는 민간인이 공격당하는 사건도 있었지요. 바로 1915년, 당시 세계 최대 규모였던 영국의 여객선 루시타니아호가 독일 해군에 격침당한 것입니다. 1,000명 넘는 민간인 승객과 승무원이 목숨을 잃은 충격적인 사건이었지요. 이 배에는 100명 이상의 미국인들도 타고 있었습니다. 이 사건으로 인해 미국은 중립 노선에서 참전 쪽으로 기류가 기울어 결국 1917년에 참전을 선언합니다.

겨자 가스

1차 세계대전에서는 끔찍한 화학 무기가 사용되어 100만 명 이상의 사상자를 남겼습니다. 가장 치명적인 것은 겨자 가스였지요. 황갈색에 톡 쏘는 듯한 고추냉이 냄새가 났던 겨자 가스는 병사들의 눈, 피부, 폐 조직을 태우고 고름과 물집을 남겼습니다. 이 가스에 노출된 병사들은 비참하게 죽어갔고, 살아남는다고 해도 평범한 삶을 유지하기 힘들 정도로 끔찍한 후유증에 시달렸습니다.

1차 세계대전의 종전과 그 결과

1차 세계대전은 영토를 넓히려는 독일의 공격적인 야욕 그리고 오스만 제국의 멸망으로 기억되기도 합니다. 또한 앞으로 이어질 모든 대규모 전쟁의 특징이 되는 광범위한 동맹을 보여준 전쟁이 기도 합니다. 세르비아를 지키기 위해 가장 먼저 전쟁에 합류한 나라는 러시아, 프랑스, 이탈리아, 영국, 루마니아와 같은 유럽 국가들이었습니다. 얼마 지나지 않아 일본과 미국이 연합국을 지원 하면서 전쟁의 공포는 전 세계로 확대되었고, 말 그대로 세계대 전이 되었지요. 1차 세계대전은 유럽 대륙에서 벌어졌지만 지구

베르사유 회의장 ◆ 1차 세계대전의 결과로 맺어진 베르사유 조약은 독일의 군사력을 제한하고 막대한 배상금을 요구했다.

전체에 영향을 끼쳤습니다.

1918년, 연합국이 동맹국을 물리치고 드디어 4년 동안 이어져 온 전쟁이 끝났습니다. 이듬해인 1919년 6월 28일 베르사유 조약Treaty of Versailles이 체결되었지요. 이 조약으로 독일은 해외 식민지를 잃고, 알자스 로렌을 프랑스에 반환했으며, 유럽 영토를 삭감당했습니다. 또한 전쟁 도발의 책임을 물어 연합국 손해에 대한 배상금이 부과되었고, 심지어 다시 전쟁을 일으키지 못하게 군사력도 제한되었지요. 독일을 재기 불능으로 만들어 다시는 전쟁을 일으키지 못하게 만든다는 명분이 있었지만, 실상은 독일인들의 엄청난 분노와 증오를 촉발시켜 반세기가 채 지나지 않아 2차 세계대전이 발발하는 계기가 됩니다.

소비에트 연방 탄생

공산주의를 표방한 국가

> "유리는 망치로 두드리면 깨지지만,
> 강철은 더 단단해진다."
>
> —레온 트로츠키(1879~1940, 러시아의 혁명가)

러시아 혁명은 1917년 2월, 10월 러시아에서 일어난 두 차례의 혁명을 말합니다. 노동자와 농민이 주체가 되어 세상을 바꾸고자 한 혁명입니다. 러시아 혁명에는 마르크스주의 정치 철학 외에도 중요한 목표가 있었습니다. 만약 마르크스주의를 표방하는 것만이 목표였다면 레닌을 지지했던 다수파인 볼셰비키Bolshevik는 더 효과적인 방법을 찾았을 것입니다. 그들은 수천 명이 목숨을 잃은 '피의 일요일' 사건 후 잔인하고 무능한 황제 니콜라이 2세Nicolas II(1868~1918)를 자리에서 끌어내리고 왕정을 끝내려고 했던 것입니다. 그러나 젊은 혁명가들은 완전히 새로운 정부를 세우는 게 쉽지 않다는 사실을 금방 깨닫습니다. 이전의 방법을 하나도 활용하지 않으려고 할 때 특히 더 어렵지요.

인류 역사상 가장 넓은 국가였던 소비에트 연방(소련)은 러시아 제국이 붕괴된 후 건국된 인류 역사상 최초의 공산주의 국가입니다. 소련의 역사는 잔인한 탄압과 숙청 그리고 이념에 치우친 사건들로 점철되었고, 결국 해체되어 러시아와 주변국으로 나뉩니다. 그럼에도 아직 채 검증되지 않은 정치 철학 아래에서 소련은 어느 나라보다 많은 사상자를 감내하며 나치 독일을 막아냈고, 힘과 영향력이 최고조에 달했던 미국과 대적하며 40년의 냉전을 버텨내기도 했습니다. 이런 모든 일들을 해냈다는 사실과 어떤 형태로든 70년을 버텨냈다는 점은 소련의 지도자들이 얼마나 절실히 새로운 이념의 실현을 원했는지 보여주는 증거입니다.

소련의 다섯 지도자들

소련의 역사는 다른 모든 나라와 마찬가지로 결국 인물의 역사입니다. 소련의 운명을 결정했던 다섯 인물에 대해 알아봅시다.

- **블라디미르 레닌**Vladimir Lenin(1870~1924): 사망한 지 한 세기가 지났지만, 그의 시신은 이집트의 미라처럼 완벽하게 보존되어 사람들에게 공개되고 있습니다. 소련의 여러 지도자 중 레닌의 시신만 이렇게 보존되었지요(스탈린의 시신도 8년간 레닌 옆에 전시되었지만 이후 매장합니다). 레닌은 소련 건국 초기의 중요한 정신적·정치적 지도자였습니다. 소련을 건국한 인물로 여겨지지요.
- **알렉산드르 보그다노프**Aleksander Bogdanov(1873~1928): 레닌의 가까운 친구였던 보그다노프는 뛰어난 철학자이자 의학자, 공

모스크바 붉은 광장의 레닌 묘소 ◆ 이 안에 방부 처리된 레닌의 시신이 전시되어 있다. 소련의 영향으로 몇몇 공산주의 국가는 지도자가 사망하면 시신을 보존해 안치한다.

상 과학 작가였습니다. 그는 소련이 이념을 구축하는 데 중요한 역할을 했습니다. 그러나 과도한 자유사상으로 1922년에 사실상 모든 자리에서 물러났고, 오늘날에는 수혈을 통해 젊음을 유지하고 삶을 연장할 수 있다고 주장했던 괴짜 과학자로 기억되고 있습니다.

- 레온 트로츠키^{Leon Trotsky}(1879~1940): 트로츠키 역시 소련 건국의 중심 인물입니다. 그는 노동자와 농민으로 이루어진 '붉은 군대^{Red Army}'의 창설자였고, 건국 초기에 지도부에서 높은 자리를 맡았습니다. 이후 스탈린이 권력을 잡은 후 쫓겨났고, 그의 독재 정치를 비판하다가 암살당합니다.

- 이오시프 스탈린^{Iosif Stalin}(1879~1953): 스탈린은 소련사에서 레닌 다음으로 중요한 인물로, 30년 동안 소련을 통치한 장본인입니다. 스탈린에 대해서는 '소련의 스탈린주의'에서 더 자

세히 살펴보겠습니다.

- **니키타 흐루쇼프**Nikita Khrushchev(1894~1971): 1953년부터 1964년 사이 소련의 최고 권력자로, 거친 외모와 말투, 정치적 행보로 인해 조국에서 종종 폄하되는 인물입니다. 흐루쇼프는 스탈린의 개인숭배와 공포 정치를 비판했고, 그가 사망한 후 서기장을 맡아 소련을 인도주의적으로 개혁하려고 했습니다. 하지만 공산주의 강경파들은 10년도 채 되지 않아 그를 축출했습니다.

한 걸음 더

카를 마르크스

독일 사상가 카를 마르크스Karl Marx(1818~1883)가 소련의 건국 이념을 만들었다고 착각하기 쉽지만, 그는 소련이 탄생하기 반세기쯤 전인 1883년에 사망했습니다. 그는 늘 착취당하는 노동자 계급의 권리에 관심이 많았고, 미국 노예제에 반대하는 글도 폭넓게 썼습니다.

마르크스의 사회경제 정치이론을 집합적으로 '마르크스주의'라고 하는데, 인간 사회가 계급투쟁을 통해 진보한다는 관점을 갖고 있습니다. 자본주의 사회에서 계급투쟁은 지배계급인 부르주아와 피지배계급인 프롤레타리아 사이의 투쟁으로 나타납니다. 부르주아와 프롤레타리아를 가르는 기준은 생산 수단을 통제하는지 여부이지요.

마르크스는 과거의 사회경제 체제들이 그러했듯 자본주의 체제 역시 내재된 결함에 의해 내부적 긴장이 발생할 것이며, 그 긴장에 의해 자멸하고 사회주의라는 새로운 체제로 대체될 것이라고 예측했습니다. 의식화된 노동자들이 정치 권력을 쟁취하고 마침내 계급이 아예 존재하지 않는, 자유로운 생산자들의 연합체로 구성된 공산주의 사회를 이룩할 것이라는 것이 마르크스주의의 골자입니다.

중국의 근대화

중화민국과 중화인민공화국

> "중국 사람들에겐 국민정신이 전혀 없다.
> 하나의 중국에 4억 명이 모여 있지만 사실 성긴 모래판이다.
> 민족주의를 드높이고 힘을 모아 강대한 국가를 만들지 않는다면,
> 우리는 나라를 잃고 멸망할 것이다."
>
> —쑨원(1866~1925, 중국의 혁명가)

2차 세계대전 이후 미국과 소련을 필두로 양측 동맹국 간의 갈등이 이어진 시기를 '냉전 시대'라고 합니다. 냉전 시대가 끝난 후 미국과 소련에 이어 초강대국 역할을 이어받은 나라가 있다면 단연 중국입니다.

전 세계에서 인구가 가장 많은 중국은 떠오르는 산업 국가로, 오늘날 국제 관계에서 중요한 위치에 있습니다. 2050년에는 중국이 미국을 밀어내고 세계 최대 경제 대국이 될 것이라는 관측도 있지요. 오랜 시간 가난하고 이념 갈등에 시달려 불안정한 나라였다는 점을 감안하면 놀라운 성과입니다.

20세기 동안 중국만큼 많은 변화를 겪은 나라도, 21세기가 나아갈 방향에 중국만큼 큰 영향을 끼칠 나라도 없어 보입니다. 중국은 어떤 역사를 거쳐 오늘날에 이르게 되었을까요? 중국의 근대사와 국가 발전 과정을 살펴봅시다.

두 차례의 혁명

20세기에 중국을 근본적으로 바꾼 두 가지 중요한 사건이 발생합니다. 첫 번째는 1912년 중화민국의 탄생이고, 두 번째는 1949년 중화인민공화국의 탄생이지요.

청나라에서 중화민국으로

20세기 전까지 중국은 청나라였습니다. 황제의 통치 아래 분열과 통일을 반복하고 있었지요. 그러던 1911년, 조국의 개혁을 꿈꿨던 쑨원과 그가 이끄는 민주주의 운동가들이 신해혁명辛亥革命을 일으킵니다.

이듬해에는 청나라를 무너뜨리고 중화민국을 세웠습니다. 중국에서 전제 군주제가 끝나는 순간이었습니다. 중화민국의 지도자들은 당시 제국주의적 야욕을 드러냈던 일본이라는 외부의 적을 물리치기 위해 중국인들이 굳게 단결해야 한다고 주장했습니다.

중화민국에서 중화인민공화국으로

2차 세계대전 중, 중국 공산주의자들과 민족주의 정부가 군사적으로 협력합니다. 전쟁이 끝난 1946년, 공산주의자들은 경제 개혁을 약속하며 혁명을 일으켰지요. 이때 마오쩌둥(1893~1976)이 본토를 차지하고 중화인민공화국을 설립하며 주석의 자리에 올랐습니다. 이전 중화민국 정부는 대만으로 쫓겨나 오늘날까지 남아 있습니다. 중국과 대만, 두 나라는 뿌리깊은 갈등으로 아직 반목 중이지요.

쑨원 ◆ 그는 '민주, 민권, 민생'이라는 삼민주의를 제창하며 중국의 근대화를 주도했다.

마오쩌둥의 독재

마오쩌둥은 소련의 스탈린처럼 사람들에게 미칠 영향을 고려하지 않은 채 단기간에 이상향을 실현하고자 했습니다. 1958년부터 1962년 사이, 마오쩌둥이 중국 대륙에 산업화를 이루겠다며 주도한 대약진운동大躍進運動은 수천만 명의 목숨을 잃게 했습니다. 또한 그는 어떤 비판이든 받아들이고 학문과 예술, 사상을 꽃 피우겠다고 했지만 1966년에 시작된 문화대혁명文化大革命은 그런 약속과는 거리가 멀었습니다. 오히려 여러 민족이 다양한 문화를 이루며 살아가던 넓은 중국에 하나의 이념만을 강요하는 폭력적인 움직임이었지요. 마오쩌둥은 1976년 사망할 때까지 5,000만 명 넘는 사람을 죽음에 이르게 했습니다. 역사상 최악의 지도자로 손꼽힐 정도이지요.

1964년에는 『작은 빨간 책 *The Little Red Book*』이라고 불리는 마오쩌둥의 어록이 공식 출판되었습니다. 다양한 정치 문제에 대한 그의 생각이 담겨 있지요. 책에서 가장 유명한 구절인 "정치권력은 총구에서 자라난다"만 보아도 그의 철학이 비폭력 운동을 했던 간디와는 거의 정반대였음을 알 수 있습니다.

대약진운동 당시 사용된 토법고로土法高爐 ◆ 전통적 방식(토법)으로 만든 키가 큰 용광화로(고로)라는 뜻으로, '농민이 직접 강철을 생산하자'라는 취지로 만들어져 온갖 쇠붙이를 녹이던 용광로다. 하지만 제철 과정이 엉망이어서 강철 생산은커녕 멀쩡한 농기구와 농기계만 버려졌다.

소련의 스탈린주의

이념을 왜곡한 끔찍한 독재자

"스탈린은 세상 전체를 뒤집어놓고 싶어 해.
그놈은 나를 망신시켰지. 그따위 아들은 내 손으로 처단하겠어!"

—베사리온 주가슈빌리(1850~1909, 스탈린의 아버지)

만약 여러분이 권력을 잡고 세상을 원하는 대로 움직일 수 있다면 무엇까지 할 수 있나요? 소련의 지도자 이오시프 스탈린은 아주 끔찍한 일까지 했습니다. 그는 자신이 생각하는 이상향을 실현하기 위해 나라를 억압적인 경찰국가 체제로 바꾸었고, 수백만 명의 아이들을 굶어 죽게 내버려두었고, 심지어 자신의 친구를 암살하라고 지시했습니다. 한편 그는 나치 독일이 침략하자 3,000만 명이나 되는 소련인의 목숨을 희생하면서까지 필사적으로 나라를 지키고자 했고, 냉전 초기에는 강력한 군사력을 지닌 미국에 맞서 공산주의 이념을 지키고자 애쓰기도 했습니다.

스탈린의 삶은 정치, 전쟁, 이념, 야망 때문에 사람이 얼마나 극단적으로 변할 수 있는지 잘 보여줍니다. 권력을 쥐게 되면 잔인하게 변하는 것인지 아니면 가장 잔인한 사람만이 권력을 잡는 것인지도 질문하게 만들지요.

공산주의 사상과 집단농장 정책

이론상으로 공산주의는 영국 민담으로 전해지는 의적 로빈 후드의 역할을 하는 정치 사상이라고 볼 수 있습니다. 부유한 이의 것을 빼앗아 가난한 이에게 분배해주자는 것이 기본 내용이지요. 하지만 스탈린의 사상은 『공산당 선언_Communist Manifesto_』(1848)에 적힌 카를 마르크스의 공산주의 철학과 일치하지 않았습니다.

마르크스는 노동자 계급을 압제자로부터 해방시키고 보편적인 인간의 존엄성을 바탕으로 새로운 사회를 만들고자 했습니다. 하지만 스탈린은 콜호스_Kolkhoz_(집단농장) 정책을 강제해 땅을 모두 국유화했습니다. 많은 농부들이 농작물을 나라에 바치고 기아에 시달리다 목숨을 잃었지요.

또한 그는 끊임없이 검열을 하고, 여론을 조작하고자 보여주기식 공개 재판을 하고, 자신을 비판하거나 눈 밖에 난 관료들은 투옥하고 처형하면서 소련을 거의 개인숭배 국가처럼 지배했습니다. 나중에는 '스탈린주의_Stalinism_'라는 말이 나올 정도로 그의 독재는 공산주의 이념에서 점점 벗어나 왜곡되었습니다.

독재는 그가 사망하며 비로소 끝났습니다. 스탈린은 1953년 자

스탈린 ✦ 1950년 소련 총선에 사용되었던 사진이다. 스탈린은 개인숭배에 가까운 독재 정치를 펴며 공산주의 철학을 왜곡했다.

신의 별장에서 뇌출혈로 숨을 거두었지요. 다행히도 소련 지도자들은 그의 잘못을 인정했습니다. 스탈린의 후임자였던 니키타 흐루쇼프는 스탈린주의의 잔혹함과 개인숭배를 비판했습니다. 흐루쇼프 이후의 지도자들은 스탈린의 억압적인 정책을 어느 정도 다시 되살리기도 했지만, 스스로를 우상화하거나 개인숭배를 시키지는 않았습니다.

스탈린은 생전에는 소련 위에 군림하는 거인이었지만, 사망한 뒤에는 국가의 수치로 여겨졌습니다.

> **한 걸음 더**
>
> ## 탱키
>
> 1920년대부터 미국과 유럽의 많은 좌파 지식인이 소련의 대담한 공산주의 실험을 지켜봤습니다. 스탈린은 이들의 기대와는 달리 점점 더 잔인한 독재자가 되어갔지요. 스탈린주의자들의 인권 침해를 못 본 척하거나 옹호하기까지 했던 강경파 공산주의자를 지식인들은 '탱키Tankie'라는 멸칭으로 부르며 비판했습니다. 스탈린이 늘 탱크와 같은 무력으로 반란을 진압하려고 했기에 붙은 이름이지요.

2차 세계대전

인류 역사상 가장 끔찍한 전쟁

> "오늘은 우리가 당했지만,
> 내일은 당신들이 같은 일을 당할 수도 있다."
>
> —하일레 셀라시에(1892~1975, 에티오피아의 황제)

전쟁은 선과 악이 분명하게 나뉜 대결이었던 적이 거의 없지만, 2차 세계대전은 특별한 경우입니다. 다른 나라를 침략하고 대량 학살했던 추축국(독일, 이탈리아, 일본 등)과 그들에 맞선 연합국(영국, 프랑스, 소련, 미국 등)을 같은 도덕적 기준으로 이야기하기는 어렵기 때문입니다.

2차 세계대전은 인류 역사상 가장 대규모로 벌어진 끔찍한 전쟁이었습니다. 핵무기의 개발로 인간이라는 종 자체가 파괴될 수 있음을 보여주었고, 수많은 유대인이 수용소로 끌려가 잔인하게 목숨을 잃은 홀로코스트Holocaust를 통해 인간의 영혼을 파괴하는 방법을 보여주었지요.

2차 세계대전이 발발하기 전에는 인간 본성을 아무리 냉소적으로 보더라도 인류와 역사의 진보에 대한 희망이 있었습니다. 하지만 끔찍한 전쟁을 겪으며 진보의 의미 자체가 흔들렸고, 사람들은 진보가 선^善뿐만 아니라 악^惡도 가져올 수 있다는 사실을 깨닫게 되었습니다.

2차 세계대전을 일으킨 독재자들

우리는 2차 세계대전이 연합군의 승리로 끝났다는 사실을 이미 알고 있기 때문에 전쟁 초기에 추축국이 거의 승전할 뻔했다는 사실은 종종 잊습니다.

만약 일본이 진주만을 공격해 미국을 끌어들이지 않았거나, 나치 독일이 정당한 이유 없이 소련을 공격해 참전시키지 않았다면, 전쟁은 역사에 기록된 것과 정반대의 방향으로 진행되었을지도 모릅니다. 우리가 알고 있는 국제 질서는 추축국 독재자들의 자만심 덕분에 만들어졌다고 말할 수 있지요.

나치 독일과 아돌프 히틀러

독일 제국군으로 1차 세계대전에 참전했다가 살아남은 아돌프 히틀러^{Adolf Hitler}(1889~1945)는 불만에 가득 차 있었습니다. 당시 독일은 전후 배상 문제를 다룬 베르사유 조약으로 힘든 상황에 놓여 있었기 때문입니다. 히틀러는 나치당에 입당하고 독일의 경제적, 정치적 어려움이 유대인과 공산주의자 때문이라고 비난하며 국민들을 선동했습니다. 독일인들은 처음에는 그의 말에 귀를 기울이지 않았지만 사회적·경제적 어려움이 지속되자 점점 그에게 동조합니다.

나치당은 1932년 총선에서 크게 승리했고, 히틀러는 1933년 총리 자리에 오릅니다. 그는 이후 6년간 나치 독일을 통치하다 1939년 9월, 선전 포고도 없이 폴란드를 침략했지요. 이렇게 2차 세계대전은 시작되었습니다.

이탈리아 파시즘과 무솔리니

1922년부터 집권해 20년 가까이 정권을 유지하다가 야심을 드러낸 이탈리아의 베니토 무솔리니Benito Mussolini(1883~1945)는 히틀러보다 훨씬 노련한 독재자였습니다. 그는 1차 세계대전 이후의 혼란을 틈타 전체주의 파시즘을 주장했지요. 이탈리아 파시즘은 국수주의적이고 권위주의적인 반공 체제였습니다. 무솔리니는 대외적으로는 중립을 지키겠다고 약속했지만, 뒤에서는 히틀

1940년 뮌헨에서 만난 무솔리니(왼쪽)와 히틀러(오른쪽) ◆ 이탈리아와 독일의 두 전체주의 독재자는 합심하여 2차 세계대전을 일으켰다.

러와 함께 언제 다른 나라를 침공할지 전략을 짜고 있었지요. 그러다 1940년 6월, 나치가 프랑스를 점령하자 이탈리아도 영국과 프랑스에 선전 포고하며 전쟁에 참여합니다.

일본 제국주의와 쇼와 천황

일본의 쇼와 천황(1901~1989)은 역대 천황 중 재임 기간이 가장 긴 인물입니다. 1920년대 말 천황 즉위 직후 군부와 갈등을 겪기도 했으나 전쟁을 향한 흐름을 막을 수는 없었지요. 그는 한반도를 비롯한 아시아 국가들을 지배하며 제국주의적인 야욕을 키웠습니다. 1931년에는 중국 본토를 침략해 만주사변滿洲事變을 일으켰고, 1937년에는 30만 명 넘는 민간인을 잔인하게 학살한 난징대학살을 일으켰습니다. 그리고 1940년에는 독일, 이탈리아와 함께 삼국 동맹 조약을 맺고 추축국을 결성했습니다. 적국 민간인의 안전이나 인권은 완전히 무시한, 제국주의 독재자들의 만남이었지요.

끔찍한 학살의 역사

2차 세계대전 내내 여러 끔찍한 전투와 사건이 있었지만, 그중 가장 잔인한 사건은 유대인을 집단 학살한 홀로코스트입니다. 유럽에는 900만 명의 유대인이 살았는데, 2차 세계대전 중 600만 명이 사망했습니다. 그들은 수용소로 끌려가서 강제 노역에 시달리고 가스실에서 학살당했습니다.

유대인뿐만 아니라 집시, 장애인, 동성애자, 독일 점령지에서 저항했던 사람들 모두가 잔인하게 목숨을 잃었습니다. 나치 독일과 추축국들은 소름 끼칠 만큼 조직적이고 계획적으로 인간을 학살했습니다. 그렇게 히틀러의 명령으로 목숨을 잃은 사람은 1,000만 명 정도로 추산됩니다.

연합국의 승리와 그 결과

1941년 6월, 히틀러는 1939년 모스크바에서 맺었던 독소 불가침 조약을 어기고 소련을 침공합니다. 당시 세계 최대 규모였던 국가를 공격한 것이지요. 이로 인해 독일군과 소련군 모두에서 엄청난 사상자가 발생합니다(실제로 2차 세계대전 전체 군인 사상자 중 독일군과 소련군의 수가 가장 많습니다). 독일군은 처음에는 어려움 없이 진군해 소련을 포위했지만 겨울이 다가오자 전선이 고착되고 맙니다. 결국 4년에 걸친 전쟁 끝에 독일은 소련에 패했고, 1945년 4월에 히틀러는 자살로 생을 마감합니다.

비슷한 시기에 무솔리니도 전쟁에 지치고 분노한 이탈리아 공산주의 반군의 손에 목숨을 잃습니다. 그로부터 한 달 후, 독일이 항복하며 연합군이 드디어 승리합니다.

일본의 진주만 침공

한편 1941년 12월, 일본은 진주만을 침공했습니다. 아주 치명적인 실수였지요. 이 일로 미국이 2차 세계대전에 참전했습니다.

항복 문서에 서명하는 일본 외무대신 ✦ 일본은 두 차례 핵폭탄 투하를 당하고 큰 피해를
입은 뒤 1945년 8월 15일 무조건 항복을 선언했다.

뛰어난 기술력으로 무장한 미군은 태평양을 지배하던 일본 해군
을 무너뜨렸습니다. 불과 7개월 후, 일본은 미드웨이 해전Battle of
Midway에서 참패하고 방어전에 들어갈 수밖에 없었지요.

　1945년에는 미국이 비밀리에 진행했던 맨해튼 프로젝트
Manhattan Project에서 개발해낸 핵폭탄을 일본의 히로시마와 나가사
키에 떨어뜨렸습니다. 20만 명 이상의 사망자가 발생했고, 일본
은 무조건 항복을 선언했지요.

　2차 세계대전의 역사를 자세하게 기록하려면 두꺼운 벽돌책으
로도 부족합니다. 인류의 역사 전체를 훑어보는 이 책에 전쟁의
세부적인 흐름까지 모두 담기는 어렵지요. 그렇지만 2차 세계대
전이 전 세계에 사회적, 정치적으로 어마어마한 영향을 끼쳤다는

것만은 짚고 넘어가야 합니다. 전쟁의 폐해를 겪은 나라들은 유엔을 설립하고 전례 없는 평화 조약과 인권 협약을 맺었습니다. 전쟁의 참상으로 인류가 진보한다는 개념 자체가 무너진 듯했지만, 새로운 국제 질서와 평화를 유지하자고 약속한 것이지요.

한 걸음 더

맨해튼 프로젝트

2차 세계대전이 한창이던 1942년, 미국은 비밀리에 과학자들을 모아 맨해튼 프로젝트를 진행합니다. 물리학자 로버트 오펜하이머J. Robert Oppenheimer(1904~1967)가 주축이 된, 원소의 핵분열을 이용해 폭탄을 개발하는 프로젝트였지요.

맨해튼 프로젝트는 독일이 원자폭탄을 먼저 개발할 것을 우려한 알버트 아인슈타인Albert Einstein이 1939년 8월, 미국 과학자 레오 실라르드Leo Szilard와 유진 위그너Eugene Wigner의 권유로 당시 프랭클린 루스벨트Franklin Roosevelt 대통령에게 보낸 편지가 발단이 되었습니다.

이후 1942년 연구 책임자인 오펜하이머를 비롯해 리처드 파이만Richard Feynman, 엔리코 페르미Enrico Fermi, 존 폰 노이만John von Neumann 등 당대 최고의 과학자가 모여 우라늄과 플루토늄의 핵분열을 이용해 폭탄을 개발했습니다. 3년 만인 1945년 7월 16일, 원자폭탄 실험에 성공했지요.

이 프로젝트로 제조된 위력 TNT 1만 5,000톤의 원자폭탄 '리틀보이Little Boy'와 '팻맨Fat Man'은 1945년 8월 6일과 9일 일본 히로시마와 나가사키에 각각 투하되었습니다. 한순간에 두 도시에서 20만여 명이 사망했으며, 히로시마와 나가사키는 거의 완파되었습니다. 폭탄 투하 6일 만인 8월 15일, 일본이 항복을 선언하며 2차 세계대전은 끝이 났습니다.

이스라엘 건국

시온주의와 유대인의 국가

> "오늘날 시온주의자들은
> 평범한 국가에서 국민으로 살 수만 있다면
> 모든 게 저절로 이루어질 것이라고 착각한다.
> 이것이 그들의 치명적인 실수다."
>
> —마르틴 부버(1878~1965, 오스트리아의 유대 철학자)

시온주의Zionism는 19세기 말부터 20세기 초까지 유대인들 사이에서 시작되었습니다. 세계 각 지역에 흩어져 있던 유대인들이 시온의 땅 즉, 팔레스타인에 유대 국가를 재건해 모여 살고자 하는 운동을 말합니다. 그동안 오스만 제국과 영국에 차례로 점령당했던 곳이지요.

유대인들은 20세기 들어 신앙과 문화를 한순간에 잃을 가능성을 보여준 처참한 홀로코스트를 겪으며 시온주의를 더욱 강화했습니다. 그리고 2차 세계대전 직후인 1948년, 그 열망은 이스라엘 건국으로 이루어집니다. 유엔의 주도 아래 당시 영국령이었던 팔레스타인 지역의 절반 정도 영토에 유대 민족 국가를 세웠지요. 그러나 이는 다른 시선에서 보면 유대인 할당 구역에 살던 팔레스타인인들이 축출된다는 것을 의미했습니다. 이스라엘과 팔레스타인의 갈등은 오늘날까지 계속되고 있습니다.

레반트에 세워진 이스라엘

사람들은 주로 '중동의 평화'라는 맥락에서 이스라엘과 팔레스타인의 관계에 대해 이야기합니다. 1948년 이후 그 지역 상황이 엉망이었기 때문이지요. 갈등의 시작은 유럽이 중동을 좌지우지했던 시기와 냉전 중이던 미국과 소련이 중동을 세계의 화약고로 만들기도 전으로 거슬러 올라갑니다. 서양 강대국들은 그리스와 이집트 사이, 지중해 동쪽 연안의 레반트Levant 지역을 주인 없는 땅처럼 취급해왔습니다. 2차 세계대전 후 영국령 팔레스타인에 이스라엘을 건국한 것이 대표적인 사례이지요.

뿌리 깊은 갈등

2차 세계대전 중 전 세계 유대인의 3분의 1 정도가 학살당했습니다. 중동에 살던 사람들도 전쟁의 포화에 큰 피해를 입었지요. 추축국과 연합국은 제국주의 식민 체제가 흔들리기 시작했던 1차 세계대전 때부터 레반트를 놓고 전투를 벌였습니다.

서구 국가들은 겨우 살아남은 사람들을 서로 차지하려 싸웠던 분쟁 지역으로 보내고, 주변 국가들의 상황이나 의견은 고려하지 않고 마음대로 새로운 국가를 세웠습니다.

이런 과정에서 중동의 뿌리 깊은 종교 갈등은 더욱 심해졌습니다. 중세 기독교인들이 십자군 전쟁을 치르며 1,000년 동안 이슬람의 손에 있던 레반트 지역을 정복하려고 했던 일을 떠올려보세요. 이 분쟁 지역에 갑자기 이스라엘이라는 영구적인 국가를 세운 것은, 서양이 레반트 지역을 차지하기 위해 홀로코스트라는

레반트 지도 ✦ 팔레스타인 사람들이 살고 있던 지역에 이스라엘을 건국하며 오늘날까지 이어지는 오랜 분쟁이 시작되었다.

아픈 역사를 악용한 것으로 비추어지기도 합니다.

이스라엘 건국으로 주변 이슬람 국가들에서는 서양의 역할에 대한 논쟁이 활발해졌습니다. 서양은 신생 이스라엘 정부가 좋은 위치에서 안정적으로 시작할 수 있도록 처음부터 숙려하고 고민하지 않았던 것 같습니다. 그러니 오늘날까지 이스라엘과 팔레스타인, 그 주변국 사이에 끊임없는 갈등과 위협, 폭력적인 탄압, 국경 분쟁이 연달아 일어나고 있는 것은 어쩌면 당연한 결과라고 볼 수 있지요.

홀로코스트와 쇼아

나치 독일은 1940년 아우슈비츠 수용소를 만들어 1945년 1월 27일 소련군에 의해 해방될 때까지 600만 명에 이르는 유대인을 '인종 청소'라는 명목으로 살해했습니다.

소련군 진수 시 한 창고에서 7톤의 머리털이 발견되었는데, 나치는 그것으로 담요를 만들었다고 합니다. 수용소 의사였던 요제프 멩겔레Josef Mengele는 어린이 수감자를 영하 20도 이하의 추위 속에 맨발로 내몰아 동상에 걸리게 한다든가 남녀 성기를 절단하는 등 각종 잔인한 생체 실험도 강행했습니다.

그 외에도 가스실, 총살, 강제 노동, 영양실조 등으로 당시 유럽 내 약 900만 명의 유대인 중 3분의 2가 사망했습니다. 나치에 의한 유대인 학살을 가리켜 홀로코스트라고 하는데, 구약 성경에서 희생물을 통째로 태워 버리는 특수한 제사라는 의미가 있습니다. 유대인 사회에서는 히브리어로 '재앙'이라는 뜻을 가진 '쇼아Shoah' 또는 '하쇼아Hashoah'라고 부르기도 합니다.

북대서양 조약과 바르샤바 조약

유럽에 드리워진 철의 장막

"사람들이 미래의 주인이 되고자 하는 유일한 이유는
과거를 바꾸기 위해서다.
그들은 사진을 보정하고 역사를 다시 쓰는
기록실에 들어가기 위해 싸우고 있다."

—밀란 쿤데라(1929~2023, 체코의 작가)

여러분은 세상을 파괴하고서라도 꼭 실현하고 싶은, 뚜렷하게 지지하는 이념이 있나요? 이 질문은 20세기 중반 이후 굉장히 현실적인 것이었습니다. 미국과 소련은 각기 다른 이념을 내세워 냉전을 벌였고, 기술 면에서 앞서가려 애썼고, 서로를 염탐하기 위해 스파이를 심었으며, 각자 무기고에 지구를 완전히 파괴할 정도의 핵무기를 쌓아두었습니다. 인류가 냉전 시대에 멸종하지 않고 아직까지 존재한다는 사실이 기적으로 느껴질 정도지요.

두 나라 모두 이론상으로는 경제적이고 관념적인 목표를 내세웠습니다. 미국은 자본주의를 대표하고, 소련은 공산주의를 대표했습니다. 이는 경제 이념의 차이로만 볼 수는 없습니다. 공산주의와 자본주의의 개념은 세계 강대국들 사이에서 진짜 힘을 가리는 구실이 되었습니다. 많은 국가가 이념에 따라 서로 경쟁하고 연합했지요.

자본주의 진영의 북대서양 조약 기구

1948년, 체코슬로바키아가 소련의 영향을 받아 공산주의 진영에 흡수됩니다. 유럽은 '철의 장막Iron Curtain'을 경계로 둘로 나뉘었지요. 여기서 '철의 장막'이란 영국의 총리 윈스턴 처칠Winston Churchill이 공산주의 진영의 폐쇄성을 비판하며 사용해서 널리 알려진 표현입니다. 1961년에는 독일이 자본주의 서독과 공산주의 동독으로 분단됩니다. 수도였던 베를린에도 두 진영이 들어서며 긴 장벽이 세워졌지요.

유럽을 지배하려는 소련을 강력히 저지하기 위해 자본주의 진

나토 조약 서명 ◆ 1949년 8월 24일, 트루먼 미국 대통령이 북대서양 조약 비준 법안에 서명하는 모습이다. 이때부터 북대서양 조약의 효력이 발생했다.

영의 12개국(미국, 영국, 프랑스, 벨기에, 캐나다, 덴마크, 아이슬란드, 이탈리아, 룩셈부르크, 네덜란드, 노르웨이, 포르투갈)이 1949년에 북대서양 조약 기구Nato, North Atlantic Treaty Organization, 이른바 '나토'를 창설했습니다. 회원국들은 서로 신뢰를 쌓으며 장기적으로 갈등을 예방하기 위해 방위와 안보 관련 의제를 협의하고 협력하기로 약속했습니다. 산하에 경제 관련 부서도 두었지요. 오늘날 나토의 회원국은 북미와 유럽 지역 31개국에 달합니다.

북대서양 조약 제5조는 회원국 중 하나가 공격당하면 다른 회원국들이 도와야 한다는 내용입니다. 지금까지 이 조항이 발효된 것은 2001년 9월 11일 미국 뉴욕에서 테러가 일어났을 때밖에 없지요.

공산주의 진영의 바르샤바 조약 기구

1955년에는 공산주의를 표방하던 8개국(소련, 동독, 루마니아, 불가리아, 알바니아, 체코슬로바키아, 폴란드, 헝가리)이 모여 바르샤바 조약Warsaw Pact을 맺습니다. 북대서양 조약 기구와 비슷한 조직을 만들어 공산 국가끼리 상호 방위하는 것이 주목적이었지요.

하지만 1990년에 독일이 통일하며 동독이 탈퇴했고, 1991년에 소비에트 연방이 붕괴되며 바르샤바 조약은 해체됩니다. 과거 바르샤바 조약에 서명했던 몇몇 나라들은 이제 북대서양 조약 기구에 가입해 있지요. 다행스럽게도 북대서양 조약 기구와 바르샤바 조약 기구가 정면 대결을 벌이는 일은 없었습니다.

바르샤바 회의 ◆ 1955년, 공산주의 국가들이 모여 북대서양 조약에 대항하는 바르샤바 조약을 체결했다.

세계를 나누는 세 범주

냉전 시대에 서양 언론인들은 전 세계 국가를 세 범주로 나누었습니다. 북대서양 조약 기구에 가입하거나 자본주의 진영과 동맹을 맺은 제1세계, 바르샤바 조약에 가입하거나 공산주의 진영과 동맹을 맺은 제2세계, 그 외 모든 나라가 포함된 제3세계였지요.

제3세계에 속한 국가는 대부분 유럽 열강으로부터 독립한 아프리카, 남아메리카, 아시아 국가들이었습니다. 이들은 주로 정치적으로 불안정한 개발도상국 상태였지요. 그러다 보니 제3세계라는 용어는 어느 정도 가난한 나라를 낮추어 부르는 말처럼 사용되었습니다. 하지만 이 표현이 처음 나왔을 때는 전혀 다른 의미였습니다.

이 용어는 프랑스 역사학자 알프레드 소비Alfred Sauvy(1898~1990)가 1952년, 인도차이나 반도의 민족해방전쟁을 프랑스 혁명의 제3계급에 비유하면서 처음 사용했습니다. 권력에서 소외된 이들이 뭉쳐 새로운 세력을 형성할 수도 있다는 점을 보여주지요.

국제 연합

세계 인권 선언과 제노사이드

> "국가는 없다. 홀로 존재하는 사람도 없다.
> 굶주림은 시민이나 경찰 모두에게 선택의 여지를 주지 않는다.
> 우리는 서로를 사랑하거나 죽여야 한다."
>
> —위스턴 휴 오든(1907~1973, 영국의 시인)

2차 세계대전 후, 사람들은 전체주의와 전례 없는 집단 학살의 위협에서 벗어나 두 번째 기회를 맞이합니다. 방주를 타고 40일 내내 계속된 홍수에서 살아남아 다시 마른 땅 위를 걸었던 노아와 비슷한 기분이었겠지요.

그러나 다시 전쟁이 발발하고 세상이 파괴되지 않으리라는 보장은 어디에도 없었습니다. 대량 학살에 사용된 기계적인 효율성 그리고 핵전쟁으로 지구가 멸망할지 모른다는 위기감 때문에 사람들은 인류의 존속에 대해 심각하게 걱정하기 시작했습니다. 만약 2차 세계대전의 후폭풍으로 3차 세계대전이라도 벌어지면 인류는 살아남지 못할 것이 분명했습니다.

평화를 유지하기에 각국 내부의 개혁만으로는 충분하지 않았습니다. 그러나 여러 국가가 힘을 모아 협력한다면 2차 세계대전 때처럼 파시즘 독재자들이 결집하는 것만은 막을 수 있겠지요.

1946년, 국제 연합^{UN, United Nations}(유엔)이 출범했습니다. 오늘날에는 회원국이 200여 개국에 달하지요. 유엔의 등장으로 세계의 평화를 지키려는 시도가 어느 정도는 성공한 듯합니다.

두 종류의 법률

서양 모든 법률의 철학적 바탕이 되었던 고대 로마법은 본질적으로 두 범주로 나뉘었습니다.

- **유스 시빌레**^{Jus Civile}(라틴어로 '시민법'이라는 뜻)
- **유스 겐티움**^{Jus Gentium}(라틴어로 '국제법'이라는 뜻)

수메르 시대부터 법률을 이런 식으로 구분했습니다. 수메르인에게만 적용되는 거래와 벌금에 관련된 법이 있었고, 모든 사람에게 적용되는 폭넓은 의미의 정의를 강조하는 법도 있었지요. 전자를 시민법, 후자를 국제법이라고 할 수 있습니다.

「창세기」 9장 5절과 6절에는 하나님이 유대인뿐만 아니라 모든 인간의 살인, 강도, 동물 학대에 대한 책임을 묻는다는 구절이 나옵니다. 페르시아 제국의 키루스 대왕과 인도 제국의 아소카 황제는 그들 영토에서 적용되는 인권의 보편적인 기준이 있다는 사실을 분명히 밝혔습니다. 이후 많은 통치자들이 비슷한 일을 했지요. 1,000년 이상 전 세계를 지배한 기독교와 이슬람교도 둘 다 보편적인 인권을 중시했습니다.

세계 인권 선언

1948년 6월, 국제 연합 인권위원회는 '세계 인권 선언'을 작성했습니다. 루스벨트 대통령의 부인이자 미국의 국제 연합 대사였던 엘리너 루스벨트Eleanor Roosevelt(1884~1962)가 의장직을 맡았지요. 이는 국제 연합에서 채택한 최초의 인권 협정이었습니다.

다음해에는 1864년 전쟁으로 인해 발생한 군인과 민간인의 희생에 대한 인도적 대우에 관해 처음 합의했던 제네바 협약Geneva Conventions을 개정해 채택했습니다.

세계 인권 선언문을 들고 있는 엘리너 루스벨트 ◆ 두 차례의 세계대전 후, 사람들은 전쟁의 비극을 막기 위해 국제 연합을 창설하고 전 세계 모든 이에게 적용되는 보편적이고 기본적인 권리를 선언했다.

세계 인권 선언(1948) 주요 내용

항목	내용
서문	인권의 개념과 인권 선언의 의의
제1조	모든 사람은 태어날 때부터 자유로우며, 누구에게나 동등한 존엄성과 권리가 있다.
제2조	모든 사람은 인종, 피부색, 성별, 언어, 종교 등으로 인해 차별받지 않아야 한다.
제3조	모든 사람은 생명권, 신체의 자유, 안전을 요구할 권리가 있다.
제4조	모든 형태의 노예 제도와 노예 매매는 금지되어야 한다.
제5조	어느 누구도 비인도적이고 잔혹한 고문이나 처벌을 받지 않아야 한다.
제6조	모든 사람에게는 법에 앞서 자연인으로서 인정받을 권리가 있다.
제7조	모든 사람은 차별 없이 평등하게 법의 보호를 받을 수 있다.
제8조	각 나라는 국민의 인권을 보호해야 한다.
제9조	어느 누구도 자의적으로 체포되거나 추방되어서는 안 된다.
제10조	모든 사람은 독립적이고 공정하게 재판을 받을 수 있어야 한다.
제11조	유죄 판결이 확정되기 전까지 무죄 추정해야 하고, 변호사의 도움을 받을 수 있어야 한다.
제12조	모든 사람은 간섭이나 비난에 대해 법의 보호를 받을 권리가 있다.
제13조	모든 사람은 자국 내에서 이동하고 거주할 자유, 어떤 나라로 떠났다가 돌아올 자유가 있다.
제14조	모든 사람은 박해를 피해 다른 나라로 망명을 떠날 수 있다.
제15조	모든 사람에게는 국적을 가질 권리가 있다.
제16조	성인 남녀는 인종이나 국적에 제약받지 않고 결혼하여 가정을 이룰 수 있다.
제17조	모든 사람은 단독으로, 또는 타인과 공동으로 재산을 소유할 수 있다.
제18조	모든 사람에게는 종교의 자유가 있다.
제19조	모든 사람에게는 의사 표현의 자유가 있다.
제20조	모든 사람에게는 평화적 집회와 결사의 자유가 있다.

제21조	모든 사람에게는 투표할 권리가 있다.
제22조	모든 사람은 사회의 일원으로 사회 보장을 받을 권리가 있다.
제23조	모든 사람은 자유롭게 직업을 택해 일할 자유와 동일 노동에 대해 동등한 보수를 받을 권리가 있다.
제24조	모든 사람에게는 휴식과 여가를 누릴 권리가 있다.
제25조	모든 사람은 의식주와 의료, 사회 복지를 누릴 권리가 있다. 특히 어머니와 아동은 보호와 지원을 요구할 권리가 있다.
제26조	모든 사람은 교육을 받을 권리가 있다.
제27조	모든 사람은 예술과 과학을 누리고 지적 재산권을 보장받을 권리가 있다.
제28조	모든 사람은 이 선언에서 말하는 권리와 자유를 보장받아야 한다.
제29조	모든 사람은 자신의 권리와 자유를 행사하며 다른 사람의 권리와 자유도 존중해야 한다.
제30조	이 선언의 어떠한 규정도 권리와 자유를 파괴하기 위한 것으로 해석되어서는 안 된다.

이후 국제 연합은 아홉 개의 더 구체적인 인권 협약을 연이어 채택했고, 각 협약은 여러 나라가 규약을 준수했는지 보고하는 전담 위원회와 연결되어 있습니다. 협약들은 다음과 같습니다.

- 모든 형태의 인종 차별 철폐에 관한 국제 협약(1965)
- 시민적 및 정치적 권리에 관한 국제 협약(1966)
- 경제적 사회적 및 문화적 권리에 관한 국제 협약(1966)
- 여성에 대한 모든 형태의 차별 철폐에 관한 협약(1979)
- 고문 및 그 밖의 잔혹한, 비인도적인 또는 굴욕적인 대우나 처벌의 방지에 관한 협약(1984)
- 아동의 권리에 관한 협약(1989)

- 모든 이주 노동자와 그 가족의 권리보호에 관한 국제 협약 (1990)

- 강제 실종으로부터 모든 사람을 보호하기 위한 국제 협약 (2006)

- 장애인의 권리에 관한 협약(2006)

제노사이드와 전쟁 범죄

오늘날 아르메니아 대학살Armenian Genocide이라고 알려진 참사를 연구하던 폴란드 법학자 라파엘 렘킨Raphael Lemkin(1900~1959)은 대규모로 자행된 잔혹 행위를 '만행barbarity'이라는 단어로 묘사했습니다. 하지만 이내 그것으로는 부족하다고 느꼈지요. 유대인이었던 그는 홀로코스트 당시 49명의 가족과 친지를 잃고 이렇게 특정 인종을 겨냥해 자행된 대규모 폭력을 뜻하는 도덕적 새 용어의 필요성을 절실히 느꼈습니다.

비슷한 시기에 영국 총리 처칠은 "우리는 이름 없는 범죄 앞에 있다"라는 내용의 연설을 했습니다. 나치의 유대인 학살을 가리키는 말이었지요. 렘킨은 바로 그 범죄에 '제노사이드genocide'라는 새로운 이름을 붙였습니다. 그는 자신의 저서 『점령당한 유럽에서 추축국의 통치Axis Rule in Occupied Europe』(1944)에서 제노사이드를 처음 언급했지요.

새로운 개념에는 용어가 필요하다. 내가 만들어낸 새 단어 '제노

사이드'는 한 민족 혹은 종족을 파괴한다는 뜻이다. (…) 고대 그리스어의 '인종, 종족genos'과 라틴어 '살해cide'를 합친 말이다. 폭군 살해tyrannicide, 살인homicide, 유아 살해infanticide라는 단어가 만들어진 방식과 같다. 일반적으로 제노사이드는 한 민족 전체를 대량 학살하는 행위뿐만 아니라, 민족 집단을 절멸하고 그들 삶의 근본적인 토대를 무너뜨리기 위해 조직적으로 계획하는 여러 조치를 모두 포함하는 단어다.

렘킨이 새로 만든 단어는 특정 민족을 향한 대규모 범죄 행위를 판단하는 잣대가 되었습니다. '집단살해죄의 방지와 처벌에 관한 협약'으로 더 잘 알려진 국제 연합 총회 제260호 결의안은 대부분 그의 연구를 바탕으로 쓰이고 통과되었습니다.

전범을 다루는 국제형사재판소

전쟁 범죄를 저지르거나 심각하게 인권을 침해한 사람들을 재판하기 위한 법정도 설치되었습니다. 가장 널리 알려진 인권 재판소는 네덜란드 헤이그의 국제형사재판소ICC, International Criminal Court이지요. 이것은 전후에 나치 전범들을 재판했던 뉘른베르크 국제군사재판소의 후속 기관이기도 합니다.

특정 사건으로 인해 종종 새로운 인권 재판소가 세워지고, 재판이 끝나면 해산하기도 합니다. 1993년에 국제 연합이 설치한 유고슬라비아 국제형사재판소는 161명의 보스니아 내전 전범들을 기소했고, 2017년 말에 모든 1심 재판을 마치고 해산했지요.

비폭력 운동

조피 숄, 모한다스 간디, 마틴 루서 킹

> "어떤 사회에나 악동이 필요하다.
> 우리는 상황을 막는 힘을 가지고 있다.
> 우리가 가진 유일한 무기는 우리 몸이다.
> 바퀴가 굴러가지 않도록 몸을 밀어넣어야 한다."
> —바야드 러스틴(1912~1987, 미국의 시민운동가)

미국 정치학자 진 샤프Gene Sharp는 비행기의 궤적으로 공중에 메시지 쓰기부터 불매 운동, 총파업, 무례한 몸짓까지 비폭력 운동가가 효과적으로 활용할 수 있는 온갖 방법을 찾아내 사용했습니다. 그가 이 모든 행위를 스스로 생각해낸 것은 아니었습니다. 20세기 운동가들이 어떻게 저항했는지 연구하고 기록하면서 방법을 찾아냈습니다. 다시 말해 선조들의 지혜를 빌린 것이지요.

20세기의 비폭력 운동가들

비폭력 운동에 영감을 불어넣은 수많은 활동가 중 대표적인 세 사람을 살펴봅시다. 이들은 억압적인 지배 세력에도 굴하지 않고 용감하게 저항했지요.

조피 숄

조피 숄Sophie Scholl(1921~1943)은 나치 치하 독일의 대학생이었습니다. 그녀는 오빠인 한스 숄Hans Scholl 과 함께 뮌헨 백장미단에서 저항 운동을 했지요. 나치의 폭력을 비판하고, 곧 히틀러가 패망할 것이라는 전단지를 뿌리다가 붙잡혀 반역죄로 즉결 처형을 당했습니다.

조피 숄 ✦ 숄은 전단지를 돌리며 히틀러의 전체주의 독재와 나치 독일을 강력하게 비판했다.

모한다스 간디

모한다스 간디Mohandas Gandhi(1869~1948)는 인도의 변호사이자 철학자, 독립 운동 지도자였습니다. 그의 비폭력 정신은 전 세계적으로 유명하지요. 영국이 인도에 불리한 법령을 제정할 때마다 그는 비폭력 저항 운동을 했습니다. 간디는 사람들에게 존경받아 '마하트마(위대한 영혼)'라고 불렸습니다.

그는 인도가 영국으로부터 독립할 때까지 살아 있었고, 독립 후에는 인도 내 힌두교와 이슬람교의 화합을 추구했습니다. 그러나 이슬람교를 적대시했던 힌두교 국수주의자의 손에 암살당했지요.

마틴 루서 킹

마틴 루서 킹Martin Luther King Jr.(1929~1968)은 미국의 비폭력 운동 지도자이자 침례교 목사였습니다. 그는 모든 이가 인종이나 출신

모한다스 간디 ◆ 간디는 영국 제국주의에 맞서 비폭력 저항 운동을 했다. 그의 생일인 10월 2일은 인도의 국경일이자 국제 비폭력의 날로 지정되었다.

마틴 루서 킹 ◆ 마틴 루서 킹은 비폭력적인 인권 운동을 주장했다. 미국에서는 그의 생일(1월 15일) 전후인 1월 셋째 월요일을 공휴일로 지정해 기리고 있다.

지역과 관계없이 자유롭고 평등하게 어울려 살아가는 세상을 꿈꾼다는 '나에게는 꿈이 있습니다' 연설로 잘 알려져 있지요.

마틴 루서 킹은 인종 차별과 흑백 분리 제도에 반대하여 몽고메리 버스 보이콧(인종별로 좌석을 분리해둔 버스를 이용하지 않는 운동), 가두 행진 등 다양한 저항 운동을 벌였습니다.

마틴 루서 킹의 활동에 영향을 받아 1964년 미국 연방 민권법에서 인종, 피부색, 종교 등에 따른 차별이 금지되었습니다. 그리고 같은 해 그는 노벨상을 수상합니다.

그러나 4년 후 1968년, 마틴 루서 킹은 백인 우월주의자 제임스 얼 레이James Earl Ray에게 암살당합니다.

정당한 폭력도 존재한다

비폭력적인 저항만이 의미가 있는 것은 아닙니다. 20세기 역사에서 폭력적인 저항들도 중요한 역할을 수행했습니다. 2차 세계대전에서 프랑스와 이탈리아의 저항 운동이 없었다면 연합군이 나치에 점령되었던 영토들을 되찾기가 훨씬 어려웠을 것입니다. 비폭력 운동가들이 성공한(일시적으로나마 그들이 안전할 수 있었던) 이유 중 하나는 다른 누군가가 그들의 정신을 이어받아 정당한 폭력을 행사했기 때문일 수도 있지요.

이것이 비폭력 운동가들이 늘 마주하는 어려움입니다. 그들은 비폭력 운동이 폭력적 저항의 대안이 아니라, 근본적으로 변화를 이끌어내기에 더 나은 방식이라는 것을 결과로 증명해야 하지요. 미국의 정치학자 에리카 체노웨스Erica Chenoweth는 3.5퍼센트 이상의 시민들이 지속적으로 참여하는 비폭력 저항 운동은 늘 성공한다는 연구 결과를 내놓기도 했습니다.

그럼에도 비폭력 운동이 더 효과적인지는 여전히 격렬한 논쟁거리입니다. 간디와 킹처럼 평생을 비폭력 운동에 헌신한 사람도 때로 폭력적인 방법이 허용되어야 하는 특수한 상황도 있다는 것을 인정했습니다.

사탸그라하

영국이 식민지였던 인도에 소금세를 부과하고 소금의 생산과 판매를 통제하자 마하트마 간디는 '사탸그라하Satyagraha' 행진이라는 비폭력 불복종 저항 운동을 일으켰습니다. 산스크리트어로 '사탸Satya'는 '진리'이고 '아그라하Agraha'는 '고집', '노력'을 뜻하니 '진리 찾기 운동' 정도의 의미로 볼 수 있습니다.

처음에는 78명이 행진에 뒤따랐지만 387킬로미터를 걷는 동안 수만 명이 뜻을 함께합니다. 행진이 끝난 후 간디를 포함해 6만여 명의 참가자가 투옥되었으며, 이 움직임은 인도 독립의 밑걸음이 되었지요.

제국주의의 종말

독립의 시대

> "우리는 특정 문화에 반발하는 것이 아니다.
> 우리는 여러 이유로 더 이상 숨을 쉴 수가 없을 때 반발한다."
>
> —프란츠 파농(1925~1961, 프랑스의 심리학자)

20세기 역사를 돌아보면 바람 잘 날 없었다고 할 만큼 큰 사건들의 연속이었습니다. 초반에는 제국주의 열강들이 식민지 쟁탈전을 벌였고, 두 차례의 세계대전이 터졌습니다. 중후반에는 냉전이 계속되며 전 세계가 거대한 이념 다툼에 휩싸입니다. 강대국들의 손에 온 세상이 좌지우지되는 시기였지요. 그러나 그들의 지배는 곧 끝났고 20세기 말, 식민지 대부분은 독립을 얻어냈지요.

제국주의의 붕괴와 식민지의 독립

원래 식민지Colony는 민족이나 국민의 일부가 오래 거주하던 땅을 버리고 새로운 곳으로 이주해 건설한 사회를 뜻했습니다. 그 어원은 라틴어의 '콜로니아colonia'인데, 이는 로마 정부의 직할지였던 '둔전병(평소에는 토지를 경작하다가 전시에 동원되는 병사)의 이주지'라는 뜻이지요. 영국에서는 식민지를 '플랜테이션Plantation(대규모 농장)'이라고도 불렀는데, 본국에서 이주한 사람들이 토지를 개간하고 경작한다는 뜻을 담고 있습니다. 식민지의 의미는 시간이 흘러 20세기에는 외국에 종속하여 착취를 당하는 지역으로 바뀌었습니다.

20세기 초 유럽과 미국의 힘은 전 세계에서 가장 강력했습니다. 수치로도 설명할 수 있지요. 이를테면 오스트리아의 지리학자 알렉산더 주판Alexander Supan(1847~1920)은 전 세계에서 강대국이 지배하는 영토의 비율을 계산했습니다. 당시 유럽과 미국이 지배했던 땅은 유럽 대륙 전체, 오스트레일리아 전체, 폴리네시아(오세아니아 대륙 인근 태평양에 흩어져 있는 섬들)의 98.9퍼센트, 아프리카의 90.4퍼센트, 아시아의 56.5퍼센트, 아메리카 대륙의 27.2퍼센트에 달했습니다. 합산하면 남극을 제외한 전체 대륙의 62.5퍼센트를 차지했다는 뜻입니다.

그러나 그 후 20세기 말까지 여러 나라의 독립 운동으로 유럽과 미국은 많은 영토를 잃었습니다. 대영 제국은 특히 타격이 컸지요. 1920년에는 3,000만 제곱킬로미터 이상의 영토를 지배하다가 100년도 채 지나지 않아 31만 제곱킬로미터 정도의 영국 제도 일부만 다스리게 되었으니까요. 심지어 북아일랜드와 스코틀랜드까지 독립하려고 했습니다.

다른 제국들도 식민지를 잃었고, 전 세계에서 유럽의 중요성은 상당히 줄어들었습니다. 유럽 지배하에 있던 여러 국가들은 독립 후 산업화에 성공하여 오늘날 경제적으로 성장하고 있지요.

대영 제국으로부터 독립한 국가와 독립 연도

국가명	독립 연도	국가명	독립 연도
뉴질랜드	1907년	몰디브	1965년
남아프리카 공화국	1910년	바베이도스	1966년
이집트	1922년	보츠와나	1966년
아일랜드(북아일랜드 제외)	1922년	가이아나	1966년
캐나다	1931년	레소토	1966년
오스트레일리아	1942년	예멘	1967년
인도	1947년	모리셔스	1968년
팔레스타인	1948년	에스와티니	1968년
미얀마	1948년	피지	1970년
스리랑카	1948년	통가	1970년
파키스탄	1956년	바레인	1971년
수단	1956년	카타르	1971년
가나	1957년	아랍 에미리트	1971년
말레이시아	1957년	바하마	1973년
키프로스	1960년	그레나다	1974년
나이지리아	1960년	세이셸	1976년
카메룬	1961년	도미니카	1978년
시에라리온	1961년	솔로몬 제도	1978년
탄자니아	1961년	투발루	1978년
자메이카	1962년	키리바시	1979년
트리니다드 토바고	1962년	세인트루시아	1979년
우간다	1962년	세인트빈센트 그레나딘	1979년
케냐	1963년	짐바브웨	1980년
말라위	1964년	앤티가 바부다	1981년
몰타	1964년	벨리즈	1981년
잠비아	1964년	세인트키츠 네비스	1983년
감비아	1965년	브루나이	1984년

독립을 열망하고 쟁취해낸 인물들

유럽 열강의 식민지였던 많은 나라가 20세기에 독립합니다. 그렇다면 가장 먼저 독립한 국가는 어디일까요? 종종 1907년에 자치령이 된 뉴질랜드로 착각하지만, 바로 미국입니다. 뉴질랜드보다 훨씬 앞선 1770년대에 조지 워싱턴이 이끄는 아메리카 식민지 주민들이 영국 군대를 물리치고 독립을 선언했지요.

카리브해의 아이티에서는 아프리카계 해방 노예들이 나폴레옹이 보낸 프랑스 군대를 물리치고 1804년에 독립했습니다. 여기에는 천재적인 전략가였던 투생 루베르튀르Toussaint Louverture(1743~1803)의 공이 컸습니다. 덕분에 아이티는 1915년에 미국이 침공할 때까지 1세기 이상 독립을 유지할 수 있었습니다.

중앙아메리카를 지배하던 스페인은 시몬 볼리바르Simon Bolivar (1783~1830)가 이끄는 군대에 혼쭐이 났습니다. 볼리비아의 국명은 바로 그에게서 따온 것이지요. 볼리비아뿐만 아니라 콜롬비아, 에콰도르, 페루, 베네수엘라는 모두 볼리바르 덕분에 독립할 수 있었습니다.

〈시몬 볼리바르의 초상〉(1895) ◆ 베네수엘라 출신 군인이었던 시몬 볼리바르는 중앙아메리카 국가들의 독립에 크게 기여해 중남미 근현대사에서 빼놓을 수 없는 인물이다.

여성 운동의 진행

2차 세계대전 이후의 페미니즘

"신발이 맞지 않는다고 우리가 발을 바꿔야 하는가?"

—글로리아 스타이넘(1934~, 미국의 사회운동가)

전미여성협회 초대 회장 베티 프리던Betty Friedan(1921~2006)은 저서 『여성성의 신화The Feminine Mystigue』(1963)에 '이름 붙일 수 없는 문제'에 대해 썼습니다. 그녀는 여성이 모두 전업 주부로 살아야 한다는 억압적인 사회 분위기를 비판했지요.

간혹 1950년 이후 등장한 제2물결 페미니즘 운동을 2차 세계대전 동안 전쟁터에 나간 남성 대신 여성이 일터에 등장하며 생긴 부작용이라 말하는 사람들도 있습니다. 그러나 직장 내 평등을 꾀하는 것과 사회문화적으로 성 평등을 이룩하는 것은 완전히 다른 문제였습니다.

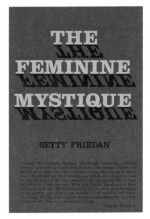

『여성성의 신화』 초판 표지 ◆ 출간 직후 베스트셀러에 등극해 제2물결 페미니즘 운동에 큰 영향을 미쳤다.

일자리 불평등과 여성의 경제권

대부분의 서양 국가에서는 제1물결 페미니즘으로 중요한 목표를 달성했습니다. 남녀 구분 없이 투표권을 얻게 된 것이지요. 이로써 여성들은 과거 정치인들이 당연하게 받아들였던 성 역할 고정관념과 차별에 대항할 새로운 수단을 얻었습니다.

제2물결 페미니즘은 일자리와 관련이 있었습니다. 여성은 가족을 위해 보수를 받지 않고 집안일을 하며 살아야 한다는 성차별적인 사회 분위기에 문제를 제기한 것이지요. 그 외에도 성폭력 방지법, 피임과 낙태를 할 자유, 여성이 재산을 소유할 권리 등이 주요 문제로 다루어졌습니다. 그중에서도 제2물결 페미니즘 운동의 가장 중요한 목표는 단연 여성의 경제력을 제한하는 일자리 차별을 없애는 것이었습니다.

아직까지 남아 있는 임금 격차

1964년 미국 시민권법과 1975년 영국 성차별 금지법 등으로 일자리 성차별은 금지되었습니다. 다른 여러 나라에서도 관련 법을 제정하고 있지요. 하지만 2016년 세계 경제 포럼WEF, World Economic Forum의 조사 결과에 따르면 전 세계 모든 국가에서 여전히 임금 격차가 존재합니다.

다른 나라들보다 남성 대비 여성 임금이 높은 아이슬란드에서도 남성이 1달러를 벌 때 여성은 88센트를 법니다. 여성 임금이 가장 낮은 예멘의 경우 남성이 1달러를 벌 때 여성은 52센트밖에 벌지 못합니다. 오늘날 여성의 지위가 뚜렷하게 높아진 영국

(75센트)과 미국(62센트)의 여성 임금률은 전 세계 상위 10위 안에도 들지 못했습니다. 오히려 르완다(80센트)와 니카라과(78센트)처럼 일반적으로 성차별이 심하다고 여겨지는 나라의 여성 임금률이 더 높았습니다.

많은 이의 노력으로 과거에 비해 점점 나아지고는 있지만, 성별에 따로 일자리 차별과 성별 임금 격차 등은 모두 함께 고민하고 계속해서 해결해나가야 할 문제입니다.

한 걸음 더

교차성

1896년, 아프리카계 미국인 메리 처치 테럴Mary Church Terrel(1863~1964)은 여성 운동이 중산층 백인 여성의 권리에만 관심을 두고 있다는 점을 지적하며 여성 운동과 인종 차별 철폐 운동을 접목하고자 전미유색인종협회를 만들었습니다.

100여 년 후인 1989년, 미국의 법학자이자 사회운동가 킴벌리 크렌쇼Kimberly Crenshaw는 그녀의 사상을 물려받아 젠더뿐만 아니라 인종, 성 정체성, 출신국, 나이, 장애 여부, 계층 등 상호교차적으로 형성된 다양한 정체성으로 인해 차별 또한 복합적으로 작용한다는 관점에서 '교차성Intersectionality'이라는 용어를 만들어냈지요. 이 용어는 현대 페미니즘에서 중요한 역할을 합니다.

냉전 시대

한국, 베트남, 아프가니스탄 전쟁

> "우리가 힘의 균형만 생각했다면 두 시간 안에 패배했을 것이다.
> 우리는 인민의 전쟁을 벌이고 있었다."
>
> ―보응우옌잡(1911~2013, 북베트남 국방장관)

냉전은 각각 자본주의와 공산주의를 대변하던 미국과 소련의 전쟁이었지만, 정작 그 피해는 고스란히 다른 나라에게 갔습니다. 가장 끔찍한 점은 미국과 소련이 이런 나라들의 참사에 크게 개의치 않았다는 것이지요.

소련은 1960년대 후반부터 1970년대 초반까지 미국이 베트남 전쟁에 점점 더 많이 개입하도록 의도적으로 부추겼고, 결국 150만 명의 베트남인이 목숨을 잃었습니다. 한편 미국은 1980년대에 소련의 아프가니스탄 개입을 부추겼고, 결국 200만 명의 아프가니스탄인이 생명을 잃었습니다.

두 전쟁의 승자는 실제로 피 흘리며 싸운 나라가 아닙니다. 역사책에는 베트남 전쟁의 승자가 소련, 아프가니스탄 전쟁의 승자가 미국이라고 기록되지 않습니다. 하지만 실제로는 그랬습니다. 미국과 소련은 자국의 이익을 위해 전략적으로 전쟁을 확대했지요. 전쟁의 희생자들은 미국도 소련도 아닌 타국의 민간인들이었습니다.

미국과 소련의 대리전

북대서양 조약 기구와 바르샤바 조약 가입국들은 각각 지구를 여러 번 파괴하고도 남을 만큼 핵무기를 쌓아놓고 있었습니다. 그래서 2차 세계대전 이후에는 국가들끼리 직접 맞붙어 본격적인 전쟁을 벌이기가 어려워졌지요. 실제로 전쟁이 발발하면 누구도 살아남을 수 없을 테니까요.

미국과 소련은 핵무기로 세상을 파괴하는 대신 자국민의 피해가 없을 만한 곳에서 연이어 맞붙었습니다. 그들이 전쟁터로 삼은 나라들이 극심한 피해를 입었지요.

한국 전쟁

미국과 소련이 타국에서 처음으로 크게 충돌한 사건이 바로 1950년에 발발한 한국 전쟁입니다. 북한이 남한을 침략하며 시작되었지요. 이 전쟁에서 중국과 소련은 북한을, 미국과 국제 연합은 남한을 지원했습니다.

3년간 한반도의 민간인 270만 명이 목숨을 잃었습니다. 그리고 엄밀히 따지면 이 전쟁은 아직 끝나지 않았습니다. 70년이 지난 지금까지 남한과 북한은 여전히 분단된 채 휴전 중이고, 지뢰가 잔뜩 파묻힌 비무장지대가 두 나라를 갈라놓고 있지요.

베트남 전쟁

1955년, 공산주의 체제였던 북베트남이 나라를 통일하고자 무력으로 남베트남을 침략했습니다(한국 전쟁 사례와 비슷하지요). 미국은 베트남의 공산화를 우려해 남베트남을 돕고자 파병했지만, 명확한 전략이나 뚜렷한 목표조차 세우지 않았습니다.

10년 이상, 세 명의 대통령이 연이어 군사 개입을 했지만 제대로 역할을 수행하지 못하며 전쟁이 지지부진하게 계속되자 미군은 결국 철수했습니다. 1975년 북베트남이 나라 전체를 차지하고 이듬해 통일했지요. 이 전쟁으로 최소 300만에서 500만의 인명 피해가 발생했지요.

소련-아프가니스탄 전쟁

1978년, 아프가니스탄의 공산주의 정당 인민민주당이 나라를 장악하고 개혁을 시작하자 소련은 군대를 보내 새 정부를 보호하려고 했습니다. 반대로 미국은 공산주의 정부를 무너뜨리려는 이슬람 무장 단체를 암암리에 지원했지요.

10년에 걸친 전쟁 끝에 소련군은 철수했고, 이 전쟁은 소련과 냉전 체제의 붕괴에 영향을 끼칩니다. 또한 테러리스트 단체 탈레반과 알카에다가 세력을 키우는 데에도 간접적으로 영향을 끼쳤습니다.

세 전쟁 모두 미국과 소련의 똑같은 문제를 보여줍니다. 미국과 소련은 각각 자본주의와 공산주의의 선봉장이었기 때문에 세계 곳곳의 사건에 개입하지 않을 수 없었습니다. 만약 개입하지 않았다면 군사력 면에서 밀린다는 인상을 주었을 테니까요.

　기독교 세력과 이슬람 세력이 성장하며 충돌했던 중세의 십자군 전쟁처럼, 강력했던 미국과 소련의 지도자는 자신들에게 세계를 둘로 나눌 자격이 있을 뿐 아니라 적극적으로 그렇게 해야 한다고까지 생각했습니다.

무자헤딘Mujahideen이라는 단어는 아랍어 '무자히드Mujahid'의 복수형으로, 신의 뜻에 따라 치러지는 성전(지하드)에서 싸우는 전사를 두루 뜻합니다. 지하드라는 단어만 놓고 보면 인간의 고통과 어려움에 맞서 자선 사업을 하는 행위, 사람들이 절망에서 벗어날 수 있게 이슬람 선교사로서 믿음을 전하는 행위, 혹은 대학에서 이슬람 신학을 가르치는 모든 행위를 포괄합니다.

그러나 무자헤딘은 현대사를 거치며 이슬람교 게릴라 전사를 가리키는 말로 주로 사용되고 있지요. 1979년 소련이 아프가니스탄을 침공해 공산 정권을 무너뜨리고 새로운 친소 정권을 수립했을 때 저항했던 이들을 무자헤딘이라고 부르기 시작합니다. 또는 그보다 1년 전인 1978년 군부를 상대로 무장 쿠데타를 일으킨 반군 세력이 그 시초라고 보기도 합니다.

신자유주의와 신보수주의

20세기 후반의 정치·경제 이념

> "제가 17년 전 대통령 선거에 출마했을 때에는
> 시대에 뒤처졌다는 말을 들었습니다.
> 하지만 이제 모두 제가 시대를 앞섰다고 하지요.
> 시간은 정말 알 수 없는 친구입니다."
>
> —배리 골드워터(1909~1998, 미국의 정치가)

16세기부터 전 세계를 지배했던 유럽 제국은 상업을 중시했습니다. 이를 중상주의라고 하지요. 그들은 직물과 향신료를 들여오기 위해 무역 항로를 개척했고, 전 세계를 정복했고, 식민 지배를 했습니다. 시장 자본주의는 이런 과정에서 성장했습니다.

우리가 자유방임적 자본주의라고 부르는 경제 철학은 사소한 대화에서 시작되었습니다. 1974년 9월 14일, 워싱턴 DC의 한 레스토랑에서 정치인 딕 체니Dick Cheney, 도널드 럼즈펠드Donald Rumsfeld와 저녁 식사를 하던 경제학자 아서 래퍼Arthur Laffer(1940~)가 흰 냅킨에 무언가를 끄적거렸지요.

그가 끄적였던 냅킨은 현재 국립 미국사 박물관에 전시되어 있습니다. 거기에는 세율과 정부 총 세입의 상관 관계를 보여주는 간단한 곡선 그래프가 그려져 있습니다. 만약 세율이 0퍼센트라고 가정하면, 정부의 수입도 0일 것입니다. 하지만 래퍼는 세율이 100퍼센트여도 정부의 수입이 0일 것이라고 주장했지요. 벌어들인 돈을 모두 세금으로 내야 한다면 아무도 돈을 벌려고 애쓰지 않을 것이기 때문입니다. 그는 0과 100 사이에서 사람들이 돈을 벌 의욕을 꺾지 않으면서도 정부 사업에 쓸 자금은 확보할 최적의 세율을 찾아야 한다고 주장합니다. 더불어 이상적인 세율을 찾기 위해 세금을 올려야 할 때도 있지만, 깎아야 할 때가 훨씬 더 많다고 덧붙였지요.

지지자들은 공급 중시 경제학 이론Supply-side economics이라 부르고, 비판자들은 낙수 효과 이론Trickle-down Effect이라고 부르는 이 개념은 이후 줄곧 전 세계 모든 주요 정당의 재정 지출을 줄이는 보수적인 경제 정책에 영향을 끼쳤습니다.

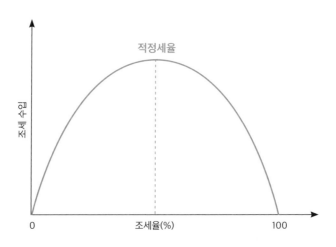

래퍼 곡선 ◆ 아서 래퍼는 세율을 높이기만 하면 오히려 사람들의 일할 의지가 사라져 조세 수입이 줄어들 것이라고 보았다.

자유주의와 보수주의는 반대 개념이 아니다?

유명 정치인들은 자신이 완전히 신보수주의자나 신자유주의자라고 내세우지 않습니다. 그리고 두 용어의 의미에 대해 완전히 의견이 일치하는 정치 사상가를 찾기도 어렵지요. 학계에서 널리 통하는 일반적인 의미가 있기는 하지만 경계가 모호합니다.

우선 자유주의Liberalism와 보수주의Conservatism는 반의어가 아니며, 실제로는 비슷한 일반적인 경향을 가리킨다는 사실을 알아야 합니다. 하지만 정치적 관점인지 경제적 관점인지에 따라 다른 의미가 되기도 하지요.

경제학자들이 말하는 자유주의란 최소한의 세금과 최소한의 규제를 주장하는 '자유방임적 자본주의'로, 이는 정치에서 '자유주의'라 부르는 개념과 정반대입니다. 오히려 정치적 관점에서의 '보수주의'와 가깝지요. 경제학자가 여러분을 자유주의자라고 부르든, 정치인이 여러분을 보수주의자라고 부르든, 실제로는 비슷한 의미인 것입니다.

경제학적 관점에서의 신자유주의

경제학에서 신자유주의란 사회 복지 제도 확대에 대한 자유주의적 반발을 의미합니다. 특히 공급 중시 경제학자들이 옹호하는, 1970년대 이후 자본주의에서 복지를 줄이는 경향을 뜻하지요. 미국의 민주당과 공화당 모두 신자유주의적인 경제 정책을 펴곤 하지만 그렇다고 신자유주의가 모든 형태의 자본주의를 의미하는 것은 아닙니다.

좌파 정당들은 보통 신자유주의 정책을 전면적인 공약으로 내세우기보다 타협안으로 제시합니다. 빌 클린턴Bill Clinton이 1992년 선거 운동에서 '우리가 알던 복지'를 종식하고, '일하는 복지'로 바꾸겠다는 공약을 내건 것이 신자유주의 정책의 명확한 사례입니다. 그러나 클린턴은 일부 사회 복지 제도는 보호하고 심지어 확대하기까지 했지요.

신보수주의의 의미

'신보수주의'는 본질적으로 신자유주의와 마찬가지로 과도한 사회 복지에 반대하고 공급 중시 경제학을 지지합니다. 그러나 오늘날 신보수주의라는 말은 경제 정책보다 전 세계에 서구적인 정부를 적극적으로 늘려가겠다는 의지를 강조하는 외교 정책 의제로 더 많이 활용됩니다.

신보수주의자들은 냉전 시대에 공산주의 진영으로 기울어지는 나라들을 공격 대상으로 삼았습니다. 그러나 소련이 무너진 후, 그리고 9·11 테러 이후 공격 대상은 '불량 국가Rogue Nation'로 바뀌었지요. 대량 살상 무기를 확보하고 서양의 요구를 들어주지 않거나, 테러를 지원하는 나라들이 바로 불량 국가입니다.

신자유주의 경제 정책처럼 신보수주의 외교 정책도 보수와 진보 정당 모두에서 보입니다. 예를 들어 9·11 테러 이후, 미국 공화당(보수 정당) 소속인 조지 부시George Bush 대통령과 영국 노동당(진보 정당) 출신 토니 블레어Tony Blair 총리 둘 다 뚜렷하게 신보수주의 정책을 지지하기 시작합니다.

불경기의 재정 정책

불경기에 정부가 돈을 더 풀어야 할지 긴축 재정을 해야 할지는 많은 경제학자들의 화두입니다.

존 메이너드 케인스John Maynard Keynes(1883~1946)는 공공 부문 자본을 민간에 투자해 경제를 회복할 수 있다고 봤습니다. 이 방식은 1930년대 대공황을 성공적으로 극복했기에 서양 학계에서 널리 받아들여지는 이론이지요.

긴축 재정을 더 지지하는 경제학자들도 있습니다. 투자자와 기업의 세금을 깎으면 민간 부문에 지출과 투자가 늘어 정부가 개입할 필요가 없다는 개념이 바탕에 깔려 있지요. 그러나 세금을 줄이고 정부 지출을 줄이면 이미 시작된 불경기에 잘 대응하기 어려울지도 모릅니다. 아직까지 긴축 재정의 확실히 성공적인 예시는 찾기 어렵지만, 학자들은 다양한 이론과 정책을 연구하고 있습니다.

이란 민주주의의 퇴보

백색 혁명과 아야톨라

> "혁명은 자전거와 같아.
> 바퀴가 멈추면 끝장이지."
>
> —마르잔 사트라피(1969~, 이란의 만화가), 『페르세폴리스』中

앞서 살펴봤듯, 냉전 시대에 미국과 소련이 여러 나라들을 지배하려고 서로 힘겨루기를 한 결과 비극적인 전쟁이 여러 차례 벌어졌습니다. 중동만큼 이런 터무니없는 틈바구니에 끼여 깊은 상처를 받은 지역도 없을 것입니다. 그중 이란은 특히 가슴 아픈 역사와 그로 인해 특이한 정치 구조를 갖게 되었지요.

팔레비 왕조에서 이슬람 정부로

1951년 4월, 이란의 민족주의 지도자인 모하마드 모사데크Mohammad Mosaddegh(1882~1967)가 국민들의 지지를 얻고 이란 의회에 의해 총리로 선출되었습니다. 비록 친미 성향이 짙고 모사데크와 정치적 견해가 달랐지만, 국왕 무함마드 리자 팔레비Mohammad Reza

Pahlavi(1919~1980)는 그의 취임을 축하하고 인정했지요.

모사데크 총리는 40년 동안 영국의 석유 회사 브리티시 페트롤륨BP, British Pertoleum이 장악했던 석유를 포함해 이란 자원에 대한 통제권을 국민에게 되돌려주겠다고 약속했습니다. 하지만 불행히도 미국은 이란이 석유 사업을 국유화하면서 공산주의 체제에 가까워질까 봐 우려하고 반대했습니다.

결국 1953년 8월, 미국 중앙정보국CIA은 모사데크를 끌어내리고 군사 독재 정부가 들어서도록 이란의 쿠데타를 지원했습니다. 모사데크는 반역 혐의로 체포되어 3년을 복역하고 가택 연금을 당했다가 1967년에 사망했지요.

이후 팔레비 왕은 이란에 미군 주둔을 허용하고 미국으로부터 무기를 수입하는 등 친미 정책(백색 혁명)을 폈습니다. 이에 반대하여 반反백색 혁명을 주도했던 인물도 있었는데, 바로 이슬람 종교 지도자 루홀라 호메이니Ruhollah Khomeini(1902~1989년)였습니다. 그는 팔레비 정부를 비판하고 반대 시위를 조직했다가 옥고를 치르고, 이후 터키와 이라크로 망명을 떠나야 했습니다.

그러나 1979년 2월 이란 혁명이 일어나고 반反왕정 운동으로 팔레비 왕이 물러난 후 호메이니는 환호를 받으며 이란으로 귀국했습니다. 그는 민주 정부를 원하지 않았습니다. 대신 이슬람 혁명을 통해 임시 정부를 세우고 최고 지도자 자리에 올랐지요. 엄밀히 따지면 이란에는 선출직 대통령과 국회가 있었지만, 호메이니 이후에는 최고 지도자가 왕에 맞먹는 권력을 갖게 되었습니다. 친미 정책을 펴며 한때는 자유롭고 민주적인 국가였던 이란이 오히려 독재 국가로 퇴보한 것이지요.

1979년 2월 호메이니의 귀국 ✦
친서방 정책에 반대해 망명을 떠났
던 호메이니는 이란 혁명으로 팔레
비 왕이 퇴위하자 14년 만에 귀국
해 최고 지도자 자리에 올랐다.

이란 정부의 구조

1979년 이후 이란 정부는 기본적으로 다섯 주요 조직으로 구성
되어 있습니다. 최고 지도자, 대통령, 헌법 수호 위원회, 전문가
의회, 국회입니다.

- **최고 지도자**: '아야톨라Ayatollah(아랍어로 '신의 메시지'라는 뜻)'라
  고 부르지만 사실 정치적 직함이 아니라 시아파 이슬람교에
  서 사용하는 존칭입니다. 전 세계에 수많은 아야톨라가 있지
  만 이란 내에 최고 지도자는 한 사람밖에 있을 수 없지요(그
  리고 비록 전례는 없지만, 헌법상으로는 종교인이 아닌 사람도 그 자

리에 오를 수 있습니다). 최고 지도자는 독재자와 같이 모든 권력을 지니지만 이론적으로는 언제든 그를 탄핵할 수 있는 전문가 의회의 뜻에 따라 직무를 수행해야 합니다. 1979년 이후 이란에는 두 명의 최고 지도자가 있었습니다. 첫 번째는 루홀라 호메이니, 두 번째는 1989년부터 지금까지 재임 중인 알리 하메네이Ali Khamenei(1939~)지요.

- **대통령**: 4년 임기에 1번 연임할 수 있습니다. 국민들이 뽑는 선출직으로 최고 지도자가 위임하는 행정권을 행사하지요. 대통령이 최고 지도자에게 대항하거나 맞설 수는 없지만, 대통령 선출 결과는 국민의 뜻을 보여줍니다.
- **헌법 수호 위원회**: 12명의 고위 성직자로 구성된 사법 재판소이자 종교 재판소입니다. 최고 지도자와 국회가 각각 여섯 명

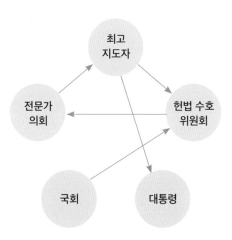

이란 정부 구조도 ◆ 1979년 이후 이란 정부는 선출직과 비선출직이 공존하는 복잡한 체제로 운영되고 있다.

씩 임명합니다. 정부 정책이 국가 헌법과 시아파 신학 모두와 일치하는지 판단하는 역할을 하지요.

- **전문가 의회**: 6개월에 1번씩 최고 지도자가 직무를 잘 수행하고 있는지 평가하는 88명의 집단입니다. 필요하면 최고 지도자를 바꾸기 위해 특별 회기를 열기도 하지요. 전문가 의회 의원은 유권자들이 뽑지만, 출마하기 위해서는 먼저 헌법 수호 위원회의 승인을 받아야 합니다.

- **국회**: 공식적으로는 '이슬람 협의회'라고 부르고, 국민이 직접 선출하는 입법부입니다. 290명의 의원이 법률을 제안하고 통과시키고 예산을 결정하는 일반적인 역할을 합니다. 이란 국회는 다른 나라처럼 최고 지도자로부터 독립적이지는 못하지만, 어느 정도 의회로서의 힘을 발휘하고 역할을 수행하고 있습니다.

한 걸음 더

시린 에바디

1979년 이슬람 혁명 전까지 이란은 비교적 진보적인 국가였습니다. 여성들도 남성과 똑같이 교육받을 수 있었지요. 그러나 이슬람 원리주의 정부가 들어서자 젊은 여성 판사들은 곧장 자리에서 쫓겨났습니다. 이때 자리를 잃은 시린 에바디Shirin Ebadi(1947~)는 법률 지식을 기반으로 여성과 반체제 인사들을 변호했습니다. 그 공로로 2003년에는 노벨 평화상을 수상했지요. 그러나 가족까지 협박을 받는 등 정권의 박해가 거세지자 결국 2009년부터 영국으로 망명해 살고 있습니다.

소비에트 연방 해체

공산주의 체제의 붕괴

> "저는 중요한 일을 했습니다.
> 스탈린에게 은퇴를 권유하겠다고 누가 감히 꿈이라도 꿀 수 있었겠습니까?
> 그것이 제 공로입니다."
>
> —니키타 흐루쇼프(1894~1971, 소련의 정치인)

18세기 말, 에드먼드 버크와 토머스 페인은 프랑스 혁명과 미국 독립 혁명의 훌륭한 점과 도덕적 의미에 대해 토론을 나누었습니다. 버크는 혁명을 할 때는 대개 점진주의가 더 낫다고 주장했습니다. 무언가를 개혁할 때 가능한 한 많은 제도를 그대로 유지하고, 최대한 충격을 덜 받도록 주의하며 변화시키는 것이 인도적이라는 의견이었지요. 페인은 이에 반대하여 세계의 진짜 문제들은 그 뿌리가 매우 깊어 기존 제도를 깨뜨릴 만한 급진적인 혁명으로만 바로잡을 수 있다고 주장합니다.

소련은 페인의 방식으로 혁명을 시도한 나라였습니다. 소련의 정치 철학은 근본적으로 이전 어느 나라의 철학과도 달랐습니다. 그렇게 오랫동안, 그렇게 철저히 본래의 원칙에 헌신해 정부를 유지했다는 사실 자체가 정치 이념이 얼마나 강력한지 보여주는 증거입니다. 보통 버크와의 논쟁에서 페인이 이겼다고 보지만,

소비에트 연방의 해체는 강력한 정치 이념만으로는 충분하지 않다는 사실을 경고하고 일깨워주지요. 1922년에 공산주의 국가들이 뜻을 모아 탄생한 소비에트 연방은 1991년 막을 내립니다.

소련의 간략한 역사

20세기 역사는 대체로 이념을 기반으로 일어난 사건의 연속입니다. 소련은 일찍이 블라디미르 레닌을 향한 개인숭배 문제로 골머리를 앓았습니다. 그래도 레닌은 마르크스의 공산주의 이념에 어느 정도 충실했지요. 레닌의 뒤를 이은 독재자 이오시프 스탈린은 소련을 세계에서 가장 강력한 나라이자 동시에 독재적이며 공산주의 이념에서 벗어난 나라로 바꾸어 놓았습니다.

스탈린에 이어 소련의 지도자가 된 니키타 흐루쇼프는 스탈린의 개인숭배와 끔찍한 잔학 행위를 집중적으로 비판했습니다. 그러나 그는 10년도 지나지 않아 자리에서 물러나게 됩니다. 여전히 소련 공산당의 대부분을 차지했던 강경파들이 흐루쇼프를 몰아낸 것이지요.

그들은 고분고분한 레오니트 브레즈네프Leonid Brezhnev(1906~1982)를 그 자리에 앉혔습니다. 브레즈네프는 스

1953년 11월호 『타임』지 표지를 장식한 니키타 흐루쇼프 ◆ 스탈린의 뒤를 이어 러시아의 지도자가 된 그는 스탈린을 격하하는 연설로 공산주의 사회에 큰 충격을 주었다.

탈린과 달랐지만 그 나름대로 잔인했고, 반체제 인사를 견디지
못하고 탄압했습니다. 1968년에는 탱크를 앞세워 체코슬로바키
아의 민주화 운동을 짓밟으며 '프라하의 봄'을 끝냈지요. 이로써
소련이 철저히 폐쇄적인 공산주의 정책만을 추구하고, 어떤 혁신
도 받아들이지 않을 것이라는 사실이 확실해졌습니다.

하지만 얼마 지나지 않아 1985년 미하일 고르바초프Mikhail
Gorbachev(1931~2022)가 소련의 지도자가 됩니다. 고르바초프의 집
권기에는 무엇보다 경기 침체가 심각한 문제였습니다. 그는 경제
부흥을 위해 민주 개혁을 하고 선거를 치르겠다고 약속했고, 냉
전으로 대립하던 나라들과의 관계도 조금씩 풀리기 시작합니다.

1980년대 후반에는 소비에트 연방에 속했던 라트비아, 에스토
니아, 리투아니아, 우크라이나 등에서 민주화 움직임이 일었고

전략 무기 감축 조약START에 서명하는 조지 부시와 고르바초프 ◆ 미하일 고르바초프는
이전의 폐쇄적인 정책에서 벗어나 서방에 우호적인 태도를 보이고 핵무기를 감축하는
등 개혁 정책을 폈다.

1991년 12월에는 고르바초프가 소련 공산당 서기직을 사임했습니다. 이로서 70여 년간 이어져온 소비에트 연방은 공식적으로 해체되었습니다.

불확실한 러시아 연방의 민주주의

소련이 해체되고 러시아 연방이 새로 등장하며 민주주의의 새 바람이 부는 듯했습니다. 하지만 얼마 후 등장한 블라디미르 푸틴Vladimir Putin의 독재 정치로 중단되었지요.

엄밀히 따지면 현재 러시아에는 여러 정당이 있습니다. 고르바초프가 제시했던 자유롭고 공정한 선거는 아니지만 어쨌든 선거도 치러지지요. 하지만 오늘날 뉴스를 보면 거의 독재 국가처럼 느껴집니다. 푸틴의 집권기가 얼마나 지속될지 모르지만, 소비에트 연방은 점점 먼 과거의 일로 희미해지고 있으며, 우리는 앞으로 러시아가 국제 질서에 어떤 영향을 끼칠지 주시해야 합니다.

한 걸음 더

글라스노스트와 페레스트로이카

고르바초프의 정책을 '글라스노스트Glasnost(러시아어로 '공개'라는 뜻)'와 '페레스트로이카Perestroika(러시아어로 '재편'이라는 뜻)'라고 합니다. 글라스노스트는 블라디미르 레닌이 소련을 건국하며 퍼뜨린 말입니다. 새 정부가 보여줄 개방성과 투명성을 가리키는 단어였는데, 스탈린 시대를 거치며 거의 사용되지 않다가 고르바초프가 다시 사용했지요. 페레스트로이카는 고르바초프 직전의 소련 지도자였던 유리 안드로포프Yurii Andropov가 퍼뜨린 용어로, 비효율적이고 착취적인 관료주의를 없애기 위한 개혁을 뜻합니다.

아파르트헤이트 종식

첫 흑인 대통령, 넬슨 만델라

> "시간이 지나면 우리는 남아프리카에 가장 큰 선물,
> 더 인간적인 세상을 줄 수 있는 위치에 있을 것이다."
>
> ―스티븐 비코(1946~1977, 남아프리카 공화국의 인권 운동가)

유골은 우리에게 정말 많은 것을 이야기해줍니다. 남아프리카 공화국에서 극단적 인종 차별 정책인 아파르트헤이트가 폐지되고 최초의 흑인 대통령 넬슨 만델라가 통치하고 있던 1997년 5월, 진실과 화해 위원회TRC, Truth and Reconciliation Commission는 오랫동안 찾지 못했던 톰비카이세 프리실라 쿠베카Ntombikayise Priscilla Khubeka(1946~1987)의 유해를 발굴했습니다. 그녀는 10년 전 경찰에 붙잡혀 감금되었다가 사망한 인종 차별 반대 운동가였지요.

경찰들은 재판에 회부되지만 쿠베카의 죽음이 사고였다고 항변하며 사면을 요청했습니다. 그녀를 정치 시위에 참여한 혐의로 잡아 심문하는 과정에서 사망했다는 것이지요. 하지만 조사 결과 쿠베카의 두개골에는 총알을 맞은 흔적이 있었습니다. 경찰은 왜 쿠베카를 죽였을까요? 그들은 끝끝내 입을 열지 않았고, 사면 요청도 받아들여지지 않았습니다.

남아프리카 공화국의 파란만장한 역사

침략자들이 다른 나라를 공격해 자원과 노동력을 착취할 때 겪는 문제 중 하나는 바로 원주민의 수가 침략자보다 많다는 점입니다. 1879년 1월 1,800여 명의 영국군은 아프리카 남부에서 벌어진 이산들와나 전투Battle of Isandlwana에서 창과 방패로 무장한 2만여 명의 줄루족 전사들에게 크게 패했습니다. 그 후 수십 년간 세 집단이 이산들와나 평원을 차지하려고 전쟁을 벌였습니다.

- 수만 년 동안 그 땅에 살아온 줄루족과 코사족 원주민들
- 이주해온 지 100년 조금 지난 네덜란드 출신 농민 보어인들
- 프랑스를 몰아내려고 침략한, 100년도 되지 않은 영국인들

〈이산들와나 최후의 저항〉(1885) ◆ 영국군은 신식 무기를 앞세워 쉽게 승리하리라 예상했지만 원주민인 줄루족 전사들에게 크게 패했다.

제국주의 시대에 유럽의 침략자들이 남아프리카 원주민을 그대로 놔둘 리가 없었지요. 영국인과 보어인은 1880년부터 1902년 사이에 1,2차 보어 전쟁을 벌였습니다. 결국 영국이 승리했지만, 추후 보어인들에게 나라를 넘기겠다고 약속했지요. 이런 길고 어지러운 과정 끝에, 보어인들은 반영국 정책과 남아프리카 연방을 거쳐 1931년에 이 지역의 완전한 자치권을 얻어냈습니다. 그렇게 남아프리카 공화국이 수립되었지요.

흑백 분리 인종 차별 정책의 시작

그러나 보어인들은 새로운 문제에 부딪혔습니다. 백인이 이끄는 나라를 만들고자 했는데 지역민 중 80퍼센트는 유색 인종이었기 때문입니다.

1948년 선거 때 상황은 급박해졌습니다. 보어 전쟁에 참전했던 사람들이 이끄는 중도파 정당은 인종 차별을 없애고 흑인 원주민들의 시민권을 확대해야 한다고 주장했습니다. 반면 극우 정당은 흑인과 백인을 분리하기 위해 급진적인 조치를 취해야 한다고 주장했지요. 보어인들은 극우 정당의 손을 들어주었고, 그 결과 인종을 분리하고 차별하는 '아파르트헤이트Apartheid(아프리칸스어로 '분리'라는 뜻)' 정책이 실시되었습니다.

백인들로 구성된 남아프리카 공화국 정부는 무자비하게 자원을 착취하고 인종 차별 반대 운동을 무력화했습니다. 이 시기에 그들이 얼마나 많은 흑인 운동가를 탄압하고 죽였는지는 정확히 알 수 없습니다. 아무리 적게 잡아도 수천 명 이상으로 추정되지요. 경찰들은 비밀스럽게 한 명씩 점찍어 죽이고 발뺌했습니다.

기차역의 인종 분리 표지판 ◆ 왼쪽은 유색 인종만, 오른쪽은 백인만 이용할 수 있다고 쓰여 있다.

　1960년 샤프빌 대학살Sharpeville Massacre은 경찰이 군중 시위대를 향해 총을 쏘아 69명의 삶을 앗아가고 수백 명을 다치게 한 사건입니다. 이 일로 흑인들이 크게 항의하자 정부는 수많은 인권 운동가들을 잡아넣고 흑인의 단체 조직을 금지하며 더욱 강건하게 대응했습니다.

넬슨 만델라와 아파르트헤이트의 종결

　남아프리카 공화국 정부에서 가장 경계하고 예의 주시했던 인물은 바로 코사족 인권 운동가 넬슨 만델라Nelson Mandela(1918~2013)였습니다. 그는 샤프빌 대학살 이후 무장 투쟁을 준비하다가 1962년에 체포되어 종신형을 선고받았습니다.

　그러나 1990년이 되자 더 이상 아파르트헤이트 정책은 유지되기 어려웠습니다. 저항은 계속되었고, 전 세계에서 인권 유린에 대한 비난이 쏟아졌기 때문이지요. 결국, 프레데리크 빌렘 데클레르크Frederik Willem de Klerk 대통령은 넬슨 만델라를 석방하고 흑인 해방 운동 조직인 아프리카민족회의ANC, African National Congress를 인정했습니다.

1992년 국민 투표에서 남아프리카 공화국의 백인 유권자 대부분이 아파르트헤이트 폐지에 찬성합니다. 1993년에 만델라와 데클레르크는 인종 차별 정책을 끝내기 위해 노력한 공로로 함께 노벨 평화상을 받았지요. 1994년에는 여러 인종이 입후보한 선거가 치러져 만델라가 최초의 흑인 대통령으로 선출되었고, 아파르트헤이트가 공식적으로 폐지됩니다. 이후 데클레르크는 2년간 만델라 곁에서 부통령으로 일했지요.

1993년 필라델피아에서 연설을 앞두고 나란히 앉아 있는 만델라와 데클레르크 ◆ 아파르트헤이트 정책이 폐지되고 만델라가 대통령에 당선된 후 데클레르크는 그의 곁에서 부통령직을 역임했다.

진실과 화해 위원회

1995년 7월, 남아프리카 공화국 정부는 '진실과 화해 위원회'를 설치하고 1960년부터 1994년까지 발생한 인권 침해 사건을 철저히 조사했습니다. 그러나 가해자가 잘못을 정직하게 고백하고 용서를 구하면 사면해주었지요. 7,000건 이상의 사건을 조사해 그중 900건 미만에 대해 사면했습니다.

남아프리카 공화국의 진실과 화해 위원회는 이후 인권 침해를 겪은 다른 나라들이 비슷한 위원회를 만들 때 본보기가 되었습니다. 한국도 2005년 '진실과 화해 위원회'를 세워 은폐되어 있던 일제강점기의 반인권적이고 폭력적인 탄압을 조사했지요.

테러와 종교 갈등

폭력의 악순환

> "근본주의자들은 종교를 언제나 새롭게,
> 종종 과격하게 해석한다."
>
> —카렌 암스트롱(1994~, 영국의 작가), 『이슬람』 中

2001년 9월 11일, 이슬람 테러 조직 알카에다가 비행기를 납치해 뉴욕의 세계무역센터와 워싱턴 DC의 국방부 청사 그리고 펜실베이니아의 들판에 충돌시켰습니다. 이로 인한 사망자는 현대에 일어난 테러 사건 중 가장 많은 2,996명으로 추정됩니다. 일부 전투적인 이슬람 근본주의 종파가 쿠란을 이상하게 해석하고 벌인 소행이었지요.

이 테러로 인해 연이은 전쟁과 소규모 전투들이 벌어졌을 뿐 아니라, 일종의 새로운 냉전이 시작되었습니다. 서구 기독교 세력과 중동 이슬람교 세력 사이의 상호 불신과 갈등이었지요.

대부분의 영향력 있는 이념과 종교는 역사적으로 무기처럼 이용되었습니다. 그러나 전쟁과 가난을 유발하고 한 개인이 자신의 목숨까지 바치며 일으키는 테러는 정말 충격적이고 치유할 수 없는 상처를 남기기도 합니다.

9·11 추모 공원 ◆ 2001년 일어난 테러로 무너진 세계무역센터 자리에는 추모 공간이 생겼다. 사람들은 꽃을 놓으며 동판에 새겨진 피해자들의 이름을 기리고 추모한다.

수많은 피해자를 남긴 20세기의 테러 사건들

21세기 이전에도 종교와 관련된 테러가 수없이 일어났습니다. 그 중 몇 가지 사건을 살펴봅시다.

- **불가리아 성 네델리야 교회 대학살**: 1925년 4월, 종교에 반대하는 불가리아 공산당 당원들이 장례식을 진행하던 교회에 폭탄을 터뜨려 150명이 사망한 사건입니다.
- **에어 인디아 182편 폭파 사건**: 1985년 6월 시크교 근본주의 무장 조직이 뭄바이로 향하던 민간 항공기에서 폭탄을 터뜨려 승무원과 탑승객 329명이 사망했습니다.
- **오클라호마 폭탄 테러**: 1995년 4월 백인 우월주의 단체의 일

원이었던 티모시 맥베이Timothy McVeigh가 오클라호마시티의 미국 연방 정부 청사에 폭탄을 터뜨린 사건으로, 168명이 사망하고 600명 이상이 부상당했습니다.

- **옴진리교 가스 테러:** 1995년 3월 종말을 예언하는 일본의 신흥 종교 추종자들이 도쿄의 지하철에서 사린 가스를 살포한 사건입니다. 이 테러로 12명이 사망하고 5,000명 이상의 피해자가 발생했지요.
- **왈리송고 학교 대학살:** 2000년 5월 기독교 근본주의자들이 인도네시아의 항구 도시에서 191명을 학살한 사건으로, 피해자 대부분이 이슬람교도 어린이들이었습니다.

세계 어느 지역, 어느 종교의 역사를 살펴봐도 폭력적인 갈등이 없었던 곳을 찾기는 어렵습니다. 서양의 3대 유일신교(유대교, 기독교, 이슬람교)는 그들의 폭력적인 역사를 기록해왔지요. 동양사를 살펴봐도 온전히 평화 속에서만 유지되어온 종교는 없습니다. 미얀마에서는 불교 세력이 이슬람교도인 로힝야족을 집단 학살한 적이 있고, 인도 시골에서는 힌두교 국수주의자들이 여성들을 폭행하고 살해한 일이 있었습니다. 그리고 소련의 스탈린 집권기에 그랬듯, 종교를 완전히 배척한다 해도 이념을 바탕으로 수백만 명을 학살할 수 있습니다.

9·11 테러 이후 미국과 영국이 시작한 '테러와의 전쟁War on Terror'은 폭력의 악순환을 뚜렷하게 보여줍니다. 지난 수십 년 동안 중동의 이슬람 테러리스트 집단들이 연이어 테러 공격을 했습니다. 이로 인해 서구 정치인들은 이슬람 국가들을 무력으로 개

혁해야 한다고 주장했지요. 중세 십자군 전쟁을 뒷받침한 끔찍한 논리가 현대에 되살아난 것입니다.

9·11 테러에 뒤이어 발발한 아프가니스탄 전쟁과 이라크 전쟁으로 20만 명 이상의 민간인이 생명을 잃었습니다. 테러 사망자수의 60배가 넘지요. 새로 생긴 테러리스트 단체들은 전쟁을 구실삼아 여러 해에 걸쳐 무고한 민간인들을 끔찍하게 공격했습니다. 이념과 종교 갈등으로 수많은 개개인이 계속해서 피해를 입고 있습니다.

오사마 빈 라덴

9·11 테러를 주도한 알카에다al-Qaeda의 수장 오사마 빈 라덴Osama bin Laden(1957~2011)의 삶에는 모순적인 면이 있습니다. 그는 1980년대 중반까지 아프가니스탄에서 미국 중앙정보국의 지원을 받은 무자헤딘에 몸담고 소련군에 맞서 싸웠습니다. 1988년에는 파키스탄 북부에서 시아파 민간인 신도들을 잔인하게 고문하고 살인해 충격을 주었지요. 이후 그는 테러 단체 알카에다를 조직합니다.

1990년 이라크가 쿠웨이트를 침공하자 빈 라덴은 사우디아라비아를 방어하고자 했습니다. 하지만 왕실에서는 알카에다의 지원을 거부하고 미군 주둔을 허용했지요. 이후 그의 반反서구 정서는 커졌고 전 세계 곳곳에 테러 공격을 가하기 시작합니다.

9·11 테러 이후 빈 라덴은 한동안 몸을 숨겼습니다. 그러던 2011년 5월 파키스탄에 숨어 있다가 미국 특수부대 네이비실에 발각되어 사살당했지요. 1980년대에는 미국의 협력자였던 그가 불과 20년 만에 테러리스트 조직의 수장이 되어 수많은 희생자를 낳았다는 점은 역사 속에 영원한 적도, 우방도 없다는 사실을 잘 보여줍니다.

유럽 연합의 위기

세계주의와 국수주의

> "국수주의는 값싼 술과 같다.
> 그 술을 마시면 처음에는 취하고, 그다음에는 눈이 어두워지고,
> 결국에는 목숨을 잃게 된다."
>
> —대니얼 프리드(1952~, 미국의 정치인)

1849년 파리 국제평화회의에서 프랑스 작가 빅토르 위고Victor Hugo(1802~1885)는 '유럽합중국'을 주창하는 연설을 합니다. 그는 "투표, 보통 선거 그리고 유럽 최고 의회의 중재가 총알과 폭탄을 대신하는 날이 올 것입니다"라고 했지요.

1992년에 체결된 마스트리흐트 조약Maastricht Treaty이 효력을 발휘하면서 1993년 11월에 유럽 연합EU, European Union이 공식 출범합니다. 위고의 꿈이 드디어 이루어지는 것 같았지요. 공동 행정기관과 인권 협약, 공동 화폐를 바탕으로 유럽 연합은 소비에트 연방 이후 가장 야심찬 국가 연합이 되었습니다.

하지만 오늘날 유럽 연합은 인구 구조의 변화와 러시아의 개입 등 여러 요소로 붕괴의 위기를 겪고 있습니다. 잘 살아남을지 두고 봐야겠지만, 세계 경제의 중심지라는 지위를 잃어간다는 사실은 점점 분명해지고 있지요.

급변하는 세계 정세와 다가올 미래 예측

지난 500년 내내 유럽은 경제력과 군사력 면에서 세계의 중심이었습니다. 전 세계 곳곳을 식민 지배해 그들의 영향력이 닿지 않은 곳이 거의 없었지요. 20세기에 세계를 지배했던 미국과 러시아도 사실상 유럽 열강에 속한다고 볼 수 있습니다. 러시아는 유럽과 아시아에 걸쳐 있고, 미국은 유럽인이 대서양을 건너가 세운 나라니까요.

그러나 이제는 세계의 다른 나라들도 빠르게 성장하고 발전하고 있습니다. 이에 따라 유럽의 경제적, 군사적 이점은 줄어들고 있지요. 전문가들은 2050년까지 중국과 일본이 세계 경제 대국이 될 것이라고 예측합니다. 중앙아메리카와 사하라 이남 아프리카를 포함한 남반구도 무시할 수 없는 존재로 성장하겠지요. 중동의 이슬람교가 유럽에서 지배적인 기독교를 뛰어넘어 세계 최대의 종교가 될 가능성도 있습니다. 여러 정황을 종합해 볼 때, 한 나라가 강력한 힘으로 전 세계를 좌지우지하는 '초강대국'이라는 개념은 점차 사라질 듯합니다.

이민자가 계속 늘어나면서 2050년에는 미국과 유럽에서 백인이 소수자가 될 가능성도 높습니다. 이것은 백인의 정체성이 두 측면에서 변화한다는 의미입니다. 그들은 자국의 국력이 쇠퇴하는 모습과 다인종 국가로 변화하는 모습을 지켜보게 될 것입니다. 세계 사람들은 점점 섞여 살 것이고, 국가간 경계가 희미해지고 전 세계가 합심하여 문제를 해결하고 공존해나가는 세계주의 시대가 올 수도 있지요.

반세계주의와 백인 우월주의

이런 추세 때문인지 최근에는 백인 우월주의 운동이 인기를 얻는 것 같습니다. 미국을 다시 '위대하게' 만들겠다는 도널드 트럼프 Donald Trump 전 대통령, 네덜란드 자유당의 대표 헤이르트 빌더르스 Geert Wilders, 프랑스 국민전선 총재 마린 르펜 Marine Le Pen, 독일 연방의회 하원의원 프라우케 페트리 Frauke Petry 등 전 세계 극우 정치인들이 세계주의를 비판하고 민족적 국수주의를 지지하며 상당한 지지를 얻었습니다.

유럽 연합은 세계주의를 지지하고, 전쟁에 반대하고, 인권을 보호하고, 튀르키예처럼 국민 대다수가 유색 인종인 나라도 회원국으로 받아들이려 하고 있습니다. 국수주의자, 특히 백인 우월주의자와 정반대 입장이지요. 하지만 유럽 연합은 최근 위기를 겪고 있는 듯합니다. 심지어 유럽 연합에서 이탈하는 국가도 생겼지요.

영국은 2016년 6월 브렉시트 Brexit 국민 투표에서 절반 조금 넘는 동의를 얻어 지난 2020년 유럽 연합에서 탈퇴했습니다. 위에서 말한 빌더르스, 르펜, 페트리 모두 유럽 연합에 적대적이며 자국의 탈퇴를 바라고 있지요.

경제나 인구 구조의 현실 때문에 반反세계주의가 힘을 쓰지 못할 것 같기도 하지만, 한편으로는 이런 정서가 줄어들기보다 점차 늘어날 것으로 보입니다. 이웃국과의 관계보다 자국의 이익을 우선시하는 모습이 종종 보이지요. 그에 따라 앞으로 여러 국가의 경제적·군사적 협력 관계가 무너질 가능성도 있습니다.

인종 차별은 왜 반복될까?

최근 수십 년간 백인 우월주의 운동이 세계적으로 점점 더 기승을 부리는 것을 보면 인종 차별이 정확히 어떻게 작용하는지에 대해 의문이 생깁니다.

사회학에서는 인종 차별이 한 세대에서 다음 세대로 전해진다고 가르칩니다. 그런데 프랑스에서 극우파인 마린 르펜 총재의 인기나 미국에서 온라인을 중심으로 퍼져나가는 네오나치즘(신나치주의라는 뜻으로, 외국인 노동자나 이슬람교도 등을 향해 분노를 표출하는 민족사회주의 사상) 사례를 보면 지지자 대부분이 젊은 사람입니다. 그들의 부모와 조부모는 오히려 인종 문제에 대해 진보적인 관점을 지니고 있었습니다. 왜 이런 현상이 벌어졌을까요? 인종 차별적인 정서를 앞선 세대로부터 물려받은 게 아니라면, 대체 어디에서 시작된 것일까요? 그리고 이런 정서가 퍼지는 것을 막으려면 어떻게 해야 할까요?

인종 차별을 하지 않는 것처럼 보이는 백인이 오히려 더 차별주의자적인 태도를 가질 수도 있다는 연구 결과가 있습니다. 2009년 『실험 사회 심리학 저널Journal of Experimental Social Psychology』에 실린 스탠퍼드 대학교의 연구에 따르면, 2008년 미국 대통령 선거에서 버락 오바마에게 투표했다고 말할 기회가 주어진 백인들은 그렇지 않은 백인들보다 인종 차별적인 신념을 드러낼 확률이 훨씬 높았습니다. 도덕적 자기 합리화에 대한 다른 연구들 역시 아주 냉소적인 결과를 보여주지요.

이런 연구 결과들로 프랑스의 백인 청년들 사이에 르펜이 인기를 끄는 이유도 추측해볼 수 있습니다. 젊은 청년들을 대부분 인종 차별주의자가 아닐 것이라고 여겨지고, 그래서 오히려 중장년 층보다 더 쉽게 인종 차별적인 신념을 드러내는 것이지요.

새로운 인종 차별, 백인의 인종적 분노

인권 운동이 활발하게 뻗어나가고 사회 진보가 이루어진 뒤에는 종종 역행하는 시기가 뒤따릅니다. 예를 들어, 1964년에 마틴 루서 킹과 함께 가두 행진을 하고 1968년 대통령 선거에서 인종 분리 정책 철폐에 반대했던 조지 월리스George Wallace 후보에게 투표했던 백인도 있습니다. 단순한 인종 차별주의자보다는 복잡한 한 명의 개인처럼 보이지요. 스탠퍼드 대학교의 연구가 보여주듯, 킹을 지지했던 사람들이 오히려 그렇지 않은 사람보다 인종 차별주의자인 후보에게 투표할 가능성도 있는 것이지요.

여러 정치학자와 사회학자가 이런 백인 정서를 연구하고 있습니다. '백인의 인종적 분노White racial resentment'에는 유색 인종이 과거에 인종 차별 철폐 운동을 했던 백인에게 빚을 졌다는 생각이 어느 정도 반영되어 있습니다. 하지만 이런 특권 의식 자체가 인종 차별적인 태도고, 이런 생각을 가진 사람은 인종 차별을 할 확률이 높습니다.

앞에서 잠시 언급했듯, 앞으로 수십 년간 유럽과 미국의 인구 구조가 바뀌며 백인의 비율이 줄어들 것이라는 예측이 나옵니다. 그 부작용으로 백인 우월주의 운동이 계속해서 인기를 끄는 것일 수도 있습니다. 이런 상황이 계속되면 지금 우리가 사는 세상보다 훨씬 더 예측하기 어렵고 극단적인 갈등까지 발생하는 사회로 이어질 수도 있습니다.

이넉 파월과 '피의 강물' 연설

유럽에서 백인 우월주의 사상이 정확히 언제 시작되었는지 알아내기는 어렵습니다. 하지만 1968년에 있었던 영국 정치인 이넉 파월Enoch Powell(1912~1998)의 '피의 강물Rivers of Blood' 연설은 하나의 중요한 사건이었지요.

그는 베르길리우스의 시 구절 "피가 흥건하게 흐르는 강"을 인용하며 다양한 인종과 다문화주의의 해악에 대해 역설했습니다. 이민자 인구가 증가하는 것을 경계하는 제노포비아(외국인 혐오)적 관점으로 정치계에 큰 파장을 일으켰지요. 이후 그는 에드워드 히스Edward Heath의 주도로 영국이 유럽 경제 공동체EEC, European Economic Community(유럽 연합의 전신)에 가입하자 크게 반대하며 보수당에서 탈당하기도 했습니다.

이넉 파월의 연설과 이념은 서유럽의 우익 정치인들에게 큰 영향을 끼쳤습니다. 수십 년이 지나고 2020년에 있었던 영국의 유럽 연합 탈퇴, 브렉시트에까지 영향을 미쳤다고 보는 학자들도 있지요.

미래를 위해 알아야 할 역사

"예술은 파괴를 삼가려는
인간의 가장 고귀한 노력의 상징이다."

—시몬 베유(1909~1943, 프랑스의 철학자)

1992년, 스탠퍼드 대학교 정치학과 교수 프랜시스 후쿠야마Francis Fukuyama는 자신의 저서 『역사의 종말』에 인류가 민주주의와 세계주의를 달성하고 인종과 종교 분쟁을 끝내기 직전이라고 썼습니다. 그는 너무 완전하고 심오한 평화의 시대가 다가오고 있어 우리가 알던 인류의 역사는 끝날 것이라고 했지요.

그로부터 30년이 지났습니다. 오랜 시간이 지나지 않았음에도 세상은 사뭇 달라졌습니다. 민주주의는 새로운 방식으로 시험대에 올랐고, 세계주의는 경기 침체로 심하게 흔들리고 있습니다. 대중에 영합하는 다양한 형태의 국수주의와 인종, 종교 갈등이 여전히 기승을 부리고 있습니다.

역사란 늘 그렇게 흘러갑니다. 후쿠야마가 갈등이 끝나면 역사도 끝난다고 쓴 데는 이유가 있습니다. 전 세계에 평화가 찾아오고 우리 모두 하나가 되어 진일보한다면 역사가들의 작업은 거기서 끝날 테지요. 더 이상 기록하고 연구할 게 없을 것입니다.

19세기 영국 작가들은 중국 전통 저주를 번역한 '당신이 흥미 진진한 시대에 살기를May you live in interesting times!'이라는 말을 인용하곤 했습니다. 지금 우리는 다사다난한 격동의 시대를 지나가고 있습니다. 우리가 여러 분쟁을 완전히 극복하거나 그에 잠식되어 이 시기가 끝나면, 우리가 알던 역사도 함께 끝날 것입니다.

아무도 모르는 미래

영국 소설가 찰스 디킨스Charles Dickens의 『두 도시 이야기』는 지극히 평범하고 진부한 문장으로 시작합니다. "그때는 최고의 시기였고, 최악의 시기였다." 시간은 대체로 그렇지요. 때때로 미래는 희망과 기쁨으로 가득 찬 것처럼 보이지만 갑자기 큰일이 일어나 우리의 숨통을 조여올 수도 있습니다.

미래에 대한 비관적 시선과 그 요인

후손들은 여러 세기에 걸쳐 우리가 겪지 않았던 문제에 직면하게 될지도 모릅니다. 그중에는 분명 우리의 잘못으로 인해 미래 세대가 감당하게 될 문제도 있겠지요. 슬기롭게 문제를 잘 해결하고 앞으로 나아가겠지만, 최악의 경우에는 이에 짓눌려 주저앉을 수도 있습니다. 그들은 어떤 문제들을 겪게 될까요?

• **기후 변화**: 지구의 기후는 지난 1,000년 사이에 극적으로 변

화했습니다. 특히 산업 혁명 이후 변화가 가속화되었지요. 기후가 급변하여 매년 14만 종의 생물이 멸종하고 있고, 이런 변화에 대처하지 않으면 인류도 멸종할 수 있습니다. 이미 여러 지역(특히 더 가난하고 생활 수준이 낮은 국가)이 국가적인 큰 재난을 겪거나, 농사를 망치거나, 수해로 삶의 터전을 잃는 등 영향을 받고 있지요.

- **전염병**: 전 세계 곳곳에 도시화가 진행되고 인구 밀도가 점점 높아지고 있습니다. 역사상 그 어느 때보다 전염병이 퍼지기 쉬운 환경이 되었지요. 코로나-19 감염병이 전체 인류의 10퍼센트 이상을 쓸어버리지 않은 것은 기적과 같은 행운입니다. 페스트로 인해 중세인들이 겪었을 공포를 떠올려보세요.
- **전쟁과 대량살상무기**: 인간이 만들어내는 무기의 양은 해마다 늘고 있습니다. 핵무기, 화학 무기, 생화학 무기 등 종류도 다양하지요. 지금까지 핵폭탄을 사용한 나라는 미국뿐이었고, 벌써 그로부터 80년 가까이 지났습니다. 하지만 언제 다시 그런 일이 벌어질지는 알 수 없지요.

그럼에도 미래를 낙관적으로 볼 수 있는 이유

하지만 미래를 두려워하고만 있을 필요는 없습니다. 우리 선조들은 누리지 못했지만 우리가 누렸고, 후손들은 더 폭넓게 누리게 될 유리한 점들도 많으니까요.

- **의학 발달**: 의학 기술의 발달로 수많은 질병을 진단하고 치료할 수 있게 되었습니다. 과학자들은 머리를 모으고 연구해 인

공 장기까지 개발했지요. 곧 맞춤형 장기를 비롯해 더 유용한 인공 신체가 나올 수도 있습니다(물론, 이런 의학 신기술에 대한 평등하고 보편적인 접근성은 또 다른 문제입니다). 의학 기술 덕분에 우리는 건강을 더 잘 관리할 수 있게 되었고, 인간의 수명은 획기적으로 늘었습니다.

• **정보 통신 기술과 소셜 미디어**: 인류는 이제 온라인 신경계로 연결되어 있습니다. 모두가 연결된 것은 아니지만 점점 가까워지고 있지요. 세계 인구의 25퍼센트가량이 페이스북으로 연결되어 있고, 인터넷 접속자 수는 그보다 훨씬 많습니다. 기술을 기반으로 한 의사소통과 정보 접근성을 현명하게 활용하면 서로를 더 잘 이해하고 화합할 수 있을 것입니다.

• **식량 문제 해결**: 기술이 발전하며 농업도 자동화되고 있습니다. 동물 세포를 배양해 실험실에서 고기를 생산할 수도 있지요. 새로운 기술 덕분에 먹거리를 생산하고 분배하는 방식은 달라지고 있고, 아직은 갈 길이 멀지만 기아 문제도 점진적으로나마 해결할 수 있겠지요.

더 이상 비밀은 없다

2016년 11월, 오스트레일리아의 해커 줄리언 어산지Julian Assange가 설립한 비영리 단체 위키리크스WikiLeaks에서 미국 민주당 전국 위원회 당원들의 개인 이메일을 해킹해 대선 결과에 영향을 미쳤다는 논란이 있었습니다. 40여 년 전 리처드 닉슨Richard Nixon 대통령을 퇴임시킨 워터게이트 사건Watergate Scandal보다 훨씬 더 큰 스캔들이었지요. 그러나 당시 정보가 추적하기 어려운 방법으로 유출되었기에 사건 관련자들을 재판에 소환하기가 어려웠습니다.

이제 개인 정보가 유출되는 것은 특별한 일이 아닙니다. 웹사이트 방문 기록이나 소셜 네트워크에 올린 사진 등 우리의 거의 모든 일상이 언제나 대중에게 공개될 수 있지요. 정보 보호를 위해 암호화 소프트웨어를 활용하는 방법도 있지만 유출의 위험을 완전히 줄이기는 어렵습니다. 이런 방식으로 정부가 개인을 단속하고 검열하기도 쉬운 세상이 되었지요.

카메라와 마이크는 점점 작아져 이제 눈에 띄지 않게 타인의 음성을 녹음하고 행동을 녹화할 수도 있습니다. 먼 조상들이 남긴 기록을 찾기 어려웠던 것에 반해, 최근에는 우리의 비밀을 지키는 것이 더 어려울 정도입니다. 이렇게 비밀 없이 모든 것이 기록으로 남는 세상이 지속된다면 과연 인류는 어떻게 변화하고 나아갈 것인지도 깊이 고민해볼 문제입니다.

민주주의가 나아갈 길

『워싱턴 포스트』지 칼럼니스트 퍼리드 저카리아Fareed Zakaria는 자신의 저서 『자유의 미래』(2003)에 '한 사람에게 한 번에 한 표'라는 투표권의 원칙이 지켜지지 않는다면 민주주의에 아무런 의미가 없을 것이라고 썼습니다.

최근 몇십 년 동안 여러 국가가 선거권을 확대했지만 여전히 민주주의는 위기를 겪고 있습니다. 여러 독재자가 전자 투표 조작, 유권자 탄압, 언론 통제 등으로 민주주의를 퇴보시켰지요.

민주주의와 독재 사이를 오가는 나라가 많다는 것은, 자유 민주주의가 한 국가가 얻을 '지위'보다는 '과정'에 가까우며 민주적이고 평화로운 상태가 무너지지 않도록 끊임없이 경계해야 한다는 사실을 잘 보여줍니다. 소수의 지배자가 군림하던 시대에서 벗어나 누구나 자신의 권리를 행사하는 사회를 이루고 유지하기 위해서는 모두의 노력이 필요한 것이지요.

지금까지 세계사를 살펴보며 많은 것을 배웠습니다. 어쩌면 이것이 역사를 기록하고 끊임없이 연구하는 이유일지도 모릅니다. 우리는 과거를 통해 배우고 더 나은 미래를 준비할 수 있습니다. 역사 속 인물과 사건들은 우리에게 교훈과 반면교사가 되어주지요. 이 책을 통해 여러분의 머릿속에 역사 지식이 쌓이고 세상을 보는 안목이 한층 키워졌길 바랍니다.

들어가는 글에서 함께 봤던 러디어드 키플링의 문장을 다시한 번 강조하며 책을 마무리 짓겠습니다. 그는 역사를 이야기 형태로 배우면 결코 잊어버리지 않을 것이라고 했지요. 우리의 삶은 한 편의 이야기이자, 그 이야기는 모여 역사가 될 것입니다. 우리는 모두 역사 속에서 살아가며 역사를 이루는 주체이자 일부입니다.

도판 출처

퍼블릭 도메인은 따로 표기하지 않았습니다.

21쪽 오른쪽 ©Sailko/Wikimedia commons(CC-BY-3.0)

30쪽 ©Mbzt/Wikimedia commons(CC-BY-3.0)

36쪽 위 ©Metropolitan Museum of Art(CC0-1.0), 아래 ©Morhaf Kamal Aljanee/ Wikimedia commons(CC-BY-SA-3.0)

41쪽 ©Junhi Han/Unesco(CC-BY-SA 3.0)

46쪽 ©Olaf Tausch/Wikimedia commons(CC-BY-3.0)

51쪽 ©Dominik Knippel/Wikimedia commons(CC-BY-SA-3.0 DEED)

54쪽 ©TYalaA/Wikimedia commons(CC-BY-SA-4.0)

56쪽 ©ridaeology/Wikimedia commons(CC-BY-2.0)

62쪽 ©Michael Everson/Wikimedia commons(CC-BY-3.0)

68쪽 ©Alireza Javaheri/Wikimedia commons(CC-BY-3.0)

73쪽 ©Rufus46/Wikimedia commons(CC-BY-3.0)

98쪽 ©Urga/Wikimedia commons(CC BY-SA-4.0)

100쪽 ©Ptolemy Thiên Phúc/Wikimedia commons(CC-BY-SA-4.0)

103쪽 ©Lamré/Wikimedia commons(CC-BY-SA-3.0)

132쪽 아래 ©Krishnakumarvairassery/Wikimedia commons(CC-BY-SA-4.0)

136쪽 ©Daniel Schwen/Wikimedia commons(CC-BY-SA-4.0)

141쪽 ©كيودلا لالب/Wikimedia commons(CC-BY-SA-3.0)

148쪽 ©JordyMeow/Wikimedia commons(CC-BY-SA-3.0)

151쪽 ©Макс Вальтер/Wikimedia commons(CC-BY-SA-3.0)

170쪽 ©Richard Mortel/Wikimedia commons(CC-BY-2.0)

174쪽 ©Simonchihanga/Wikimedia commons(CC-BY-SA-4.0)

180쪽 worldhistory.org

187쪽 ©Petar Milošević/Wikimedia commons(CC-BY-SA-4.0)

236쪽 ©Europeana staff photographer/Wikimedia commons(CC-BY-SA-3.0)

252쪽 ©Ramirez72/Wikimedia commons(CC-BY-SA-2.5)

260쪽 wellcomecollection.org(CC-BY-SA-4.0)

265쪽 ©Jorge Láscar/Wikimedia commons(CC-BY-SA-2.0)

292쪽 ©FDR Presidential Library & Museum/Wikimedia commons(CC-BY-2.0)

298쪽 nationalww2museum.org

334쪽 ©TomH2323/Wikimedia commons(CC-BY-2.0)

인생 처음 시리즈 002

인생 처음
세계사 수업

1판 1쇄 발행 2024년 6월 25일
1판 3쇄 발행 2024년 11월 1일

지은이 톰 헤드
옮긴이 이선주
발행인 박명곤 **CEO** 박지성 **CFO** 김영은
기획편집1팀 채대광, 김준원, 이승미, 김윤아, 백환희, 이상지
기획편집2팀 박일귀, 이은빈, 강민형, 이지은, 박고은
디자인팀 구경표, 유채민, 윤신혜, 임지선
마케팅팀 임우열, 김은지, 전상미, 이호, 최고은

펴낸곳 (주)현대지성
출판등록 제406-2014-000124호
전화 070-7791-2136 **팩스** 0303-3444-2136
주소 서울시 강서구 마곡중앙6로 40, 장흥빌딩 10층
홈페이지 www.hdjisung.com **이메일** support@hdjisung.com
제작처 영신사

ⓒ 현대지성 2024

"Curious and Creative people make Inspiring Contents"
현대지성은 여러분의 의견 하나하나를 소중히 받고 있습니다.
원고 투고, 오탈자 제보, 제휴 제안은 support@hdjisung.com으로 보내주세요.

현대지성 홈페이지

이 책을 만든 사람들

기획 박일귀 **편집** 이상지, 이승미 **디자인** 임지선